CB069302

MANDA QUEM PODE, OBEDECE QUEM TEM PREJUÍZO

CONTRACORRENTE

LUIZ GONZAGA BELLUZZO
GABRIEL GALÍPOLO

MANDA QUEM PODE, OBEDECE QUEM TEM PREJUÍZO

1ª REIMPRESSÃO

São Paulo

2017

Copyright © EDITORA CONTRACORRENTE
Rua Dr. Cândido Espinheira, 560 | 3º andar
São Paulo – SP – Brasil | CEP 05004 000
www.editoracontracorrente.com.br
contato@editoracontracorrente.com.br

Editores
Camila Almeida Janela Valim
Gustavo Marinho de Carvalho
Rafael Valim

Conselho Editorial
Augusto Neves Dal Pozzo
(Pontifícia Universidade Católica de São Paulo – PUC/SP)

Daniel Wunder Hachem
(Universidade Federal do Paraná – UFPR)

Emerson Gabardo
(Universidade Federal do Paraná – UFPR)

Gilberto Bercovici
(Universidade de São Paulo – USP)

Heleno Taveira Torres
(Universidade de São Paulo – USP)

Jaime Rodríguez-Arana Muñoz
(Universidade de La Coruña – Espanha)

Pablo Ángel Gutiérrez Colantuono
(Universidade Nacional de Comahue – Argentina)

Pedro Serrano
(Pontifícia Universidade Católica de São Paulo – PUC/SP)

Silvio Luís Ferreira da Rocha
(Pontifícia Universidade Católica de São Paulo – PUC/SP)

Equipe editorial
Carolina Ressurreição (revisão)
Denise Dearo (design gráfico)
Mariela Santos Valim (capa)

Dados Internacionais de Catalogação na Publicação (CIP)
(Ficha Catalográfica elaborada pela Editora Contracorrente)

B485   BELLUZZO, Luiz Gonzaga; GALÍPOLO, Gabriel.

Manda quem pode, obedece quem tem prejuízo | Luiz Gonzaga Belluzzo; Gabriel Galípolo – São Paulo: Editora Contracorrente, 2017.

ISBN: 978-85-69220-20-6

Inclui bibliografia

1. Economia. 2. Teoria econômica. 3. Macroeconomia. 4. Poder. I. Título.

CDU – 330.8

Impresso no Brasil
Printed in Brazil

Agradecemos à Diego Muricca Galípolo, Ewerton de Souza Henriques, Fernando de Abreu Sampaio Moreira e Marcelo Peixoto Vieira, pelo cuidado com que revisaram o texto e colaboraram para a construção desse livro, isentando-os dos eventuais equívocos.

SUMÁRIO

INTRODUÇÃO 9

CAPÍTULO I
DEMOCRACIA *VERSUS* PLUTOCRACIA 19

CAPÍTULO II
GLOBALIZAÇÃO 39

CAPÍTULO III
A POLÍTICA DA FINANÇA E A FINANÇA NA POLÍTICA 69

CAPÍTULO IV
A ACADEMIA SUCUMBE AO PODER 85

CAPÍTULO V
AS IDEIAS DO PODER OU O PODER SEM IDEIAS? 97
    A miséria da macroeconomia e a macroeconomia da miséria........ 97

Poupança-investimento-consumo (ou seria o inverso?).................. 103
A Economia Monetária da Produção.. 106

CAPÍTULO VI

O BRASIL E A FORÇA DO *SOFT POWER*.................................... 127
    As notícias do mercado ou mercado das notícias 129
    Dominação financeira, câmbio e indústria................................ 135
    Dominação financeira, política fiscal e Estado Social.................... 142
    Dominação financeira e Dívida Pública 167
    Dominação financeira e inflação 172

CAPÍTULO VII

O PREJUÍZO DOS OBEDIENTES... 179
BIBLIOGRAFIA.. 207

INTRODUÇÃO

Antes que algum aventureiro lance mão da costumeira acusação ao apontar o indicador para "teorias conspiratórias", os autores advertem: o propósito desse opúsculo é desenvolver uma avaliação dos processos sociais, econômicos e políticos que alteraram de forma profunda as articulações e a dinâmica das economias capitalistas desde a estagflação de meados dos anos 70 do século passado. Esse processo de transformação foi naturalmente acompanhado de mudanças nas subjetividades dos "agentes" que tomam as decisões e dos "pacientes" que sofrem suas consequências. Na cadência desse movimento, a narrativa predominante na dita Ciência Econômica sofreu um retrocesso conceitual mascarado de avanço científico. Os economistas da corrente principal se refugiam na formalização e na construção de modelos que escondem a inadequação e a pobreza da ontologia do econômico, ou seja, da estrutura de relações estabelecidas entre "agentes" e "pacientes" numa economia voltada para a acumulação monetária e marcada por diferenças de riqueza e poder.

A economia é uma (vá lá) ciência difícil. Keynes dizia que os requerimentos exigidos do bom economista eram muitos: ele deveria combinar os talentos do "matemático, historiador, estadista e filósofo (na medida certa). Deve entender os aspectos simbólicos e falar com palavras correntes. Deve ser capaz de integrar o particular quando se refere ao geral e tocar o abstrato e o concreto com o mesmo voo do pensamento. Deve estudar o presente à luz do passado e tendo em vista o futuro. Nenhuma parte da natureza do homem deve ficar fora da sua análise. Deve ser simultaneamente desinteressado e pragmático: estar fora da realidade e ser incorruptível como um artista, estando embora, noutras ocasiões, tão perto da terra como um político".

A economia é um sistema complexo. Autor do livro *Decoding Complexity: uncovering Patterns of Economic Complexity*, James Glattfelder escreve no preâmbulo:

> A característica dos sistemas complexos é que o Todo exibe propriedades que não podem ser deduzidas das Partes individuais. Em suma, a teoria da complexidade trata de investigar como o comportamento macro decorre da interação entre os elementos do sistema.

Isto significa que é crucial a identificação dos elementos do sistema econômico, mas, sobretudo, são decisivos os supostos que definem a natureza das relações entre esses elementos.

A metafísica e a epistemologia da corrente dominante ocultam uma ontologia *do econômico* que postula certa concepção do *modo de ser*, uma *visão* da estrutura e das conexões da sociedade mercantil capitalista. Para este paradigma, a sociedade onde se desenvolve *a ação econômica* é constituída mediante a agregação dos indivíduos, articulados entre si por nexos externos e não necessários.

Explicamos melhor este ponto, com a ajuda de Roy Bhaskar: se a concepção é atomística, então todas as causas devem ser extrínsecas. E se os sistemas não dispõem de uma estrutura intrínseca (isto é, esgotam-se nas *propriedades atribuídas aos indivíduos* que os compõem) toda a ação deve se desenvolver pelo *contato*. Os indivíduos "atomizados" não são afetados pela ação e, portanto, ela deve se resumir *à comunicação das propriedades a eles atribuídas*. Bhaskar está se referindo ao paradigma da física clássica, mas a sua definição é imediatamente aplicável aos fundamentos da concepção neoclássica da sociedade econômica formada por indivíduos racionais e maximizadores, partículas que definem a natureza da ação utilitarista e que jamais alteram o seu comportamento na interação com as outras partículas carregadas de "racionalidade". Os fundamentos da teoria econômica dominante definem coerentemente o mercado como um *ambiente comunicativo* cuja função é a de promover de modo mais eficiente possível a circulação da informação relevante.

Essa ontologia tem uma expressão metafísica e outra epistemológica. A metafísica reivindica o caráter passivo e inerte da matéria e a *causação* é vista como um processo linear e unidirecional, externo e inconsistente com *a geração do novo*, ou seja, com a *emergência* que caracteriza a dinâmica dos sistemas complexos.

Na versão epistemológica, reduto preferido do positivismo, os fenômenos são apresentados como qualidades simples e independentes, apreendidas através da experiência sensível. Nesse caso, a causalidade é vista como a *concomitância regular* de eventos, que se expressa sob a forma de *leis naturais*, depois de processada pelo sujeito do conhecimento.

No livro "*The World in the Model: how economists work and think*", Mary S. Morgan conta a história da "evolução" da dita ciência econômica: a longa e controvertida caminhada da Economia Política para a "economia científica" concentrada na construção de modelos formais ou na utilização de técnicas econométricas para demonstrar relações de determinação entre variáveis a partir de supostos teóricos discutíveis.

Alexander Rosenberg, conhecido filósofo da ciência, interpelou as pretensões científicas da economia no livro *Economics: mathematical politics or science of diminishing returns?* Rosemberg conclui que, na contramão da trajetória de outros saberes, a economia é insensível às mudanças de paradigma que afetam as demais ciências e tornam obsoletas ou imprestáveis certas categorias do entendimento.

Nos anos 1950 e 1960, o físico e matemático Von Neumann, um dos pais do computador, imaginou a possibilidade de aumentar a precisão das previsões meteorológicas e de controlar as *condições* do tempo. O aparecimento dos satélites e da computação digital impulsionou ainda mais a confiança na transformação dos modelos de previsão em instrumentos tão precisos quanto a equação que descreve a queda dos corpos.

Nesse tempo, mais exatamente em 1960, o meteorologista e matemático Edward Lorenz construiu um sistema de 12 equações, um modelo puramente determinista. Dado um ponto de partida, as condições meteorológicas se desenvolveriam da mesma maneira, a cada vez. Alterado ligeiramente o ponto de partida, o tempo evoluiria de uma maneira diferente.

Lorenz descobriu, no entanto, ao longo de suas simulações, que pequenas alterações nas condições iniciais podem tornar qualquer previsão sem qualquer valor. Os erros e incertezas interagem, se multiplicam e formam processos cumulativos. Uma brisa em Porto Alegre pode provocar uma tempestade em São Paulo. Uma velha canção do folclore ilustra o que na *Teoria do Caos* foi designado como *dependência sensível das condições iniciais*.

> Por falta de um prego, perdeu-se a ferradura/ Por falta de uma ferradura, perdeu-se o cavalo/ Por falta do cavalo, perdeu-se o cavaleiro/ Por falta do cavaleiro, perdeu-se a batalha/ Por falta da batalha, perdeu-se o reino.

Sabe-se muito bem que, tanto na ciência quanto na vida, uma cadeia de acontecimentos pode ter um *ponto de crise* que vai aumentando com pequenas mudanças. Mas o caos significa que estes pontos estão por toda parte. Em sistemas complexos, como os de previsão do tempo, a dependência sensível das condições iniciais é a consequência inevitável da maneira pela qual as pequenas escalas se combinam com as grandes.

Se a companhia dos cientistas do clima não satisfaz, os economistas podem buscar arrimo na física do século XX. A termodinâmica, a física dos quanta e a teoria da relatividade vêm descobrindo que os caminhos na Natureza não podem ser previstos com exatidão. As pequenas diferenças, as flutuações insignificantes podem ser produzidas em circunstâncias apropriadas, invadir todo o sistema e engendrar um novo regime de funcionamento. Uma das novidades da ciência contemporânea está em sua capacidade de revelar que a Natureza é muito mais rica em suas determinações do que supunha a nossa vã filosofia.

MANDA QUEM PODE, OBEDECE QUEM TEM PREJUÍZO

Ilya Prigogine e Isabelle Stengers[1] mostram que a fenomenologia descrita pela termodinâmica, pela física das partículas e pela teoria da relatividade

> não só afirmam a seta do tempo, mas também nos conduzem a compreender um mundo em evolução, um mundo onde a 'emergência do novo' reveste um significado irreversível (...). O ideal da razão suficiente supunha a possibilidade de definir a causa e o efeito, entre os quais uma lei de evolução estabeleceria uma equivalência reversível (...).

No tempo está abrigada a irreversibilidade, o demônio que amedronta os economistas e seus modelos de equilíbrio geral e adjacências.

> Comecemos pelo próprio *big bang*. Como iremos ver, trata-se de uma consequência inevitável do próprio modelo *standard* atualmente dominante: se seguimos a evolução do universo em relação ao passado, chegamos a uma *singularidade, a um ponto sem extensão* onde se encontra concentrada a totalidade da matéria e da energia do universo (...), mas curiosamente, nem este modelo, nem a física em geral nos permitem descrevê-la: as leis físicas não se podem aplicar a um ponto de densidade infinita de matéria e energia.

Prigogine e Stengers, nas considerações finais do livro Entre o Tempo e a Eternidade, concluem que as ciências não refletem *a identidade estática de uma razão* à qual era necessário submeter-se ou resistir, mas participam da *criação de sentido* ao mesmo nível que o conjunto das práticas humanas. "Elas não nos podem dizer o que "é" o homem, a natureza ou a sociedade de tal maneira que, a partir desse saber, possamos decidir a nossa história".

A geometria euclidiana perdeu sua "generalidade" quando, em 1919, as observações confirmaram a teoria da relatividade geral, o que

---

[1] PRIGOGINE, Ilya; STENGERS, Isabelle. *Entre le temps et l'éternité*. Paris: Flamarion, 1992.

subverteu as relações espaço-tempo. É sabido que Albert Einstein, depois de sua façanha, relutou em abandonar o determinismo ao decretar: "Deus não joga dados".

A física dos quanta iria radicalizar a revolução científica ao se desvencilhar completamente do determinismo da física clássica – a física dos grandes corpos, como a define Louis de Broglie.

A modelística macroeconômica contemporânea não foi capaz de realizar a delicada operação sugerida por Keynes de "integrar o particular quando se refere ao geral e tocar o abstrato e o concreto com o mesmo voo do pensamento".

É possível reivindicar uma complexidade ainda maior nos processos de conhecimento das ditas ciências sociais. Habermas, por exemplo, sugere que, além de estarem submetidas à confirmação empírica (ou à rejeição), as teorias da sociedade devem estar sujeitas à demonstração de que são "reflexivamente aceitáveis".

A investigação deve compreender não apenas as instituições e práticas sociais, mas também incluir as convicções que os agentes têm sobre a sua própria sociedade – investigar não apenas a realidade social, mas os saberes que se debruçam sobre ela. Uma teoria social é uma teoria a respeito das convicções dos agentes sobre a sua sociedade, sendo ela mesma uma destas convicções. Os assim chamados cientistas sociais, sobretudo os economistas, costumam descuidar dos fundamentos cognitivos implícitos em seus procedimentos.

George Soros, proclamado "mago das finanças" pela grande mídia global, adverte contra as pretensões de donos da verdade, ostentadas pelos adeptos e convertidos ao credo do livre mercado. Soros apresenta com clareza a fragilidade dos supostos que sustentam as teorias dos mercados competitivos e "livres" e denunciou o seu caráter predominantemente apologético.

Soros reconhece que o fundamentalismo do *laissez-faire* não é diferente, em essência, do fundamentalismo que sustentou as experiências malogradas do socialismo real. Ambos têm em comum a certeza do conhecimento da verdade "última", atingida a partir de procedimentos científicos. Uns e outros têm pretensões de praticar a engenharia social e almejam enfiar a sociedade nos escaninhos estreitos de suas certezas funestas. Vai sobrar sociedade.

Soros desdenhosamente acusa a teoria dos mercados competitivos – cujas forças fundamentais movem a economia continuamente para a senda do equilíbrio e da estabilidade – de pertencer à categoria de superstições científicas contaminadas irremediavelmente pelo determinismo. A partir de uma concepção ultrapassada do método científico, a teoria econômica pretende tirar conclusões práticas relevantes, recomendar políticas e impor reformas.

Usando o exemplo dos mercados financeiros, Soros diz que o pensamento dominante propõe a desregulamentação a qualquer preço, ignorando solenemente as lições da história do século XX. Neste século foram inúmeros os episódios de instabilidades, turbulência e crises financeiras. Ele não se conforma com a estrutura binária do raciocínio dos liberais contemporâneos: se as regulamentações são defeituosas, então os mercados liberalizados são perfeitos.

Seja qual for a interpretação mais correta das crises financeiras, mais importante é a constatação do caráter reducionista do pensamento que se arroga foros de cientificidade. Sua função não é propriamente a de indagar ou investigar, senão a de simplificar: certo ou errado, bem ou mal.

A ciência aproxima-se assim do pensamento mítico. O retorno do mito é um dos fenômenos mais formidáveis do final do século XX e atinge com maior intensidade as chamadas ciências humanas. Como sempre, destroçada pelas exigências da política antidemocrática dos tecnocratas de turno, a economia entrega seu destino às forças do empobrecimento conceitual e da apologética sem limites. O esvaziamento teórico se faz em nome da despolitização e da "limpeza ideológica", da aproximação da economia do paradigma atribuído às ciências da natureza, em particular da física.

O exemplo mais conspícuo do fracasso ontológico e epistemológico foi sintetizado na resposta que o nobelizado Robert Lucas deu à indagação da Rainha Elisabeth II depois da crise. Em visita à *London School of Economics* a rainha perguntou por que os economistas não haviam previsto a crise. Lucas respondeu em um artigo na revista The Economist em 2009: "a crise não foi prevista porque a teoria econômica prevê que estes eventos não podem ser previstos". Se os indivíduos são racionais, eles conhecem a estrutura da economia e são capazes de antecipar corretamente sua trajetória probabilística. Os mercados são, portanto, eficientes e a crise que aconteceu não poderia ter acontecido. Não poderia ser prevista.

Os modelos ditos novo clássicos e os chamados neokeynesianos admitem a hipótese das "expectativas racionais". Simplificadamente, a hipótese advoga a ideia de que os agentes conhecem a estrutura da economia e sua trajetória provável. Os agentes racionais que povoam os mercados, usando a informação disponível, sabem exatamente qual é a estrutura da economia e são capazes de calcular sua evolução provável.

Esses modelos, sobretudo os que se pretendem dinâmicos, não excluem flutuações da economia, mas atribuem o fenômeno aos chamados "ciclos reais" produzidos por mudanças nas preferências dos consumidores ou no progresso tecnológico. Para dirimir inconvenientes formais introduzidos pela presença nos mercados de uma diversidade de "indivíduos" com funções heterogêneas, os modelos Dinâmicos Estocásticos de Equilíbrio Geral resolveram o imbróglio com a introdução do "agente representativo". Uma espécie de demônio de Laplace[2]

---

[2] Experimento mental concebido pelo físico Pierre Simon Laplace o qual sustenta que de posse de todas as variáveis que determinam o estado do universo em um instante t, é possível prever o seu estado no instante t + 1: "Podemos considerar o presente estado do universo como resultado de seu passado e a causa do seu futuro. Se um intelecto em certo momento tiver conhecimento de todas as forças que colocam a natureza em movimento, e a posição de todos os itens dos quais a natureza é composta, e se esse intelecto for grandioso o bastante para submeter tais dados à análise, ele incluiria numa única fórmula os movimentos dos maiores corpos do universo e também os dos átomos mais diminutos; para tal intelecto nada seria incerto e o futuro, assim como o passado, estaria ao alcance de seus olhos". – Pierre-Simon Laplace.
Adicionalmente às dificuldades apontadas pelo próprio Laplace, pois para armazenar toda a informação de todas as partículas presentes em todo o universo, esse intelecto

ressuscitado pelo toque de gênio dos macroeconomistas dos ciclos reais, das expectativas racionais e *last but not least* das políticas de metas de inflação.

A macroeconomia ensinada nas últimas décadas nas academias do mundo anglo-saxão não contempla a existência de dinheiro, bancos ou mercados financeiros. Os mercados de crédito, de avaliação da riqueza e suas poderosas instituições – o sistema nervoso que comanda o capitalismo – são impedidos pela racionalidade dos "mercados eficientes" de desatar corridas para a liquidez e crises financeiras. Se não há dinheiro verdadeiro, não há demanda de liquidez.

Na realidade, essa concepção da economia, digamos, "de mercado", é estática e o dinheiro entra na dança apenas como numerário, unidade de conta. A dinâmica da economia é movida pelas forças reais da abstinência e da poupança que, sem fricções, se transformam imediatamente em investimento. Uma discussão mais minuciosa dessa hipótese será desenvolvida no capítulo que trata da Escola Austríaca.

A trajetória da economia apresenta suaves flutuações, mas a economia é sempre igual a ela mesma, ancorada nas expectativas racionais do agente representativo. Não há dinâmica no sentido de um movimento no tempo histórico. Assim, é possível postular uma parêmia inspirada em Woody Allen: "Se vamos fazer tudo certo, tudo vai dar certo"!

Desgraçadamente, nem mesmo a economia, com seus formidáveis e impressionantes modelos, pode suplantar a existência de indivíduos com funções heterogêneas. Proprietários e não proprietários dos meios de produção, bancos, empresas e consumidores, poupadores e empreendedores desempenham não só papéis diferentes, como estabelecem entre si relações de determinação, controle e poder. Essas decisões hierarquizadas são inerentes a uma Economia Empresarial ou Economia Monetária da Produção, como queria Keynes ao escapar dos grilhões da teoria clássica.

---

deveria ser maior que o universo inteiro, muitos físicos da época não aceitaram essa ideia, pois esse experimento acabava com a ideia do livre-arbítrio, segundo a qual as pessoas poderiam escolher qual caminho seguir.

Há que se concordar com o economista David Colander: "Qualquer modelo relevante em macroeconomia deve analisar não só as características dos indivíduos, mas também a estrutura de suas interações".

A historicidade imposta pelo tempo nos leva à consideração das decisões cruciais dos indivíduos que detêm o controle da riqueza. Respondendo às circunstâncias existentes, eles estão obrigados a enfrentar a incerteza para projetar o futuro. Essas trajetórias condensam as decisões passadas dos agentes heterogêneos e, não raro, viram de ponta-cabeça os resultados pretendidos. Nem tudo pode dar certo.

A estirpe dos Nassau Senior, dos Bastiat, dos Jean-Baptiste Say, dos Jevons e dos Walras é precursora dos mais eminentes economistas modernos nos esmeros em demonstrar a harmonia do capitalismo, ou seja, a equivalência de poder entre os protagonistas das relações de mercado e a existência de forças compensatórias e "automáticas" que não só impediriam a ocorrência das crises, como também colocariam todos diante de oportunidades iguais mediante a livre concorrência. Trata-se de demonstrar o caráter harmônico do capitalismo e a justiça natural da concorrência em todas as esferas da vida e, portanto, postular a impossibilidade das crises.

Depois da crise de 2008/2009, os sábios pais da matéria empenharam-se em dar tratos à bola e se entregaram a calistenias matemáticas, apressados em introduzir supostos *ad hoc* para contemplar as "fricções" engendradas pelas variáveis monetárias e financeiras, infligindo torturas aos modelos para enfiar o dinheiro e o crédito de dar inveja a Guantánamo, que terminaram em vexames lógicos e metodológicos.

CAPÍTULO I
DEMOCRACIA *VERSUS* PLUTOCRACIA

A eleição presidencial americana de 1932 foi disputada no momento em que a depressão econômica atingia seu nadir. Entre 1929 e 1932 a renda nacional havia caído 43%[3], regredindo para o nível de 1922. O desemprego avançou celeremente e jogou na rua 12 (possivelmente 15) milhões de pessoas. O declínio da renda e a retração aguda do consumo fizeram eco à dramática contração dos gastos de investimento das empresas e à desastrada política fiscal e monetária da administração republicana. Foi generalizada a bancarrota na indústria e na agricultura, e o colapso dos preços tornou insuportável para o setor produtivo a carga financeira do endividamento contraído nos anos de euforia. O sistema bancário veio abaixo com grande estrondo, cujos decibéis podem ser avaliados pela falência de 5.000 instituições.

Disputavam o voto popular o então presidente Hoover, republicano, e o democrata Franklin Delano Roosevelt. A campanha republicana insistia nas causas externas da depressão e seu candidato prometia como remédio o fortalecimento do dólar nos marcos do padrão-ouro *(The dollar should ring true on every counter in the world)*. Roosevelt assinalava as causas internas do desastre econômico e prometia um novo

---

[3] FEDERAL RESERVE BANK OF ST. LOUIS. *Gross Domestic Product*. Disponível em https://research.stlouisfed.org/fred2/series/GDPA. Acesso em 29.10.2016.

pacto social para a América, capaz de incluir, especialmente, "os que estavam esquecidos no fundo da pirâmide econômica".

Roosevelt assumiu a presidência em março de 1933 e proclamou em seu discurso inaugural que "a única coisa de que devemos ter medo é do próprio medo". Não se pode dizer – nem mesmo os que avaliam idilicamente a experiência social e econômica do *New Deal* – que aqueles tempos foram de coerência e firmeza. Também não se pode negar que foram tempos de coragem e grandeza.

O presidente Roosevelt, eleito segundo as regras de clientela do sistema político americano, foi, no entanto, capaz de articular o movimento de grupos sociais heterogêneos em uma grande coalizão progressista. Caminhou, nem sempre em linha reta, mas com persistência, na busca da recuperação econômica através da reconstituição dos níveis de rentabilidade das empresas e dos rendimentos da massa assalariada.

Nos famosos "Cem Dias" de 1933 foram rapidamente inaugurados programas de emergência para os desempregados, mediante assistência direta e garantia de renda mínima. Estes programas evoluíram nos anos posteriores, com a criação da *Work Projects Administration,* em 1935, concebida para um amplo esforço de reabsorção do desemprego, apoiado em obras públicas. Harry Hopkins, idealizador e responsável pela execução do programa da *WPA,* tinha como princípio básico o seguinte lema: "A fome não se discute".

A *débâcle* financeira foi enfrentada com o *Emergency Bank Bill* de 9 de março de 1933 e pelo *Glass-Steagall Act* de junho do mesmo ano. Esses dois instrumentos legais permitiram um maior controle do *Federal Reserve* sobre o sistema bancário, facilitando o refinanciamento dos débitos das empresas, sobretudo da imensa massa de dívidas dos agricultores, e promovendo uma profunda reestruturação do sistema bancário. Isto significou uma forte centralização da intervenção do Estado sobre os bancos privados e garantias mínimas para os depositantes, medidas indispensáveis para a execução de uma política de liquidez e de direcionamento do crédito, em benefício da recuperação

CAPÍTULO I – DEMOCRACIA *VERSUS* PLUTOCRACIA

econômica. O *Glass-Steagall Act* proibiu o envolvimento direto dos bancos comerciais em operações nos mercados de capitais e nos mercados imobiliários.

Tomadas estas medidas de emergência, relativas ao desemprego e à desordem financeira, o governo constitui a *National Recovery Administration* – órgão encarregado do planejamento industrial – e a *Agricultural Adjustment Administration*, incumbido de executar a política de preços, estoques e comercialização dos produtos agrícolas.

Muitos anos depois, os debates sobre a experiência do *New Deal* concentram-se sobre o êxito limitado do programa. Os críticos sublinham a debilidade da recuperação (que só ganha sustentação com a mobilização bélica) e o constante ziguezague da política econômica. Poucos consideram as consequências políticas e sociais da verdadeira "revolução democrática" que contrastava fortemente com a tragédia vivida pela Europa Continental, com a ascensão do nazi-fascismo.

Karl Polanyi, em sua obra *A Grande Transformação*, escreveu sobre esse momento da história. Ele mostrou como a revolta contra o despotismo "econômico" poderia se revelar tão brutal quanto os males que a economia destravada impunha à sociedade. O avanço do coletivismo, Polanyi conclui, não era uma patologia ou uma conspiração irracional de classes ou grupos, mas sim o resultado da degeneração dos nexos mercantis. O desamparo entregou os indivíduos livres à desesperada busca do *führer* opressor.

Com o colapso dos mecanismos econômicos, a super-politização das relações sociais tornou-se inevitável. O despotismo da mão invisível teria de ser substituído pela tirania visível do chefe. A vida política foi surrupiada pelas polícias da vida que invadiram todas as esferas da convivência, como se fossem suspeitas quaisquer formas de espontaneidade.

O *New Deal* demonstrou que era possível governar o ciclo econômico num ambiente de liberdade e de conquistas sociais. Só a ação coletiva, empreendida através do Estado democrático, impediu o mergulho da sociedade americana no desconhecido. Seria difícil imaginar o destino das economias capitalistas, sem que a mão visível do Estado as tivesse protegido do autoflagelo da mão invisível do mercado. Somente a substituição dos mecanismos "automáticos" do mercado pela ação consciente do Estado foi capaz de evitar a desordem social e o avanço do totalitarismo à esquerda e à direita. O Estado regulou as relações econômicas fundamentais e o *New Deal* preparou o imaginário das sociedades para a defesa da democracia no embate com o nazi-fascismo e para a reorganização econômica social e política, que orientou o estrondoso sucesso do capitalismo no pós-guerra.

No Congresso do Partido Democrata em 1936, Franklin D. Roosevelt discursou sobre as ameaças da oligarquia financeira para a sociedade:

> Era natural e talvez humano que os príncipes privilegiados dessa nova dinastia econômica, sedentos por poder, tentassem alcançar o controle do próprio Governo. Eles criaram um novo despotismo e o embrulharam nos vestidos de sanções legais. Em seu serviço, novos mercenários procuraram regimentar o povo, seu trabalho e sua propriedade.

Um jornalista do The Guardian, habitual cronista das reuniões do *World Economic Forum*, resumiu em um parágrafo as diferenças entre o espírito das épocas, entre as reuniões de Bretton Woods, Durbaton Oaks e os encontros periódicos de Davos, onde os poderes do mundo imaginam cuidar do destino dos homens:

> Clement Attlee, Ernest Bevin e Roosevelt acreditavam nos mercados administrados e no controle do capitalismo (...) por isso as Conferências de Bretton Woods e de Durbaton Oaks não foram patrocinadas pela Coca-Cola. As reuniões de Roosevelt não tinham o apoio do J.P. Morgan, cujos funcionários, aliás, tratavam de recortar as fotos do presidente americano, para evitar acidentes, caso o patrão resolvesse ler os jornais.

O espaço econômico internacional, na posteridade da Segunda Guerra Mundial, foi construído a partir do projeto de integração entre as economias nacionais proposto pelo Estado americano na reunião de Bretton Woods.

CAPÍTULO I – DEMOCRACIA *VERSUS* PLUTOCRACIA

A concepção da ordem internacional nascida das ideias do *New Deal* imaginava erigir um sistema monetário-financeiro capaz de estimular o desenvolvimento do comércio entre as nações. Isso seria feito dentro de regras monetárias que garantissem a confiança na moeda-reserva, sem o ajustamento deflacionário dos balanços de pagamentos, mas, antes, permitindo o abastecimento adequado da liquidez às transações em expansão. Tratava-se, portanto, de erigir um ambiente econômico internacional destinado a propiciar um amplo raio de manobra para as políticas nacionais de desenvolvimento, industrialização e progresso social.

Apesar da imponente arquitetura das instituições multilaterais (FMI e Banco Mundial) criadas em Bretton Woods, o papel principal de regulação da liquidez internacional foi desempenhado pelo *Federal Reserve*. O Banco Central americano funcionou, na verdade, como "regulador" do sistema de crédito em que se transformou o regime monetário internacional. A liderança econômica dos Estados Unidos, ao mesmo tempo em que promoveu a expansão da grande corporação americana e de seus bancos, abriu espaço em seu mercado interno para abrigar as exportações europeias e japonesas. Isto significa que os Estados Unidos cumpriram, simultaneamente, o papel de fonte autônoma de demanda efetiva e a função de emprestador de última instância.

Os cuidados típicos do período rooseveltiano se estenderam ao longo dos quase trinta anos do imediato pós-guerra, quando o mundo das finanças viveu uma relativa calmaria. Há quem sustente que a escassez de episódios críticos deve ser atribuída, em boa medida, à chamada "repressão financeira", voltada, sobretudo, para a atenuação da instabilidade dos mercados de negociação dos títulos representativos de direitos sobre a riqueza e a renda. As políticas monetárias e de crédito eram orientadas no sentido de garantir condições favoráveis ao financiamento do gasto produtivo, público ou privado, e atenuar os efeitos da valorização fictícia da riqueza sobre as decisões de gasto corrente e de investimento.

As reformas introduzidas nos Estados Unidos e na Europa, depois do colapso dos anos 1930 até o início dos anos 1970, que impuseram controles aos sistemas financeiros, a prevalência do crédito bancário sobre a emissão de títulos negociáveis (*securities*) e restrições ao livre movimento de capitais, possibilitaram três décadas de crescimento rápido, baixa inflação, ganhos elevados de produtividade, expansão do emprego e subida dos salários reais.

Nos Estados Unidos, a separação entre bancos comerciais e bancos de investimentos das seguradoras impediu que os bancos comerciais – responsáveis pela criação de moeda e pelo sistema de pagamentos – se envolvessem em atividades especulativas e arriscadas nos mercados de capitais. O Regulamento Q determinou a imposição de tetos para as taxas de juros. O presidente Roosevelt criou o seguro de depósito, para impedir corridas bancárias. Na Europa, predominaram os bancos públicos e o direcionamento do crédito para as atividades produtivas. O *Bundesbank*, o Banco Central da Alemanha Federal, estava submetido às regras do pacto social entre trabalhadores e empresas, no âmbito da chamada economia social de mercado. Esse arranjo financeiro correspondia a um estágio avançado da luta social nos países desenvolvidos, que se completava com a proteção dos direitos econômicos e sociais dos trabalhadores e assalariados em geral.

Os cuidados da "repressão financeira" estavam voltados, sobretudo, a evitar ciclos de valorização excessiva e desvalorizações catastróficas dos estoques de riqueza financeira, com efeitos danosos sobre o gasto, a produção e o emprego.

As lições hauridas das instabilidades dos anos 20 e da depressão dos anos 30 ensinaram que não era sábio nem prudente deixar os "mercados de riqueza fictícia" entregues a seus próprios desígnios. Hyman Minsky foi preciso ao afirmar que:

> a estrutura financeira criada no pós-guerra cortou a conexão entre a queda nos preços dos ativos e o default das dívidas, protegendo os bancos e outras instituições financeiras, assim como o maior peso do gasto público evitou a queda potencial dos lucros agregados.[4]

---

[4] MINSKY, Hyman P. *Estabilizando uma economia instável*. São Paulo: Novo Século, 2010.

CAPÍTULO I – DEMOCRACIA *VERSUS* PLUTOCRACIA

Esta organização da finança, baseada na predominância do crédito bancário, tinha três características importantes:

1) as políticas monetárias e de crédito tinham objetivos nacionais, ou seja, estavam relacionadas com o desempenho da economia e das empresas localizadas no país; as taxas fixas (mas ajustáveis) de câmbio e as limitações aos movimentos internacionais de capitais de curto-prazo impediam a transmissão de choques causadores de instabilidade às taxas de juros domésticas;

2) o caráter insular dos sistemas nacionais de crédito permitia a adoção, pelas autoridades monetárias, de normas de operação que definiam: a) segmentação e especialização das instituições financeiras; b) severos requisitos prudenciais e regulamentação estrita das operações; c) fixação de tetos para as taxas de captação e empréstimo; d) criação de linhas especiais de fomento;

3) em contrapartida, a relação próxima entre os Bancos Centrais e os bancos privados correspondia a uma capacidade de resposta mais elástica às necessidades de liquidez corrente do sistema bancário.

Depois da reconstrução econômica da Europa e da resposta competitiva da grande empresa europeia, a rivalidade entre os sistemas empresariais promoveu o investimento produtivo cruzado entre os Estados Unidos e a Europa e a primeira rodada de industrialização fordista na periferia.

Após a revolução chinesa e a guerra da Coréia, entrariam na dança o Japão e, mais tarde, a própria Coréia e Taiwan, com seus respectivos sistemas empresariais. A América Latina "desenvolvimentista" foi integrada a este surto de expansão. O Brasil, como os demais, valeu-se de políticas nacionais de industrialização que, no âmbito doméstico, trataram de promover a "internacionalização" da economia, ou seja, a repartição de tarefas entre as corporações multinacionais, as empresas estatais e os empreendimentos privados nacionais, os dois últimos encarregados de produzir os bens intermediários e matérias primas semiprocessadas.

No final dos anos 1960, a reconstrução europeia e o reerguimento japonês já ameaçavam a supremacia econômica e industrial americana, provocando uma mudança de sinal na balança comercial dos Estados Unidos. O balanço de pagamentos americano era deficitário por conta de três componentes: 1) as despesas militares da Guerra Fria; 2) o movimento da grande empresa para a Europa e para a Ásia; 3) o esforço do governo Johnson em levar adiante o projeto da Grande Sociedade. Johnson foi o último dos rooseveltianos. Apanhado na armadilha da Guerra do Vietnã, ele desistiu da reeleição em 1968. A hemorragia do balanço de pagamentos dos Estados Unidos suscitou a reação dos europeus, que passaram a depositar os dólares excedentes no chamado euromercado. Londres era a praça financeira que acolhia esses dólares.

Os primeiros ataques contra a posição do dólar como moeda-reserva têm início neste momento, trazendo à tona o dilema formulado por Robert Triffin: a função de reserva da moeda americana estava sendo desgastada pela percepção de que havia um desequilíbrio estrutural no balanço de pagamentos dos Estados Unidos.

Os europeus pressionavam as reservas em ouro de Fort Knox, nos EUA, queriam converter seus dólares abundantes no ativo final de reserva que dava conversibilidade aos dólares. A fragilidade do arranjo monetário internacional culminou com a decisão americana de 1971: o governo Nixon decretou unilateralmente a inconversibilidade da moeda americana em ouro, até então fixada à razão de 35 dólares por onça troy. Assim, o ativo final de reserva passou a ser o título de dívida do governo dos Estados Unidos.

O final dos anos sessenta e o início dos setenta presenciaram o aparecimento dos primeiros sintomas de desorganização do arranjo "virtuoso". No que respeita aos sistemas monetários e financeiros, vale sublinhar os fenômenos mais importantes na etapa de dissolução do consenso keynesiano: 1) a subida do patamar inflacionário; 2) a criação do euromercado e das praças *off-shore*, estimuladas pelo "excesso" de dólares produzido pelo déficit crescente do balanço de pagamentos dos Estados Unidos e, posteriormente, pela reciclagem dos petrodólares; 3) a substituição das taxas fixas de câmbio, adotado em Bretton Woods no imediato pós-guerra, por um "regime" de taxas flutuantes, a partir de 1973. Os defensores das taxas flutuantes proclamavam perseguir um

CAPÍTULO I – DEMOCRACIA *VERSUS* PLUTOCRACIA

duplo objetivo: permitir um realinhamento das taxas de câmbio e dar maior liberdade às políticas monetárias domésticas.

A crise do petróleo e o recrudescimento da inflação produziram um grave desarranjo entre 1974 e 1975 (muitos diziam que era a crise mais grave do pós-guerra). No entanto, a reciclagem dos petrodólares realizada pelos bancos americanos e europeus conseguiu manter à tona as economias em desenvolvimento e impediu o aprofundamento da recessão global. O preço foi a aceleração da inflação nos Estados Unidos, que chegou a 13% em 1979.

Os europeus, mais uma vez, tentaram substituir o dólar por um ativo emitido pelo Fundo Monetário Internacional, os Direitos Especiais de Saque, baseados numa cesta de moedas.

Em Belgrado, na reunião do FMI em 1979, o presidente do FED – o Banco Central americano – Paul Volcker, deixou os europeus falando sozinhos, voltou para os Estados Unidos e deflagrou o famoso choque de juros de outubro de 1979, alçado até 20% em abril de 1980 e provocando uma quebradeira geral, sobretudo dos endividados, como o Brasil.

Esse momento foi o divisor de águas. O chamado "consenso keynesiano" arrastou seu declínio na companhia da estagflação da década de 1970. Encerrou seu predomínio depois do choque provocado pela subida das taxas de juros americanas.

Não por acaso, o Partido Conservador da Sra. Thatcher ganhou as eleições em 1979 e Reagan assumiu em 1981. É uma ilusão imaginar que os dois propuseram a agenda neoliberal. Muito ao contrário, a crise deu força aos que trabalhavam sem descanso para dar um fim a "tudo aquilo". Tudo aquilo eram as instituições criadas na posteridade da Segunda Guerra para impedir que o capitalismo repetisse experiências catastróficas, como a crise de 1929. A ideia era desregulamentar, liberalizar, promover a "desrepressão" financeira. A política de Reagan, no entanto, foi uma espécie de Frankenstein: junto com as taxas de juros altíssimas, que seguraram o dólar como moeda reserva, vieram um monumental déficit fiscal e um saldo negativo no balanço de pagamentos, devidamente aproveitado por japoneses, coreanos e outros asiáticos.

Com o dólar fortalecido, os EUA advogaram o conjunto de proposições do receituário neoliberal e passaram de credores a devedores em sua própria moeda no âmbito internacional. A expansão da dívida pública americana foi crucial para os grandes bancos, que substituíram em suas carteiras as dívidas podres dos periféricos pelos títulos do governo mais poderoso do mundo, para impulsionar o desenvolvimento dos mercados de capitais, ou seja, da securitização e dos derivativos, por sua liquidez e segurança. A partir dos anos 80 do século passado foi rápida a perda de participação dos empréstimos fornecidos às empresas e às famílias pelos bancos de depósito. Essas instituições carregavam os empréstimos em suas carteiras até o vencimento.

Ainda nos anos 80, as ilusões da "economia da oferta" deram o pontapé inicial no jogo da desregulamentação. Seus adeptos sustentavam que a insistência no estímulo fiscal associada à ação dos sindicatos deu origem simultaneamente à estagnação e à inflação, matrizes do desemprego a longo prazo. Por essas e outras, a "reestruturação conservadora" preconizava a redução de impostos para os ricos "poupadores" e a flexibilização dos mercados de trabalho. A curva de Laffer[5] acusava os sistemas de tributação progressiva de desestimular a poupança e debilitar o impulso privado ao investimento, enquanto os sindicatos teimavam em "prejudicar" os trabalhadores ao pretender fixar a taxa de salário fora do preço de equilíbrio. Nos mercados de bens, a palavra de ordem era submeter as empresas à concorrência global, eliminando os resquícios de protecionismo e quaisquer políticas deliberadas de fomento industrial.

As relações entre o Político e o Econômico foram ordenadas de modo a remover quaisquer obstáculos à expansão do poder da finança. Esse processo levou consigo a apropriação da "racionalidade econômica" pelos senhores da grana. As decisões que outrora, no imediato pós-guerra, couberam às instâncias da política democrática passaram ao comando dos "mercados eficientes".

---

[5] Representação teórica da relação entre o valor arrecadado com um imposto a diferentes taxas, qual pretende indicar que aumentar as alíquotas além de certo ponto torna-se improdutivo, à medida que a receita também passa a diminuir.

CAPÍTULO I – DEMOCRACIA *VERSUS* PLUTOCRACIA

Este é o momento em que cresce a importância dos fundos de pensão privados, dos fundos de investimento e, em alguma medida, dos fundos de *hedge*, entre o início dos anos 1980 e a primeira metade dos anos 1990.

Os processos de formação da renda e do emprego típicas do "fordismo" foram progressivamente desarticulados. A desrepressão e liberação da finança impuseram novas formas de administração privada da poupança coletiva das camadas assalariadas. Em sua configuração pósfordista, as relações intercapitalistas retornaram às formas que levaram a "economia global" à Grande Depressão.

Criados em 1981, os fundos de pensão (401k) com contribuição definida tornaram o valor das pensões dependente dos preços dos títulos de dívida e sobretudo das ações negociadas nas bolsas de valores. Essa securitização da previdência promoveu a explosão dos mercados de ativos, particularmente os de renda variável, ao mesmo tempo em que reintroduziu a insegurança no valor das aposentadorias dos trabalhadores.

A poupança dos assalariados – classe média e demais dependentes – foi capturada ademais pelo crescimento impressionante dos fundos mútuos. O número de quotistas cresce exponencialmente, alcançando 120 milhões em 1990.

Nesse movimento, cresceram as emissões de títulos de dívida, administradas por instituições que não recebiam depósitos como bancos de investimento, fundos de pensão e fundos mútuos. Isso tornou os novos mercados financeiros muito dependentes da liquidez e das expectativas a respeito do movimento de preços desses papéis. Multiplicaram-se as instituições dedicadas a emitir, negociar e avaliar a qualidade dos títulos públicos e privados.

O movimento de "liberalização dos mercados" promoveu simultaneamente a chamada globalização financeira e a centralização do controle da riqueza líquida nas instituições financeiras "grandes demais para falir".

Os grandes bancos internacionalizados, sobretudo os bancos americanos, cuidaram de administrar em escala global a rede de relações débito-crédito. Ao comandar a circulação de capitais entre as praças financeiras, tornaram-se senhores dos "fundamentos econômicos" com poder de afetar a formação das taxas de juro e de câmbio. Esta submissão dos Estados aos ditames da finança globalizada foi acompanhada de mudanças na estrutura da propriedade e da concorrência, ou seja, os grandes bancos financiaram e organizaram o jogo da concentração patrimonial e produtiva.

O *Roosevelt Institute* anunciou seu *Financialization Project*, com o objetivo de estabelecer uma sólida definição de financialização e usá-la para construir uma agenda de pesquisa e defesa. No texto, *Defining Financialization*, o Instituto afirma que esse fenômeno caracteriza a economia desde o início dos anos 1980 e se identifica com o crescimento do setor financeiro, elevando seu poder na economia real, a explosão do poder da riqueza e a redução de toda a sociedade ao reino da finança, reescrevendo as regras da economia para diminuir o poder dos demais.

O estudo aponta que os lucros no setor financeiro, que representavam menos de 10% do total dos lucros corporativos em 1950, cresceram para aproximadamente 30% em 2013. Em 1970 os cinco maiores bancos detinham 17% dos ativos bancários agregados, mas em 2010 passam a deter 52% (Dallas FED).

No resto do sistema financeiro o grau de concentração também mudou de escala. Nas últimas décadas, as ondas de fusões e aquisições elevaram o grau de centralização: os 25 maiores bancos do mundo tinham 28% dos ativos dos 1.000 maiores bancos em 1997; em 2009, mais de 45%. Dos US$ 4 trilhões de transações diárias com moedas, 52% delas são realizadas pelos 5 maiores bancos. No que tange aos bancos de investimento, os 10 maiores concentram 53% das receitas. Baseados principalmente em seus clientes mais ricos, já que os 10% mais ricos geram 80% de suas receitas, os bancos se conglomeraram e se tornaram verdadeiros supermercados financeiros, capazes de oferecer todo tipo de serviço financeiro a pessoas físicas e jurídicas.

Em 2010, US$ 64 trilhões estavam nas mãos dos gestores de ativos, sendo que os 50 maiores tinham 61% do total e o Black Rock

CAPÍTULO I – DEMOCRACIA *VERSUS* PLUTOCRACIA

mais US$ 3,3 trilhões em ativos. Os fundos de investimento trilionários levaram a uma enorme centralização da propriedade. Os fundos adquirem participação nos mais diversos negócios, mas não se interessam pela gestão diária destes. Sua participação exige que a administração se submeta à lógica do EBITDA, da geração do máximo de caixa possível, e a busca incessante da valorização acionária. Transformam a gestão das empresas produtivas em uma gestão financeirizada.

O jogo da competitividade global se aliou às novas normas de governança das empresas para concentrar o poder nas mãos dos acionistas e dos administradores da riqueza financeira. As empresas ampliaram expressivamente a posse dos ativos financeiros, não como reserva de capital para efetuar futuros investimentos fixos, mas como forma de alterar a estratégia de administração dos lucros acumulados e do endividamento. O objetivo de maximizar a geração de caixa determinou o encurtamento do horizonte empresarial. A expectativa de variação dos preços dos ativos financeiros passou a exercer um papel muito relevante nas decisões das empresas. Os lucros financeiros superaram com folga os lucros operacionais. A gestão empresarial foi, assim, submetida aos ditames dos ganhos patrimoniais de curto prazo e a acumulação financeira impôs suas razões às decisões de investimento, aquelas geradoras de emprego e renda.

Nas pegadas da abertura das contas de capital, os bastiões foram caindo um a um. O Japão foi a primeira vítima da finança globalizada, em 1989; sucumbiu diante da valorização do iene e dos efeitos de uma bolha imobiliária e bursátil, que prostrou o país na estagnação durante dez anos. Depois vieram naturalmente as crises do México, da Ásia, do Brasil, da Rússia, da Argentina.

Em 2000 estourou a famosa bolha da tecnologia da informação, mas o FED interveio, com sucesso, e impediu o alastramento da crise.

É preciso entender que a crise de 2008 nasce exatamente da vitória sobre a anterior. Os mercados têm certeza que serão salvos pelo Estado e seus bancos centrais independentes. A baixa dos juros patrocinada por Alan Greenspan em 2000 deu fôlego adicional ao consumo das famílias americanas, que aumentaram seu endividamento para quase 100% do PIB dos EUA em 2007, às vésperas da crise.[6] Os juros baixos e estáveis também animaram os bancos, que passaram a conceder crédito sem avaliar o risco do devedor. Esses são os créditos "subprime", cuja figura mais exótica é o crédito Ninja, concedido ao cidadão que não tem emprego, não tem renda e não tem ativos. Muitos imigrantes ilegais tomaram empréstimos para comprar a casa própria.

A exuberante liquidez proporcionada pela política do FED suprimiu as já frágeis barreiras que ainda impediam os mercados financeiros de tomar riscos maiores. A inventividade desses mercados construiu uma verdadeira pirâmide de papéis. Os bancos originavam os créditos e tratavam de passá-los a frente, mediante técnicas de securitização que envolviam o "empacotamento" de empréstimos de qualidade variada, misturando o bom, o ruim e o péssimo; depois cortavam em "tranches" de cem milhões de dólares, digamos, cada uma; sobre elas emitiam um título, que colocavam através de veículos especiais de investimento nos fundos de pensão, de investimento e de *hedge*.

Muitos desses créditos estavam garantidos por seguradoras que se comprometiam a honrar o principal pelo valor de face no caso de inadimplência. Quando explode a crise, toda a cadeia da felicidade entra em pane. Muitos desses ativos eram financiados por *commercial papers*, dívidas de curto prazo emitidas pelos mesmos bancos que geravam o crédito. A pirâmide começa a desmoronar, os bancos hesitam em conceder créditos uns aos outros e a todos os demais. É a desconfiança generalizada e novamente o FED reduzindo juros rapidamente, apavorado com a profundidade da crise.

Após a crise financeira de 2007/2008 a política de socorro às instituições financeiras grandes demais distribuiu prêmios aos seus arquitetos, flagrantes na autorização do "independente" *Federal Reserve* para utilizar US$ 700 bilhões dos contribuintes na compra de títulos podres e nos casos conhecidos como *golden parachutes* (paraquedas de ouro). O

---

[6] Disponível em https://research.stlouisfed.org/fred2/series/HDTGPDUSQ163N. Acesso em 28.10.2016.

CAPÍTULO I – DEMOCRACIA *VERSUS* PLUTOCRACIA

quantitative easing descarregado nos bancos não recuperou as economias, socializou prejuízos e privatizou riqueza pública por meio do endividamento dos Estados, acentuando a concentração de renda.

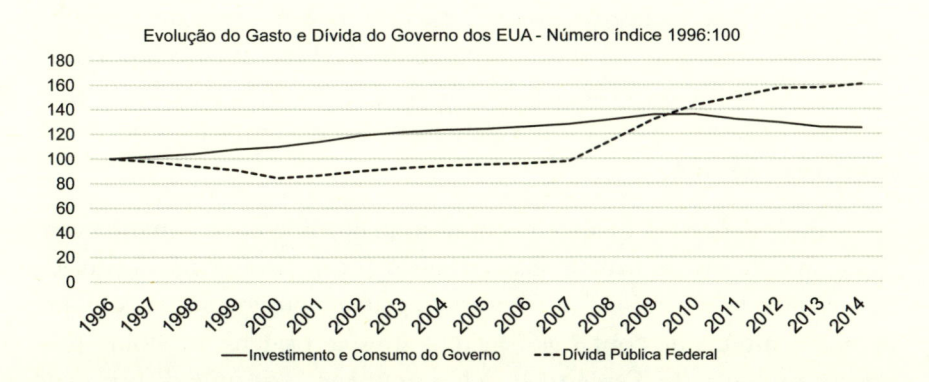

Evolução do Gasto e Dívida do Governo dos EUA - Número índice 1996:100

—— Investimento e Consumo do Governo   --- Dívida Pública Federal

Fonte: Elaboração própria com dados do *Federal Reserve Bank of St Louis*.

Os novos tempos prometiam aos trabalhadores livres, empresas enxutas e governos austeros submetidos à disciplina dos mercados – tão flexíveis quanto vigilantes – a recompensa do *trickle down*: lucros estáveis, empregos de alta produtividade, salários reais crescentes, orçamento equilibrado e descompressão dos mercados financeiros, agora aliviados das forças de "expulsão" da demanda de financiamento privado pela sanha do endividamento público. Para os mercados financeiros, os conservadores acenavam, portanto, com as maravilhas da desregulamentação e a eliminação das barreiras à entrada e saída de capital-dinheiro de modo que a taxa de juros pudesse exprimir, sem distorções, a oferta e a demanda de "poupança" nos espaços integrados da finança mundial.

As reformas deveriam ser levadas a cabo num ambiente macroeconômico em que a política fiscal estivesse encaminhada para uma situação de equilíbrio intertemporal sustentável e a política monetária controlada por um banco central independente. Estas condições macroeconômicas significam que as duas dimensões públicas das economias de mercado – a moeda e as finanças do Estado – devem ser administradas de forma a não perturbar o funcionamento das forças que sempre reconduzem a economia privada ao equilíbrio de longo prazo.

O lero-lero do *trickle down* não entregou o prometido. A prodigalidade de isenções e favores fiscais para as camadas endinheiradas fez pouco ou quase nada para elevar a taxa de investimento no território americano, mas suscitou o ingurgitamento da esfera financeira, a multiplicação de paraísos fiscais, a migração da grande empresa para as regiões de baixos salários, os sucessivos déficits fiscais e a ampliação do déficit em conta corrente.

A desrepressão financeira conferiu maior liberdade e menor vigilância aos fluxos de capitais para paraísos fiscais. Em artigo intitulado "Os ricos e seus paraísos", o *Democracy Journal* contesta a ideia comum de que o sistema de contas *offshore* tem em suas origens um nobre propósito: proteger do Terceiro Reich a poupança dos judeus, por meio de contas bancárias na Suíça que eram identificadas com números em vez de nomes.

O livro *The Hidden Wealth of Nations*, do professor Gabriel Zucman, da Universidade da Califórnia em Berkeley, demonstra que o moderno sistema de contas *offshore* precede o regime nazista e se relaciona a esquemas de evasão fiscal.

Após a Primeira Guerra Mundial as nações europeias elevaram dramaticamente seus impostos marginais superiores para pagarem dívidas e financiar as pensões de veteranos. Como resposta, os ricos se arrebanharam para a Suíça, onde as práticas bancárias prometiam discrição e a neutralidade política oferecia estabilidade. Entre 1920 e 1929, os ativos estrangeiros na Suíça cresceram 14% ao ano. Em 1930, a taxa de crescimento caiu para 1% ao ano.

Nos anos 1990, uma comissão presidida por Paul Volcker, ex-presidente do Banco Central americano, descobriu que, de todas as contas em bancos suíços abertas por indivíduos não suíços entre 1933 e 1945, apenas 1,5% pertenciam a judeus perseguidos por nazistas. O moderno sistema de *offshore* e evasões fiscais não emergiu do altruísmo, mas da avareza.

CAPÍTULO I – DEMOCRACIA *VERSUS* PLUTOCRACIA

Ao fim da Segunda Guerra Mundial, os Aliados tentaram desmontar e reprimir a estrutura do sistema financeiro suíço, em parte porque o Congresso americano relutava em gastar dinheiro de seus contribuintes no Plano Marshall, que poderia ser financiado pelas fortunas francesas escondidas nos Alpes. Espertamente, os bancos suíços driblaram esses esforços, usando empresas de fachada (*shell companies*) panamenhas para esconder a origem francesa de certas contas.

A globalização e a liberalização das contas de capital atuaram como acelerador desse processo. Segundo Zucman, em 1950 cerca de 2% da "riqueza das famílias europeias" estava locada nas *offshore* em paraísos fiscais; nos anos 1980, esse valor alcançou 5%. Atualmente esse número dobrou, estimado em 10%.

Antes dos 11 milhões de documentos revelados pelo escândalo dos *Panama Papers* escancararem a evasão fiscal e a corrupção global, dissimulada pelo eufemismo do "planejamento tributário", o Comitê de Oxford para Alívio da Fome, a Oxfam, já denunciava a *"rede de paraísos fiscais e de uma indústria de evasão fiscal que floresceu nas últimas décadas e representa um exemplo inquestionável de um sistema econômico manipulado para favorecer os poderosos"* (Janeiro de 2016).

O livro do Professor Zucman estima que US$ 7,6 trilhões, ou 8% da riqueza mundial, está em paraísos fiscais. Ao contrário do que se poderia supor, após a crise de 2008 foi observado um incremento significativo no uso desses paraísos fiscais. Em Luxemburgo o fluxo de riqueza estrangeira cresceu 20% entre 2008 e 2012, elevação proporcional à observada na Suíça que atingiu no período níveis próximos ao seu pico histórico.

Segundo o autor há um buraco nas estatísticas. Em 2015, por exemplo, as nações reportaram US$ 2 trilhões em fundos mútuos em Luxemburgo, mas o próprio país calcula que o resto do mundo detém em seu território US$ 3,5 trilhões em fundos mútuos. Nas estatísticas globais os US$ 1,5 trilhões faltantes não têm dono. A anomalia do montante excedente revela a medida da riqueza escondida em paraísos fiscais, acarretando perdas em torno de US$ 200 bilhões por ano para os governos ao redor do globo.

O desvio de impostos por corporações multinacionais é outra preocupação. A discricionariedade para alocar suas operações e mudar seus lucros para países com menores taxações permitiu às companhias americanas evitarem o equivalente a US$ 130 bilhões em impostos, contribuindo para o declínio do nível do imposto corporativo de 30% no final dos anos 1990 para aproximadamente 20% atualmente.

É necessário investigar mais a fundo as origens do contraditório entre "déficit de racionalidade" e "déficit democrático". Em seu livro *Tempo Comprado: a crise adiada do capitalismo democrático*, Wolfgang Streeck expõe as dificuldades impostas aos governos democraticamente eleitos, hoje escandalosamente submetidos aos ditames dos mercados financeiros e da mídia-empresa. Esse aprisionamento enseja a divulgação das banalidades negativas sobre o Estado do Bem-Estar Social: o cobrador de impostos, competidor com o setor privado nos mercados de dívida, causador da inflação na medida em que financia o seu déficit com emissão monetária, exemplo de má gestão empresarial.

Assim, impuseram condições à gestão fiscal dos Estados Nacionais. A lógica financeira determinou a subordinação da política fiscal à política monetária. No âmbito da gestão monetária, os cuidados com os riscos de valorização excessiva e desvalorizações catastróficas *dos estoques da riqueza já existente* transformaram-se na ocupação primordial dos Bancos Centrais.

Streeck também aponta a origem da "transferência de poder" na estagflação dos anos 70, quando o arranjo social e econômico das décadas anteriores foi desmanchado em nome da remoção dos entraves à livre operação dos mercados.

CAPÍTULO I – DEMOCRACIA *VERSUS* PLUTOCRACIA

A dívida pública em percentagem do PIB, os países da OCDE, 1970-2011

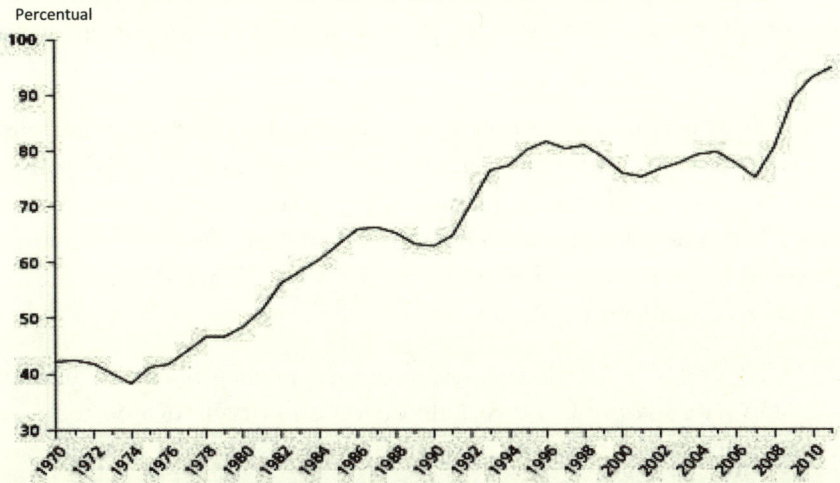

Países incluídos na média não ponderada: Áustria, Bélgica, Canadá, França, Alemanha, Itália, Japão, Holanda, Noruega, Suécia, Reino Unido, EUA.
Fonte: STREECK, Wolfgang. *The Politics of Public Debt*. Max-Planck-Institute für Gesellschaftsforschung, Julho de 2013. Retirado do Observatório Econômico da OCDE (Estatística e Projeções).

Taxas de crescimento anuais de alguns países da OCDE, 1963-2010

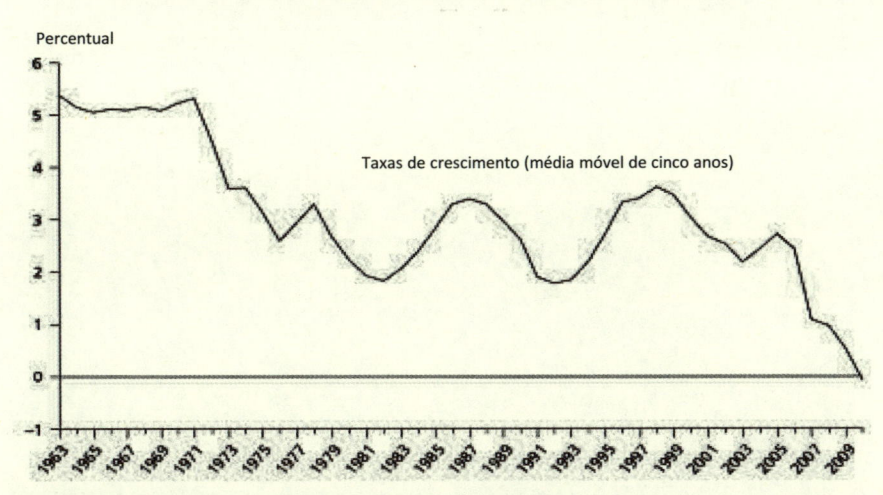

Países incluídos na média não ponderada: Austrália, Áustria, Bélgica, Canadá, Dinamarca (a partir de 1967), Finlândia, França, Alemanha, Grécia (a partir de 1971), Irlanda, Itália, Japão, Holanda, Noruega, Portugal, Espanha, Suécia, Suíça (a partir de 1966), Reino Unido, EUA.
Fonte: STREECK, Wolfgang. *The Politics of Public Debt*. Max-Planck-Institute für Gesellschaftsforschung, Julho de 2013. Retirado do Observatório Econômico da OCDE (Estatística e Projeções).

A história dos últimos 40 anos desvela as raízes do déficit democrático. Aos neoliberais não interessa reduzir o tamanho do Estado, senão capturar suas forças para apoiar a difusão da concorrência em todas as esferas da vida.

Encarnada na concorrência entre as grandes empresas oligopolistas e nos mercados financeiros enlouquecidos, a "razão privada" tomou de assalto a esfera pública. Enquanto conta a fábula "Mais Estado, Menos Estado" trata de submeter a seu comando os regimes fiscais e tributários, espremendo os recursos destinados a atender às demandas dos setores mais frágeis e sub-representados.

A burocracia do Estado passou a adotar a "racionalidade" privada na gestão da coisa pública e isso afetou o comportamento de todos os agentes públicos, desde as empresas até os órgãos encarregados de administrar a justiça, para não falar das políticas de saúde, educação, transporte de massa, entre outros. O projeto ocidental da cidadania democrática e igualitária não "cabe" no espartilho amarrado na ilharga das sociedades pela "racionalidade" do capitalismo contemporâneo.

CAPÍTULO II
GLOBALIZAÇÃO

A recuperação do poder do dólar em 1979 instaurou um novo regime de coordenação da economia mundial e abriu espaço para o comando dos mercados financeiros anglo-saxões sobre as estratégias empresariais. Como demonstrado anteriormente, ao contrário do que reza a vulgata de certa esquerda ou pregam os delírios da direita obtusa, a nova etapa do capitalismo – dita neoliberal – não buscou e muito menos realizou a propalada redução das funções do Estado. Em sua sabedoria sistêmica, o neoliberalismo promoveu a apropriação do Estado pelas forças da grande corporação transnacional empenhada na concorrência global. Desde os anos 80, o capitalismo "social" e "inter-nacional" do imediato pós-guerra transfigurou-se no capitalismo "global", "financeirizado" e "desigual".

Ao longo das últimas décadas, o acirramento da concorrência – esta é a alma da globalização – impôs às empresas de diversas origens a formação de *joint-ventures* e a busca de cooperação e de alianças estratégicas. Este movimento foi determinado fundamentalmente pelos custos de inovação e por exigências de escala relacionadas com a nova onda de progresso técnico – telecomunicações, informática, microeletrônica e automação industrial, química fina – de rápida difusão desde os anos 80.

A globalização provocou uma verdadeira revolução na estrutura econômica mundial. Há três grandes transformações concomitantes que se não são desconsideradas, são apresentadas como processos desconexos: a reorganização da estrutura produtiva; a onda de fusões e aquisições que transformou o sistema financeiro; e a centralização da propriedade.

A profunda reorganização empresarial resultou nas cadeias globais de valor. A reestruturação produtiva das últimas décadas atingiu todos os setores da economia mundial, levando a uma redução drástica do número de empresas. Toda a economia mundial passou a ser dominada por pouquíssimas empresas, em geral, de países altamente desenvolvidos.

CAPÍTULO II – GLOBALIZAÇÃO

Oligopólio Global na Revolução Comercial (1998-2000)		
Nome da Companhia	Setor	(%) no Mercado Global
Aeroespacial		
Boeing	Encomendas de aviões comerciais com mais de 100 assentos	70
Airbus	Encomendas de aviões comerciais com mais de 100 assentos	30
Rolls-Royce	Encomendas de motores aeronáuticos	34
GE	Encomendas de motores aeronáuticos	53
Pratt & Whitney	Encomendas de motores aeronáuticos	13
TI		
Lucent	Equipamentos de Internet e telecomunicações	17
Intel	Micro-processadores	85
Microsoft	Sistemas Operacionais de PCs	85
Microsoft	Aplicativos de negócios para computadores	90
Cisco	Roteadores de computadores	66
	: roteadores de ponta	80
Corning	Fibra ótica	50
Hyundai Eletronics	DRAM	21
Samsung Eletronics	DRAM	20
Sony	Jogos eletrônicos	67
Nintendo	Jogos eletrônicos	29
Ericsson	Telefones celulares	15
Nokia	Telefones celulares	23
Motorola	Telefones celulares	20
Produtos Farmacêuticos		
Glaxo Wellcome/SKB	Medicamentos prescritos	7
	: sistema nervoso central	12
	: anti-infecções	17
	: respiratório	17
	: anti-asma	31
	: anti-herpes	49
Merck	Medicamentos prescritos	5
	: estatina anti-colesterol	40
	: inibidores da enzima de conversão da angiotensina	30
Medtronic	Tecnologias de terapia intervencionista/implantáveis*	45
	: marca-passos	50+
Veículos		
Ford/Mazda/Volvo	Automóveis	16
GM	Automóveis	15
Daimler-Chrysler	Automóveis	10
VW	Automóveis	9
Toyota	Automóveis	9

Renault/Nissan	Automóveis	9
Componentes para Veículos		
Pilkington	Vidro automotivo	25
GKN	Juntas homocinéticas	40
Tenneco	Amortecedores / sistemas de exaustão do carro	25
Lucas	Sistemas de freios	25
Bosch	Sistemas de freios	31
Bridgestone	Pneus	19
Michelin	Pneus	18
Goodyear	Pneus	14
Petroquímica		
BP Amoco	PTA	37
	Ácido acético (licenças de tecnologia)	70
	Acrilonitrila (licenças de tecnologia)	90
Equipamentos Complexos		
Invensys	Equipamentos de controle/automação	11
Siemens	Equipamentos de controle/automação	10
ABB	Equipamentos de controle/automação	9
Emerson	Equipamentos de controle/automação	8
Fanuc	Controles de máquinas-ferramentas	45
Schindler	Elevadores	25
Otis	Elevadores	18
Mitsubishi	Elevadores	13
Kone	Elevadores	9
Bens de consumo rápido		
Coca-Cola	Refrigerantes	51
Procter and Gamble	Absorventes íntimos	48
Gillette	Navalhas	70
Fuji Film	Filmes de câmera	35
Chupa Chups	Pirulitos	34
Nike	Tênis	36
Embalagens		
Toray	Filme de poliéster	60
Sidel	Máquinas de embalagem plástica PET	55
Alcoa/Reynolds	Alumínio	24
Equipamento Elétrico		
GE	Turbinas a gás (1993-98)	34
Siemens/Westinghouse	Turbinas a gás (1993-98)	32
ABB/Alstom	Turbinas a gás (1993-98)	21

* Incluindo marcapassos, desfibriladores implantáveis, leads, programadores para o tratamento de pacientes com batimentos cardíacos irregulares

Fonte: NOLAN, P. *China and the Global Economy*: National Champions, Industrial Policy and the Big Business Revolution. London: Palgrave Macmillan UK, 2001.

CAPÍTULO II – GLOBALIZAÇÃO

O trabalho pioneiro de James Glattfelder, *Decoding Complexity: uncovering patterns in economic networks,* desvela de forma rigorosa a concomitância entre a constituição das cadeias globais de valor e a brutal centralização do controle da produção e da distribuição da riqueza em um núcleo reduzido de grandes empresas e instituições da finança "mundializada" que mantêm entre si nexos de dependência nas decisões estratégicas.

Em trabalho bastante inovador, Glattfelder busca demostrar as relações acionárias entre as grandes corporações e sintetiza a situação: 36% das grandes transnacionais detêm 95% das receitas operacionais de todas as 43.000 empresas transnacionais conhecidas. Mais importante: os 737 principais acionistas têm o potencial de controlar 80% do valor destas empresas. Estes acionistas são principalmente instituições financeiras e fundos de investimento dos Estados Unidos e do Reino Unido.

Apenas 100 empresas concentram 60% do gasto em P&D, sendo 2/3 dos gastos realizados em apenas 3 setores (informática, farmacêutico e automotivo). Tamanho grau de concentração empresarial ampliou o poder de mercado das grandes corporações e a condições de concorrência do mercado mundial de modo jamais visto.

Concentrando seus recursos no que fazem melhor, no *core business* (marca, marketing, design, pesquisa & desenvolvimento – P&D), as grandes empresas ganharam dimensão global através de fusões e aquisições e se tornaram integradoras de grandes cadeias globais de produção terceirizadas. A empresa integradora se desverticalizou, vendendo ativos e terceirizando atividades, e forçou seus fornecedores a também ganharem escala mundial e a se fundirem, num grande efeito cascata.

As alianças estratégicas e distribuição espacial da produção, promovida pela nova onda de internacionalização produtiva, ensejaram, entre outras coisas, uma formidável centralização do capital e a dispersão dos investimentos e do comércio entre os países avançados e emergentes. Na primeira etapa da atual globalização produtiva e financeira saíram-se bem os que souberam atrelar, de forma ativa e inteligente, os projetos nacionais de desenvolvimento à nova configuração da economia mundial proposta pelas multinacionais.

Neste mundo de domínio absoluto das grandes empresas e da finança, apesar das dificuldades de desenvolvimento para os países emergentes, a China conseguiu se sobressair.

A reestruturação financeira, produtiva e empresarial foi acompanhada da liberalização das contas de capital nos países ditos emergentes, como também estimulou a desregulamentação financeira nas economias centrais. O mesmo movimento impulsionou a metástase produtiva da grande empresa americana, europeia e japonesa para a Ásia dos pequenos tigres e novos dragões. O Ministério da Economia, Comércio e Indústria do Japão publicou recentemente o *White Paper on International Economy and Trade*, que registra a intensa migração das empresas japonesas para os vizinhos, particularmente para a China, depois que o Acordo do Plaza impôs em 1985 a valorização do iene.

Henry Kissinger, em seu livro *Sobre a China*, descreve o processo de aproximação entre EUA e China durante a gestão Nixon (1968-1974), da qual foi assessor de Segurança Nacional, como resultado de interesses comuns em frear a "ameaça do projeto de hegemonia soviética". Narra que quando Zhou Enlai (ou Chou En-Lai), premiê Chinês no período, escreveu sobre o restabelecimento da amizade entre os povos chinês e americano, descreveu como uma atitude necessária para promover um novo equilíbrio internacional, não um estado final de relacionamento entre os povos.

Na década de 1970, momento da aproximação China-EUA, a experiência do capitalismo "social" e "inter-nacional" do imediato pós-guerra sofria do mal-estar do primeiro choque do petróleo, da estagflação e do endividamento da periferia alimentado pela reciclagem dos petrodólares.

De uma perspectiva geopolítica e geoeconômica, a inclusão da China no âmbito dos interesses americanos é o ponto de partida para a ampliação das fronteiras do capitalismo, movimento que iria culminar no colapso da União Soviética e no fortalecimento dos valores e propostas do ideário neoliberal.

CAPÍTULO II – GLOBALIZAÇÃO

A relação econômica sino-americana promoveu o fluxo de investimento dos Estados Unidos para a China, a exportação de manufaturas com ganhos de escala refletidos em baixos preços da China para os EUA, o endividamento para sustentar o consumo das famílias americanas submetidas à estagnação ou queda dos rendimentos. Foi na força do dólar e na resiliência de seu mercado financeiro que a grande empresa americana sustentou a migração de suas fábricas para regiões de menor custo relativo.

As empresas deslocaram sua produção manufatureira para as regiões em que prevalecem baixos salários, câmbio desvalorizado e alta produtividade do trabalho, desatando a "arbitragem" com os custos salariais, estimulando a flexibilização das relações de trabalho. Americanos, europeus e japoneses correram para a "Chinásia" e os alemães, mesmo frugais, saltaram para os vizinhos do Leste. Destas praças, exportaram manufaturas baratas para os países e as regiões de origem ou de sua influência.

As entradas de "investimento de portfólio" financiaram a saída líquida de capital produtivo. Nesse jogo da grande finança com a grande empresa, conforma-se uma mancha manufatureira que pulsa em torno da China.

Depois da crise asiática de 1997/1998, à exceção da China, os países mais afetados promoveram fortes desvalorizações cambiais que contribuíram para deprimir ainda mais os preços dos manufaturados. As desvalorizações asiáticas deram fôlego à euforia consumista americana amparada no crédito fácil, enquanto estagnavam os rendimentos da massa assalariada. Daí a fragilização dos balanços das famílias e dos países envolvidos na trama dos assim chamados desequilíbrios globais.

A partir da recuperação das economias asiáticas em 1999, entraram em cena os elevados superávits comerciais e a célere acumulação de reservas dos tigres e dragões, frutos da busca por proteção contra o risco de novos e indesejáveis solavancos financeiros e da sistemática defesa das taxas de câmbio competitivas. As reservas chinesas em dólares fechavam o circuito endividamento-gasto-renda-poupança. Enquanto o Japão patinava e ainda patina na estagnação sem fim, abriam-se as portas para a rápida e avassaladora ascensão do Império do Meio, alçado em poucas décadas para a cumeeira da economia global, ocupando hoje o segundo posto na hierarquia das potências econômicas.

Entre 2001 e 2004, a forte redução de taxas de juros promovida pelo *Federal Reserve* para digerir a "bolha dot-com", tornou suave a recessão americana e, de quebra, deflagrou o "inchaço" da outra bolha, a imobiliária. A partir de 2004, consolidada expansão da economia, o FED reiniciou a subida dos juros de curto prazo. Mas a taxa formada nas transações com os títulos de dez anos – o *benchmark* do mercado secundário – se manteve num nível inferior.

A chamada Grande Moderação dos juros baixos e da inflação estimulou a febre de valorização de ativos e sustentou a "exuberância irracional", levando às alturas os preços dos bônus, imóveis, *commodities* e moedas de países emergentes.

Na Europa, a introdução da moeda única foi simultânea à "transição americana" que, entre o final dos anos 1990 e a década seguinte deslocou a bolha das ações das empresas de tecnologia para o mercado imobiliário. As políticas monetárias de digestão dos excessos da bolha anterior prepararam o caminho para a formação de uma nova etapa de operação do que Ben Bernanke chamou de "acelerador financeiro".

A sobre liquidez injetada pelas intervenções do *Federal Reserve* e a redução da *policy rate* americana derramaram seus efeitos sobre o mercado global. Na aurora do Euro, a eliminação do risco cambial pela adoção da mesma moeda por gregos e troianos provocou a queda dos *spreads* entre os títulos alemães e os custos incorridos na colocação de papéis públicos e privados dos países da chamada periferia europeia. A queda dos juros e a ampliação dos prazos deflagraram uma orgia de endividamento privado na Espanha, Irlanda, Portugal e quejandos. Isso desatou uma intensa competição entre os bancos alemães, franceses, suecos, austríacos, ingleses. A competição entre eles promoveu um caudaloso "movimento de capitais" que fluía do centro para a periferia da Europa.

A Espanha pode ser tomada como caso paradigmático: viveu a euforia da bolha imobiliária, as delícias do consumo das famílias "enriquecidas" com a valorização das casas. Antes do euro era impossível

CAPÍTULO II – GLOBALIZAÇÃO

na Espanha a obtenção de empréstimos de 20 anos com taxa fixa. Depois da introdução da moeda única os espanhóis foram agraciados com uma oferta de crédito em rápida expansão e a taxas e prazos convidativos. Essas condições impulsionaram o mercado imobiliário, e sopraram a bolha que gerou a euforia da "Década Dourada". Os fundamentos fiscais eram excelentes: os superávits fiscais e baixa relação dívida/PIB da Espanha deixaram os alemães de queixo caído e de bolso cheio. As importações da Ibéria – assim como de outros periféricos – impulsionavam os superávits comerciais da Alemanha e produziam alentados déficits na conta corrente dos espanhóis e semelhantes.

A crise europeia é uma aula sobre a privatização dos ganhos e socialização das perdas. Diante do colapso dos preços dos ativos, os bancos centrais foram compelidos a tomar medidas de provimento de liquidez e de capitalização dos bancos encalacrados em créditos irrecuperáveis. Para curar a ressaca da bebedeira imobiliária, os governos engoliram o estoque de dívida privada e expeliram uma montanha de títulos públicos.

Nas pegadas da globalização financeira, as condições monetárias nos países desenvolvidos – particularmente nos Estados Unidos – determinam o volume de capitais que buscam os mercados emergentes. Às políticas econômicas "internas" cabe o papel de buscar relações entre câmbio e juros atraentes para os capitais em movimento.

Os países de moeda não conversível se dilaceram entre o objetivo de manter a inflação sob controle e o propósito de não danar o crescimento ou colocar em risco a estrutura industrial e, consequentemente, o "arcabouço" de geração de renda e emprego. O Brasil manteve por 20 anos uma combinação câmbio-juro hostil ao crescimento da indústria manufatureira e amigável à arbitragem sem risco. A moeda brasileira e seu juro básico formaram um par atraente para os participantes da corrida global por ativos mais rentáveis. A valorização do câmbio foi largamente utilizada no Brasil para manter a inflação sob controle. A derrocada exportadora da indústria faz parceria com a invasão das importações de produtos manufaturados, prenhes de incentivos e subsídios oferecidos generosamente pelos competidores espertos.

Em contraposição, nas últimas três décadas a China executou políticas nacionais de industrialização ajustadas ao movimento de expansão da economia "global". As lideranças chinesas perceberam que a constituição da "nova" economia mundial passava pelo movimento da grande empresa transnacional em busca de vantagens competitivas, com implicações para a mudança de rota dos fluxos do comércio. Os chineses ajustaram sua estratégia nacional de industrialização acelerada às novas realidades da concorrência global e às vantagens domésticas da oferta ilimitada de mão de obra.

No início dos anos 1980 a China acelera em direção a um projeto de inserção competitiva no mercado globalizado, realizando reformas políticas e diversos acordos comerciais regionais. Em 1986 a economia chinesa passou a ser observada pelo Acordo Geral de Tarifas e Comércio (GATT) em busca da sua inclusão na Organização Mundial do Comércio, passo fundamental para se estabelecer como potência econômica mundial. Suas investidas iniciais foram frustradas pelas exigências de reformas em suas políticas industriais e comerciais impostas pelos Estados Unidos, Europa e Japão.

Nos anos 1990 o engajamento americano desempenha papel essencial para a inclusão da China na OMC. O discurso do então Presidente Bill Clinton exaltava o acesso ao potencial mercado consumidor chinês, enquanto os interesses corporativos, com forte poder de lobby em Washington, almejavam facilitar o *offshoring* de empresas baseadas nos EUA, para poder exportar de países com menores custo de produção para o mercado consumidor norte-americano.

A China se torna membro da OMC em dezembro de 2001, ampliando o acesso a investimento estrangeiro e ao mercado global, provocando transformações no comércio e nos fluxos de capitais internacionais, patentes nos dados de investimento direto estrangeiro norte-americanos e na conta corrente chinesa.

As lideranças chinesas entenderam perfeitamente que as políticas liberais recomendadas pelo Consenso de Washington não deveriam ser "copiadas" pelos países emergentes. Também compreenderam que a "proposta" americana para a economia global incluía oportunidades para o seu projeto nacional de desenvolvimento. Ao longo dos últimos 30 anos, a China tirou proveito da "abertura" da economia ao investimento estrangeiro. Mas foram as estratégias nacionais que definiram as políticas de absorção de tecnologia com excepcionais ganhos de escala e

CAPÍTULO II – GLOBALIZAÇÃO

de escopo, adensamento das cadeias industriais e crescimento das exportações. Os chineses jamais imaginaram que sua escalada industrial e tecnológica pudesse ficar à mercê de uma abertura sem estratégia ou apenas na dependência da oferta ilimitada de mão de obra.

Por isso, a China cresceu mais e exportou ainda melhor. Conseguiu administrar uma combinação favorável entre câmbio real competitivo e juros baixos, acompanhada da formação de redes domésticas entre as montadoras e os fornecedores de peças, componentes, equipamentos e sistemas de logística.

A ação estatal cuidou, ademais, dos investimentos em infraestrutura e utilizou as empresas públicas como plataformas destinadas a apoiar a constituição de grandes conglomerados industriais preparados para a batalha da concorrência global.

Não é difícil perceber que as estratégias chinesas de expansão acelerada, impulso exportador, rápida incorporação do progresso técnico e forte coordenação do Estado foram inspiradas no sucesso anterior de seus vizinhos, sobretudo Japão e Coréia.

Os sistemas financeiros que ajudaram a erguer os antecessores da China eram relativamente "primitivos" e especializados no abastecimento de crédito subsidiado e barato às empresas e aos setores "escolhidos" como prioritários pelas políticas industriais. O circuito virtuoso ia do financiamento para o investimento, do investimento para a produtividade, da produtividade para as exportações, daí para os lucros e dos lucros para a liquidação da dívida.

A experiência chinesa combinou o máximo de competição – a utilização do mercado como instrumento de desenvolvimento – e o máximo de controle das instituições centrais da economia competitiva moderna: o sistema de crédito, a política de comércio exterior, a administração da taxa de câmbio, os mecanismos de fomento à inovação científica e tecnológica. Os bancos públicos foram utilizados para dirigir e facilitar o investimento produtivo e em infraestrutura.

O sistema financeiro desempenhou a função de orientar de forma centralizada a trajetória do desenvolvimento econômico. Funcionou como um mecanismo de alocação de capital para os setores prioritários, aqueles mais ajustados à maximização da taxa de investimento e ao adensamento das cadeias de valor. Essa dupla função foi exercida com proficiência até a eclosão da crise global.

Taxas de Crescimento Real do PIB em 2000 - 2010 (%)										
	2001	2002	2003	2004	2005	2006	2007	2008	2009	2010
China	8,3	9,1	10,0	10,1	11,3	12,7	14,2	9,6	9,2	10,3
EUA	1,1	1,8	2,5	3,5	3,1	2,7	1,9	-0,3	-3,5	3,0
Japão	0,2	0,3	1,4	2,7	1,9	2,0	2,4	-1,2	-6,3	4,0
Alemanha	1,4	0,0	-0,4	0,7	0,8	3,9	3,4	0,8	-5,1	3,6
França	1,8	0,9	0,9	2,3	1,9	2,7	2,2	-0,2	-2,6	1,4
Reino Unido	2,5	2,1	2,8	3,0	2,2	2,8	2,7	-0,1	-4,9	1,4
Itália	1,8	0,5	-0,0	1,5	0,7	2,0	1,5	-1,3	-5,2	1,3
Índia	3,9	4,6	6,9	7,5	9,0	9,5	10,0	6,2	6,8	10,1

Fonte: TSELICHTCHEV, Ivan. *China Versus the West The Global Power Shift of the 21st Century*. Singapore: John Wiley & Sons Singapore Pte. Ltd, 2012.

Participação nas Exportações Mundiais de Mercadorias				
	1983	1993	2003	2010
EUA	11,2	12,6	9,8	8,4
Alemanha	9,2	10,3	10,2	8,3
França	5,2	6,0	5,3	3,8
Itália	4,0	4,6	4,1	2,9
Reino Unido	5,0	4,9	4,1	2,7
Japão	8,0	9,9	6,4	5,1
China	1,2	2,5	5,9	10,4
Índia	0,5	0,6	0,8	1,4
Mundo	100,0	100,0	100,0	100,0

Fonte: TSELICHTCHEV, Ivan. *China Versus the West The Global Power Shift of the 21st Century*. Singapore: John Wiley & Sons Singapore Pte. Ltd, 2012.

CAPÍTULO II – GLOBALIZAÇÃO

	Volume de Produção de Cinco Itens Eletrônicos Chave*									
	TV a Cores		Produtos de Vídeo[1]		Telefones Móveis		PCs		Câmeras Digitais	
	2000	2008	2000	2008	2000	2008	2000	2008	2000	2008
Mundo	132.210 (100,0)	200.626 (100,0)	74.670 (100,0)	101.142 (100,0)	423.150 (100,0)	1.210.140 (100,0)	128.207 (100,0)	285.086 (100,0)	15.280 (100,0)	136.080 (100,0)
China	31.990 (24,2)	84.944 (42,3)	18.250 (24,4)	67.560 (66,8)	41.000 (9,7)	637.610 (52,7)	24.669 (19,2)	277.185 (97,2)	450 (2,9)	85.640 (62,9)
América do Norte	24.022 (18,1)	24.335 (12,0)	2.070 (2,7)	0 (0,0)	52.000 (12,3)	49.690 (4,1)	30.130 (23,5)	0 (0,0)	0 (0,0)	0 (0,0)
Europa	25.270 (19,3)	40.822 (20,3)	12.650 (16,9)	3.020 (3,0)	183.400 (43,3)	92.640 (7,7)	17.180 (13,4)	540 (0,2)	0 (0,0)	0 (0,0)
Japão	2.150 (1,6)	9.010 (4,5)	6.530 (8,7)	3.420 (3,4)	55.350 (13,1)	34.990 (2,9)	9.888 (7,7)	5.655 (2,0)	11.170 (73,1)	29.650 (21,8)
Coréia do Sul	10.820 (8,2)	6.951 (3,5)	4.850 (6,5)	1.600 (1,6)	57.500 (13,6)	155.780 (12,9)	7.370 (5,7)	1.006 (3,5)	790 (5,2)	1.770 (1,3)
Taiwan							32.660 (25,5)	700 (0,2)	1.900 (12,4)	0 (0,0)
Malásia	13.510 (9,9)	5.554 (2,8)	14.990 (20,1)	11.662 (11,0)	4.800 (1,1)	13.550 (1,1)	2.260 (1,8)	0 (0,0)	500 (0,6)	4.780 (3,5)
Índia					5.000	146.970[2] (12,1)				

Volume: mil unidades (%)
* Dados para Coréia, Taiwan, Malásia e Índia são apresentados somente quando sua participação de produção global é significante
[1] Para 2000: vídeos-cassetes, DVD players e gravadores de DVD; para 2008: DVD players, gravadores de DVD, Blu Disc players e gravadores de Blu Disc.
[2] 2005
Fonte: TSELICHTCHEV, Ivan. *China Versus the West The Global Power Shift of the 21st Century*. Singapore: John Wiley & Sons Singapore Pte. Ltd, 2012.

Maiores Exportadores de Roupas		
	2000	2009
Mundo	197.570 (100,0)	315.622 (100,0)
China	36.071 (18,3)	107.261 (34,0)
Índia	5.260 (2,7)	11.454 (3,6)
União Européia	56.240 (28,5)	96.797 (30,7)
UE (extra-UE apenas)	12.954 (6,6)	21.682 (6,9)
EUA	8.629 (4,4)	4.186 (1,3)
Indonésia	4.734 (2,4)	5.915 (1,9)
Coréia do Sul	5.027 (2,5)	1.396 (0,4)
México	8.631 (4,4)	4.165 (1,3)
Bangladesh	5.067 (2,6)	10.726 (3,4)
Turquia	6.533 (3,3)	11.555 (3,7)

Valor: US$ milhões (%)
Fonte: TSELICHTCHEV, Ivan. *China Versus the West The Global Power Shift of the 21st Century*. Singapore: John Wiley & Sons Singapore Pte. Ltd, 2012.

Produção, Exportação/Importação e Uso Doméstico de Máquinas-Ferramenta (2009)				
	Produção	Exportação	Importação	Uso Doméstico
China	15.000	1.400	5.800	19.400
Alemanha	10.249	7.203	2.225	5.451
Japão	7.095	4.219	443	3.319
EUA	5.239	3.316	818	2.741
Itália	2.324	1.215	2.260	3.370
Suíça	2.118	1.824	571	866
Espanha	1.060	800	299	560
Taiwan	2.419	1.936	363	847
Coréia do Sul	2.665	1.212	1.133	2.586

Valor: US$ milhões
Fonte: TSELICHTCHEV, Ivan. *China Versus the West The Global Power Shift of the 21st Century*. Singapore: John Wiley & Sons Singapore Pte. Ltd, 2012.

Produção e Exportação de Veículos Motorizados				
	2000		2009-2008	
	Produção	Exportação	Produção	Exportação
China	2.069 (605)	0	13.791 (10.384)	681
Japão	10.141 (8.359)	4.455	7.935 (6.862)	5.915
EUA	12.800 (5.542)	1.477	5.709 (2.246)	1.966
Alemanha	5.527 (5.132)	3.723	5.210 (4.965)	4.501
Espanha	3.033 (2.366)	1.317	2.170 (1.813)	2.181
França	3.348 (2.880)	3.619	5.709 (2.246)	4.322
Coréia do Sul	3.115 (2.602)	1.676	3.513 (3.158)	2.684
Reino Unido	1.814 (1.641)	1.159	1.090 (999)	1.254
Índia	801 (518)	44	2.633 (2.166)	526

Mil unidades; em parentênses: produção de carros de passageiros
Fonte: TSELICHTCHEV, Ivan. *China Versus the West The Global Power Shift of the 21st Century*. Singapore: John Wiley & Sons Singapore Pte. Ltd, 2012.

Na escalada produtivista asiática, os preços de exportação das manufaturas caíram substancialmente entre 1995 e 2007 e acentuaram a queda depois da crise financeira. Esse declínio continuado dos preços das manufaturas teve grande impacto no comportamento da inflação global. O modelo sino-americano garantiu inflação baixa e taxas de juros idem.

CAPÍTULO II - GLOBALIZAÇÃO

A articulação entre os fatores que impulsionaram a expansão da economia globalizada percorre: 1) o crescimento continuado dos fluxos brutos de capitais para o mercado americano; 2) a migração da produção manufatureira para os países de baixo custo da mão de obra; 3) os métodos inovadores de "alavancagem" financeira; 4) a valorização dos ativos imobiliários e o endividamento excessivo das famílias nos Estados Unidos e na "periferia" europeia; 5) a insignificante evolução dos rendimentos da população, cada vez mais "precarizada" e menos assalariada; 6) a consequente ampliação das desigualdades; 7) a degradação dos sistemas progressivos de tributação e o encolhimento da proteção social; e, apesar disso, 8) observa-se a persistência de déficits fiscais alentados e a expansão das dívidas dos governos.

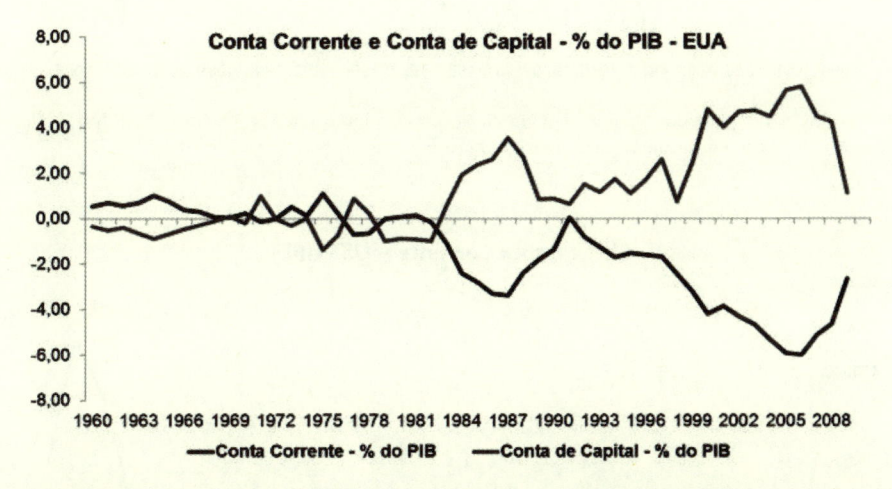

Conta Corrente e Conta de Capital - % do PIB - EUA

Fonte: FACAMP. *Origens e Natureza da Crise Atual*: aspectos internacionais. Disponível em http://pt.slideshare.net/feers/aula-cultura-origensenaturezadacriseatual-qualitas. Acesso em 10.01.2017.

No mundo em que prevalece a mobilidade de capitais, o "privilégio exorbitante" concedido pela gestão da moeda reserva permite a convivência entre superávits na conta financeira e as inconveniências da valorização do dólar, combinação que engendra o encolhimento da manufatura americana e déficits crônicos em conta corrente. A elevada liquidez e a alta "elasticidade" dos mercados financeiros globalizados patrocinam a exuberante expansão do crédito nos Estados Unidos, a inflação de ativos, o endividamento das famílias viciadas no hiperconsumo e os desequilíbrios dos balanços de pagamentos.

Investimento Direto no Exterior - % do PIB - EUA

Fonte: FACAMP. *Origens e Natureza da Crise Atual*: aspectos internacionais. Disponível em http://pt.slideshare.net/feers/aula-cultura-origensenaturezadacriseatual-qualitas. Acesso em 10.01.2017.

China Conta Corrente – US$ mil

Fonte: FACAMP. *Origens e Natureza da Crise Atual*: aspectos internacionais. Disponível em http://pt.slideshare.net/feers/aula-cultura-origensenaturezadacriseatual-qualitas. Acesso em 10.01.2017.

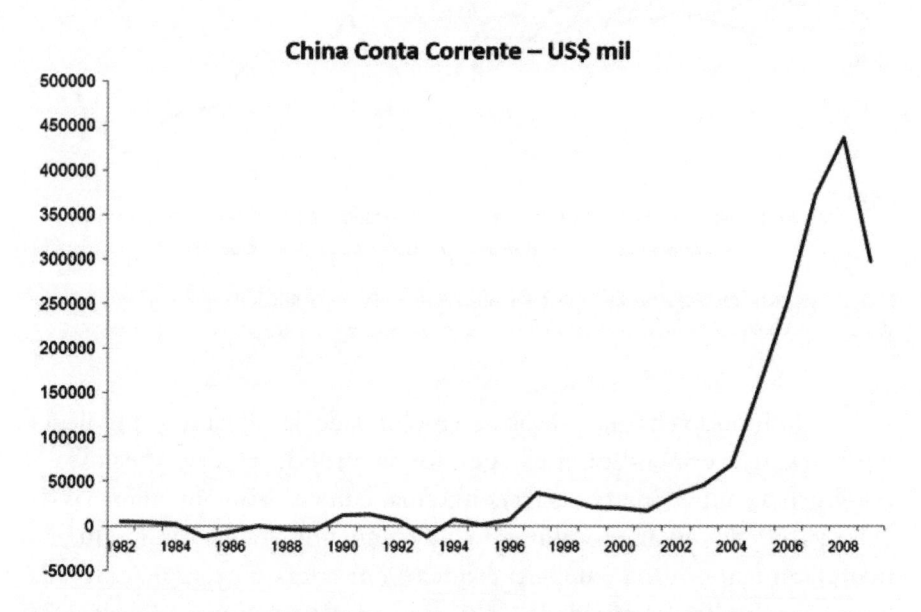

CAPÍTULO II – GLOBALIZAÇÃO

A relação simbiótica do chamado "modelo chinês" com as transformações financeiras e organizacionais que deram origem às novas formas de concorrência entre as empresas dominantes determinaram uma impressionante mutação nos fluxos de comércio. Não se trata apenas de reafirmar a importância crescente do comércio intrafirmas, mas de destacar o papel decisivo do "global sourcing", fenômeno que está presente, sobretudo, nas estratégias de deslocalização e de investimento.

Na gênese, desenvolvimento e configuração do ciclo de expansão que culminou na crise está o rearranjo de portfólios, um fenômeno financeiro: o fluxo bruto de capitais privados da Europa e da periferia para os Estados Unidos. A interpenetração financeira suscitou a diversificação dos ativos à escala global e, assim, impôs a "internacionalização" das carteiras dos administradores da riqueza. Os Estados Unidos, beneficiados pela capacidade de atração de seu mercado financeiro amplo e profundo, absorveram um volume de capitais externos superior aos déficits em conta corrente. Em um mundo em que prevalece a mobilidade de capitais, a determinação não vai do déficit em conta corrente para a "poupança externa". É a elevada liquidez e a alta "elasticidade" dos mercados financeiros globais que patrocinam a exuberante expansão do crédito, a inflação de ativos e o endividamento das famílias.

A flexibilização das relações trabalhistas subordinou o crescimento da renda das famílias ao aumento das horas trabalhadas. As famílias submetidas à lenta evolução dos rendimentos sustentaram a expansão do consumo na vertiginosa expansão do crédito.

As empresas originárias dos países "consumistas" cuidaram de intensificar a estratégia de separar em territórios nacionais distintos os componentes da demanda efetiva: 1) na China e adjacências, a formação de nova capacidade; 2) na América e na periferia europeia, a expansão do consumo; 3) nos paraísos fiscais, a captura dos resultados.

Como já afirmado, a crise financeira internacional de 2008 é filha da ampliação, reprodução e automatização desse movimento de integração internacional das economias capitalistas. As Grandes Transformações foram operadas nos subterrâneos do período de Grande Moderação. A velha toupeira do capitalismo e de seus negócios não só redefiniu em poucos anos a distribuição espacial da produção, do comércio e dos fluxos de capitais, como cavou os buracos em que iriam soçobrar as crendices sobre a eficiência dos mercados autorregulados no provimento de informações para os agentes racionais e otimizadores.

A queda do investimento na formação da demanda agregada dos países centrais foi mais do que compensada pela aceleração desse componente do gasto na China e vizinhança. Nos últimos sete anos, depois da crise global, a taxa de investimento no Império do Meio flertou como 50% do PIB. O balanço global registra, portanto, a criação generalizada de capacidade produtiva excedente, particularmente nos setores de alta e média tecnologia afetados pelo formidável avanço da graduação tecnológica e dos ganhos de escala na indústria chinesa.

A resposta chinesa à Grande Recessão, o megapacote de investimentos apoiado na expansão do crédito, foi eficaz para sustentar a taxa de crescimento, mas progressivamente as injeções de liquidez da economia deram origem à bolha imobiliária e à atordoante disparada do endividamento do setor privado e das empresas provinciais.

A China vai enfrentar uma transição difícil. Não só está desafiada a enfrentar os desequilíbrios financeiros acumulados nos últimos anos, mas, sobretudo, deverá decifrar os enigmas da construção da nova estratégia de desenvolvimento. Esse cometimento exige reformas institucionais em diversas áreas cruciais: o papel do setor público, a distribuição de renda, a propriedade da terra, o sistema financeiro, a internacionalização das suas empresas e de sua moeda, para não falar dos riscos envolvidos na abertura da conta de capital.

Essas reformas são muito mais delicadas e complexas do que aquelas implantadas nos últimos trinta anos. Isso demandará reavaliações e revisões, com avanços e recuos, dado o método experimental – por tentativa e erro – utilizado pelas autoridades chinesas. O êxito das reformas deverá consolidar a transição econômica da China de uma economia de comando para uma economia "mista" em que o mercado terá papel importante, mas não terá influência na formulação das estratégias de longo prazo.

Nesse quadro, o divórcio EUA-China se encaminha para uma solução menos amigável com a sedução de novos parceiros, na busca de

CAPÍTULO II – GLOBALIZAÇÃO

relações comercias e financeiras cuja interdependência possa se revelar mais favorável, em um cenário de concentração do controle das decisões no bloco empresarial hegemônico e de competição entre nações.

A China avança suas forças para a construção do bloco eurasiano, aí incluídas a Rússia e a Índia, e estende sua influência à África e à América Latina, não só como fontes provedoras de matérias primas, mas também como espaço de expansão de empresas chinesas que iniciam um forte movimento de internacionalização. Está claro que os chineses ensaiam cautelosa, mas firmemente, a internacionalização do yuan (...) ao ampliar a conversibilidade financeira de sua moeda e multiplicar rapidamente os acordos de troca de moedas (*swaps*) com seus parceiros comerciais mais importantes.

O coincidente anúncio do acordo comercial do pacífico (TPP) que, por questões geográficas, dá as costas à Europa e estabelece parceria com países nas áreas de influência dos BRICS, excluindo-os, na mesma semana em que a Rússia invoca protagonismo na questão Síria, possibilitando estabelecer uma posição estratégica naquela área de influência e, simultaneamente, resolver uma das grandes aflições europeias, sinaliza o potencial de formação do bloco de oposição aos Estados Unidos.

A imprensa internacional vem se movendo da interpretação apresentada pela The Economist em maio de 2015, sugerindo um pouco afetuoso "abraço de urso" (com o dragão!), para a manchete do The Guardian de julho do mesmo ano "China e Rússia: o novo superpoderoso eixo mundial", exibindo o exponencial crescimento do comércio da China para Rússia a partir de 2009 e a elevação dos investimentos no mesmo sentido, especialmente a partir de 2013.

Após a crise, tanto Estados Unidos como China, com maior ou menor intensidade, tem dedicado esforços para promover a "re-internalização" de seus circuitos de "geração de valor" (leia-se formação de renda e emprego). Curiosamente, o que no modelo anterior se apresentava como virtude agora é vício. Nos Estados Unidos, os esforços se concentram na repatriação de parte do parque produtivo norte americano, pretensão que esbarra nas tendências à valorização do dólar, tendências inexoravelmente associadas ao poderio de seu mercado financeiro. Na China, a mudança se encaminha para reduzir a dependência das exportações líquidas e da elevada taxa de investimento, e elevar o consumo e a participação dos serviços na formação da renda e do emprego.

Emparedados entre a queda das receitas, a ampliação automática das despesas e o socorro aos bancos moribundos, os governos dos "desenvolvidos" lutam contra os déficits fiscais e a letargia das suas economias.

Muitos economistas falam da globalização, mas continuam aprisionados nos grilhões mentais das economias nacionais como entidades abstratas, desconectadas de suas relações com o resto do mundo. Para eles, os movimentos finais da sinfonia inspirada nos arranjos melódicos do início dos anos 80 soam como a "crise da China". Para este, digamos, estilo de pensamento, qualificado por Charles Wright Mills de "empirismo abstrato", as relações entre as economias estão sintetizadas nos registros dos balanços de pagamentos. Esses registros são úteis e importantes, mas apenas enquanto verificação dos resultados dos processos sociais e econômicos globais que transformam continuamente as estruturas geoeconômicas a partir dos movimentos do capital financeiro, realocação espacial do investimento direto produtivo, e, finalmente, das mudanças daí decorrentes na composição dos fluxos de comércio.

A permanência da desarticulação dos nexos econômicos provocados pela crise é patente nos dados globais. Os dados do FMI para o PIB mundial em 2015 a preços correntes apresentam valores inferiores ao de 2012, e para o índice de preços das *commodities* não combustíveis apresentam valores inferiores ao de 2006, o preço do barril do petróleo é o menor dos últimos 10 anos, segundo dados do FED de St. Louis.

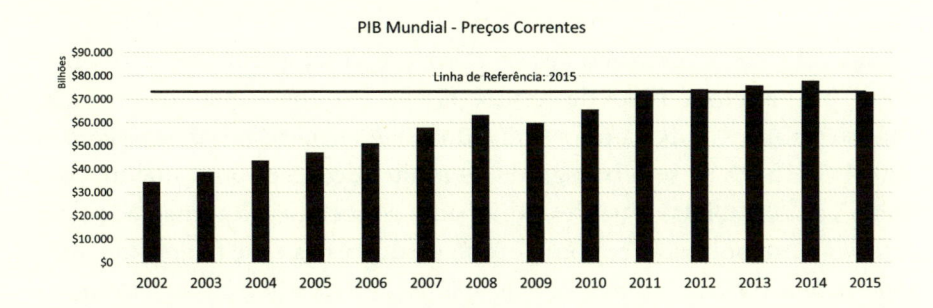

CAPÍTULO II – GLOBALIZAÇÃO

PIB Mundial - Preços Correntes

Fonte: Elaboração própria com dados do *FMI World Economic Outlook*, Abril/2016.

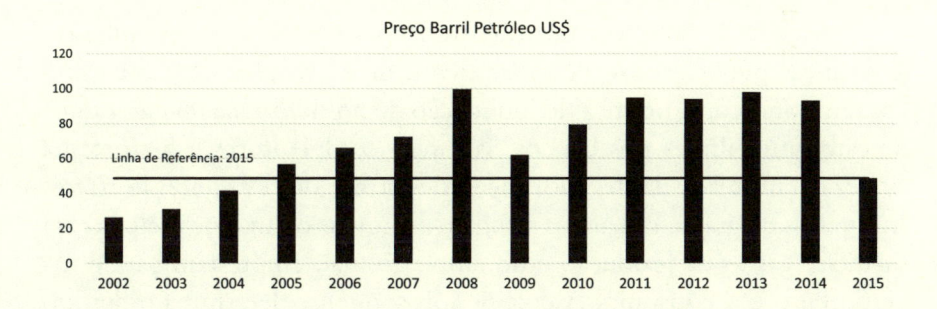

Preço Barril Petróleo US$

Fonte: Elaboração própria com dados do *Federal Reserve Bank of St Louis*

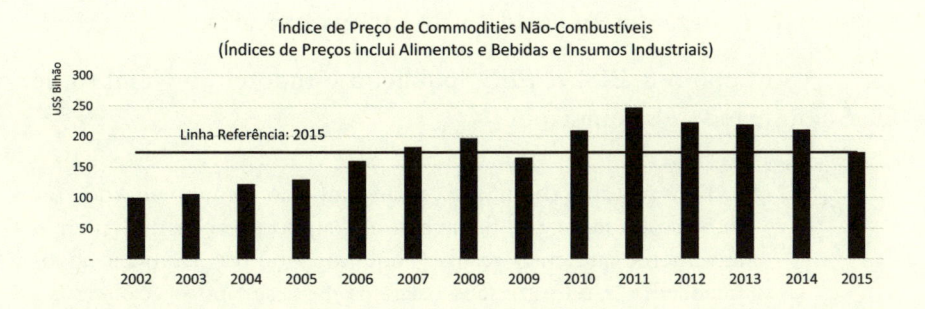

Índice de Preço de Commodities Não-Combustíveis
(Índices de Preços inclui Alimentos e Bebidas e Insumos Industriais)

Fonte: Elaboração própria com dados do *FMI World Economic Outlook*, Abril/2016

Na onda da política de inundação de liquidez (*quantitative easing*), como resposta à crise de 2008, enquanto os "mercados" se dedicam à bulha da recompra das próprias ações e mandam bala na distribuição de dividendos com a grana do *Federal Reserve*, o desempenho da "economia real" patina. Nos tempos de certezas tão peremptórias quanto enredadas em suas tolices, o Relatório Anual do *Bank of International Settlements* – 2014/2015 (BIS), sem transgredir os limites do "economicamente correto", ousa reabilitar questões expurgadas do receituário consagrado pelo *establishment* político-econômico, antes e depois da crise financeira. *"Isso tem tudo a ver com a forma de expansão do crédito. Ao invés de financiar a aquisição de bens e serviços, o que eleva os gastos e o produto, a expansão do crédito está simplesmente financiando a aquisição de ativos já existentes, sejam eles 'reais' (imóveis ou empresas) ou financeiros".*

A crise de 2008 escancarou as relações carnais entre o dinheiro, as finanças públicas e os mercados financeiros privados no capitalismo contemporâneo. A política de inundação de liquidez (*quantitative easing*) descarregou bilhões nos bancos, salvando os detentores e gestores da riqueza acumulada da desvalorização desastrosa dos estoques de ativos. Entupidos de grana, os bancos refugam estimular o fluxo de crédito para financiar gastos na produção e no emprego, não emprestam para o investimento e o consumo. A taxa de juros vigente determina o destino e efeitos dos novos depósitos nos bancos e não o contrário. A fixação do "preço do dinheiro" pelo banco central (taxa de juros básica) tem o propósito de influenciar mudanças na composição dos ativos dos possuidores de riqueza, intermediadas pelo sistema bancário.

Assim como o BIS, o *FED*[7] publicou estudo em novembro de 2015 iluminando essa questão:

> (...) em reação à turbulência financeira e ao rompimento do crédito associado à crise financeira global, corporações procuraram ativamente aumentar recursos líquidos a fim de acumular ativos financeiros e reforçar seus balanços. Se esse tipo de cautela das

---

[7] GRUBER, Joseph; KAMIN, Steve. *The Corporate Saving Glut in the Aftermath of the Global Financial Crisis International Finance*. Discussion Papers of Federal Reserve. Disponível em http://www.federalreserve.gov/econresdata/ifdp/2015/files/ifdp1150.pdf. Acesso em 16.02.2016.

CAPÍTULO II – GLOBALIZAÇÃO

empresas tem sido relevante, isso pode ter conduzido a investimentos mais frágeis do que o normalmente esperado e ajuda a explicar a fraqueza da recuperação da economia global (...) descobrimos que a contraparte do declínio nos recursos voltados para investimentos são as elevações nos pagamentos para investidores sob a forma de dividendos e recompras das próprias ações (...) e, em menor extensão, a acumulação líquida elevada de ativos financeiros.

As matérias intituladas "Sem munição" e "Estranhos caminhos para a frente", publicadas na edição do dia 19 de fevereiro de 2016 da revista The Economist, corroboram o fracasso do *quantitative easing* em reanimar as economias desenvolvidas.

A The Economist chama a atenção do leitor para os receios que assediam os investidores: a economia mundial pode estar afundando em outra desaceleração. Diante da impossibilidade de manejo das taxas de juro, já negativas ou próximas de zero na maioria das economias desenvolvidas, os *policymakers* estão desarmados para enfrentar a recessão.

De forma surpreendente, a revista sugere aos governos trabalharem com estímulos fiscais para sacudirem a economia de seu letárgico crescimento.

É particularmente heterodoxa sua conclamação aos políticos para que se juntem aos bancos centrais no combate à crise: "Passar por cima dos bancos e mercados financeiros e pôr dinheiro fresco diretamente no bolso das pessoas (...). Encorajando-as a gastar e não poupar" ou "ganhos salariais para gerar uma espiral salários-preço".

A revista sugere também o manejo de "ferramentas menos arriscadas". Propõe desavergonhadamente o emprego da política fiscal para estimular o crescimento, uma heresia capaz de provocar frêmitos e chiados aos herdeiros de Walter Bagehot:

> Mercados de ativos (*bond markets*) e agências de classificação vão olhar mais gentilmente o aumento da dívida pública se existirem ativos frescos e produtivos do outro lado dos balanços. Acima de tudo, tais ativos deveriam envolver infraestrutura (...). Seria sábio

para os governos trabalharem mais na melhoria da infraestrutura pública (...). Programas maiores e de longa duração de gastos de capital público dariam às empresas privadas uma maior confiança sobre a demanda futura e tornariam mais provável uma recuperação sustentada.

Qualquer semelhança com as ideias apresentadas na Teoria Geral do Emprego, do Juro e da Moeda, de John Maynard Keynes, a mais importante contribuição do século XX ao pensamento econômico e que em 2016 completou 80 anos, não é mera coincidência.

As exóticas operações financeiras que antecederam a crise de 2008 no mercado hipotecário estadunidense, os mais de R$ 500 bilhões de juros que sangram a economia brasileira ou a exposição em derivativos do *Deustche Bank*, equivalente a vinte vezes o PIB alemão, são manifestações do mesmo fenômeno: o fetiche da liquidez.

> Este é o resultado inevitável dos mercados financeiros organizados em torno da chamada 'liquidez'. Entre as máximas da finança ortodoxa, seguramente nenhuma é mais antissocial que o fetiche da liquidez, a doutrina que diz ser uma das virtudes positivas das instituições investidoras concentrar seus recursos na posse de valores 'líquidos'. Ela ignora que não existe algo como a liquidez do investimento para a comunidade como um todo. A finalidade social do investimento bem orientado deveria ser o domínio das forças obscuras do tempo e da ignorância que rodeiam o nosso futuro. O objetivo real e secreto dos investimentos mais habilmente efetuados em nossos dias é 'sair disparado na frente' como se diz coloquialmente, estimular a multidão e transferir adiante a moeda falsa ou em depreciação.
>
> Esta luta de esperteza para prever com alguns meses de antecedência as bases de avaliação convencional, muito mais do que a renda provável de um investimento durante anos, nem sequer exige que haja idiotas no público para encher a pança dos profissionais: a partida pode ser jogada entre estes mesmos. Também não é necessário que alguns continuem acreditando, ingenuamente, que a base convencional de avaliação tenha qualquer validez real a longo prazo. Trata-se, por assim dizer, de brincadeiras como o jogo do anel, a cabra-cega, as cadeiras musicais. É preciso passar o anel ao vizinho antes do jogo acabar, agarrar o outro para ser por este substituído, encontrar uma cadeira antes que a música

CAPÍTULO II – GLOBALIZAÇÃO

pare. Estes passatempos podem constituir agradáveis distrações e despertar muito entusiasmo, embora todos os participantes saibam que é a cabra-cega que está dando voltas a esmo ou que, quando a música para, alguém ficará sem assento.[8]

O fetiche da liquidez se reflete na hierarquização e arbitragem entre as diferentes moedas nacionais e regionais. A abertura das contas de capital suscitou a disseminação dos regimes de taxas de câmbio flutuantes que ampliaram o papel de "ativos financeiros" das moedas nacionais, não raro em detrimento de sua dimensão de preço relativo entre importações e exportações. As flutuações das moedas ensejaram oportunidades de arbitragem e especulação ao capital financeiro internacionalizado e tornaram as políticas monetárias e fiscais domésticas reféns da volatilidade das taxas de juros e das taxas de câmbio.

No pós-crise, o *quantitative easing* afetou muito pouco a utilização do dólar como moeda de denominação das transações comerciais e financeiras e fomentou ganhos e incentivos ao endividamento no mercado internacional.

As políticas monetárias expansionistas das economias avançadas foram, como de costume, acompanhadas de fluxos de capital maiores para os mercados emergentes, em busca de retornos mais elevados.

Mesmo no caso de credores não bancários, como os gestores de ativos que concedem crédito através da compra de títulos corporativos, os investimentos dos fundos tendem a flutuar com as condições de mercado, abrindo um canal de assunção de riscos.

Esse "canal de tomada de risco" configura aquilo que o estudo do BIS, *Breaking free of the triple coincidence in international finance*, denominou de *"suporte empírico para uma série de resultados em que um dólar forte está associado a maior restrição das condições de abastecimento de crédito"*.

O Fundo Monetário Internacional tem publicado avisos alarmantes quanto aos riscos decorrentes do aumento do endividamento dos

---

[8] KEYNES, John M. *A Teoria Geral do Emprego do Juro e da Moeda.* São Paulo: Nova Cultural, 1996, p. 129.

países emergentes em dólares que pode nos brindar com o enredo da novela conhecido como "não vale a pena ver de novo", impondo mais uma vez ao mundo os ônus decorrentes de um único país deter o monopólio do controle da moeda internacional.

Os títulos dos governos se constituem no "lastro de última instância" dos mercados financeiros globais "securitizados". No que respeita à segurança e à liquidez, há uma hierarquia entre os papéis soberanos emitidos pelos distintos países, supostamente construída a partir dos fundamentos fiscais "nacionais". Mas, essa escala reflete, sobretudo, a hierarquia das moedas nacionais, expressa nos prêmios de risco e de liquidez acrescidos às taxas básicas de juros dos países de moeda não conversível.

Os diferenciais de juros entre países são determinados pelo "grau de confiança" que os mercados globais estão dispostos a conferir às políticas nacionais dos clientes que administram moedas destituídas de reputação internacional.

O câmbio flutuante continua à mercê das peculiaridades idiossincráticas dos mercados de ativos. Os bancos centrais dos países de moeda não conversível são obrigados a "sujar" suas flutuações, pois suas taxas de juros e de câmbio se tornaram reféns das bruscas reações dos portfólios globais, sensíveis a mudanças na política monetária dos senhores da senhoriagem. As tendências à apreciação ou depreciação da moeda nacional dependem do estágio em que se encontra o fluxo de capitais, e do maior ou menor "descasamento" entre os ativos e os passivos em dólar dos bancos, empresas e rentistas sediados no país de moeda inconversível.

A internacionalização do capital não é algo novo. Esse movimento está no nascimento e na própria natureza do capitalismo, como apontado em 1848:

> Pela exploração do mercado mundial, a burguesia imprime um caráter cosmopolita à produção e ao consumo em todos os países. Para desespero dos reacionários, ela roubou da indústria sua base nacional. As velhas indústrias nacionais foram destruídas e continuam a ser destruídas diariamente. São suplantadas por novas

CAPÍTULO II – GLOBALIZAÇÃO

indústrias, cuja introdução se torna uma questão vital para todas as nações civilizadas – indústrias que já não empregam matérias-primas nacionais, mas sim matérias-primas vindas de regiões mais distantes, e cujos produtos se consomem não somente no próprio país, mas em todas as partes do mundo. Ao invés de antigas necessidades, satisfeitas pelos produtos nacionais, surgem novas demandas, que reclamam para sua satisfação os produtos das regiões mais longínquas e de climas os mais diversos. No lugar do antigo isolamento de regiões e nações autossuficientes, desenvolvem-se um intercâmbio universal e uma universal interdependência das nações. As criações intelectuais de uma nação tornam-se patrimônio comum. A estreiteza e a unilateralidade nacionais tornam-se cada vez mais impossíveis; das numerosas literaturas nacionais e locais nasce uma literatura universal (...). Assistimos hoje a um processo semelhante (...) a sociedade burguesa moderna, que conjurou gigantescos meios de produção e de troca, assemelha-se ao feiticeiro que já não pode controlar os poderes infernais que invocou.[9]

Como aponta o estudo do *Financial globalization*: retreat or reset do *McKinsey Global Institute*, publicado em 2013, a globalização financeira sofre um interregno durante o século XX.

---

[9] MARX, Karl; ENGELS, Friedrich. "Manifesto do Partido Comunista". *In*: *Obras Escolhidas*. vol. 1. São Paulo: Ed. Alfa-Ômega, pp. 44/45.

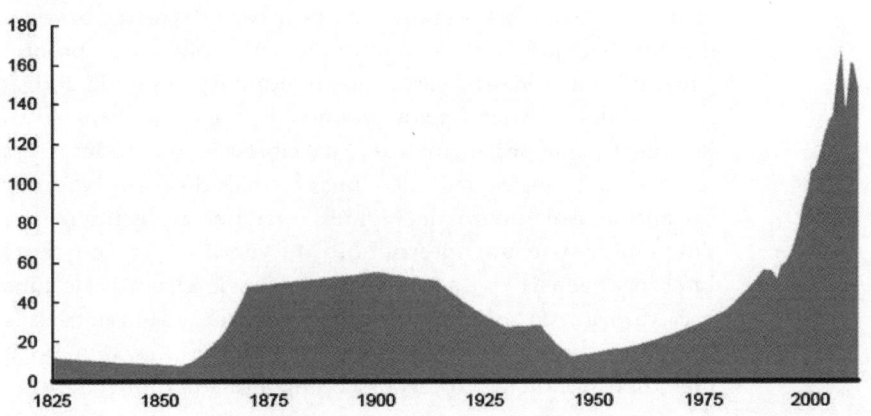

Duas eras de globalização financeira
Ativos de investimentos estrangeiros globais
% do PIB do país de amostra¹

¹De 1825 a 1938, a nossa amostra de países inclui Canadá, França, Japão, Holanda, EUA, Reino Unido e outros países europeus. A amostra se expande conforme os dados se tornam disponíveis. Por volta de 1990, o número de países aumenta para 79.
Fonte: *IMF Balance of Payments*. Federal Reserve Flow of Funds - US Treasury; OBSTFELD, Maurice; TAYLOR, Alan M. *Global Capital Markets*: Integration, Crisis, and Growth. Cambridge: Cambridge University Press, 2004; McKinsey Global Institute analysis.

O verdadeiro sentido da globalização é o acirramento da concorrência entre empresas, trabalhadores e nações, inserida em uma estrutura financeira global monetariamente hierarquizada. O corolário desse processo indica mudanças estruturais na dinâmica da economia mundial, descortinando uma nova fase edificada por simbioses e contradições das relações "inter-nacionais", que elevaram exponencialmente a complexidade da gestão das políticas econômicas nacionais.

No período do pós-guerra, o comércio internacional configurava uma variável residual das economias nacionais e as políticas empresariais adaptadas às dos Estados. Na atualidade, as políticas econômicas "internas" estão limitadas pela busca de condições atraentes para os capitais em movimento. O presente período se distingue pelo protagonismo da empresa e da finança globalizada.

O nacionalismo xenófobo de Donald Trump nos EUA, a saída do Reino Unido na União Europeia, a tensão entre a Alemanha e a política monetária do senhor Mario Draghi na Zona do Euro e o Japão à beira da recessão são sintomas de que mesmo as economias centrais,

CAPÍTULO II – GLOBALIZAÇÃO

em outros tempos denominadas hegemônicas, se convulsionam ante a falência dos nexos para a geração de renda e crescimento pelo fatiamento geográfico da demanda efetiva. É duvidosa a viabilidade da reedição de soluções unilaterais.

Em 1944, as instituições financeiras multilaterais de Breton Woods – o Banco Mundial e o FMI – nasceram com poderes inferiores aos desejados por Keynes e Dexter White, respectivamente representantes da Inglaterra e dos Estados Unidos nas negociações do acordo.

Keynes propôs a *Clearing Union*, uma espécie de Banco Central dos bancos centrais. O Plano visava, sobretudo, eliminar o papel perturbador exercido por qualquer divisa-chave enquanto último ativo de reserva do sistema. Tratava-se não só de contornar o inconveniente de submeter o dinheiro universal às políticas econômicas do país emissor, mas também de evitar que a moeda internacional assumisse a função de um perigoso agente da "fuga para a liquidez".

A referência indica o reconhecimento implícito da diferença de qualidade entre os títulos de riqueza denominados nas moedas nacionais e os carimbados com o selo da moeda universal: são substitutos imperfeitos. Por isso, ao invés de proporcionar a esperada convergência das taxas de juros, a mobilidade de capitais tem proporcionado ganhos aos mercados financeiros decorrentes da arbitragem entre juros internos e externos, descontados ou acrescidos os diferenciais de inflação esperada.

Passados mais de 70 anos, ainda ecoa a advertência que taxas de juros fixadas por fatores externos não podem conduzir o investimento doméstico ao melhor aproveitamento dos fatores de produção disponíveis, enquanto as crises cambiais nos emergentes se repetem em tediosa e monótona cadência.

Sugerimos uma sessão de mesa branca para invocar Maynard Keynes.

CAPÍTULO III

A POLÍTICA DA FINANÇA E A FINANÇA NA POLÍTICA

Nos anos 90, sob a forte e notória influência dos lobistas das grandes instituições financeiras, o Congresso americano acelerou as reformas da legislação financeira para abrir caminho às práticas agressivamente "inovadoras" dos mercados. A lei Gramm-Leach-Bliley foi aprovada no governo Clinton, com as bênçãos dos economistas ligados ao Partido Democrata. Enquanto secretário do Tesouro, Lawrence Summers trabalhou intensamente para sua aprovação no Congresso dos Estados Unidos. Ela permitiu a criação dos supermercados financeiros, grandes demais para falir, protagonistas maiores da crise iniciada em 2007. Como é de conhecimento geral, a nova lei derrogou a legislação dos anos trinta, o *Glass-Steagal Act* que separava os bancos de depósito, os bancos de investimento, seguradoras e instituições voltadas para o financiamento imobiliário e "fundeadas" na poupança das famílias.

Entre outros efeitos, o fim da Lei Glass-Steagal, substituída pela Lei Gramm-Leach-Bliley em 1999, tornou o aparato de supervisão financeira obsoleto, ao permitir que agora uma instituição financeira possa operar em vários segmentos do mercado, conforme estudo publicado pela ANBIMA em 2011 (Reforma financeira norte-americana: A Lei Dodd/Frank):

LUIZ GONZAGA BELLUZZO; GABRIEL GALÍPOLO

> *O contraste entre a organização industrial do setor financeiro e a estrutura regulatória se tornou fonte de ineficiência para ambos os lados: as instituições estariam sujeitas a múltiplos estatutos regulatórios, enquanto a fragmentação do aparato regulatório favorecia não apenas a arbitragem regulatória, como, especialmente, o surgimento de áreas de atuação que não eram cobertas por qualquer espécie de supervisão, verdadeiros buracos negros em termos de regulação e supervisão, fraqueza que se revelou de modo dramático na crise financeira de 2007/2008.*

Hoje em dia, a palavra de ordem é fazer genuflexão diante dos poderes da finança. A conversinha da "confiança" oculta a usurpação das decisões e das informações que afetam a vida dos cidadãos. Poderosas na formação de consensos e na captura dos corações e mentes mediante patranhas midiáticas, as tropas da finança abusaram da prepotência e de malfeitorias quando incumbidas de definir os critérios de avaliação do risco no festival de falcatruas que levou ao colapso de 2008.

No pelotão de frente dos fetiches financeiros alinham-se as agências de classificação de risco. Com a cumplicidade das negligências da *Securities Exchange Comission*, elas lograram se instituir em tribunais da qualidade das *securities* e de seus emissores, além de dar notas à gestão econômica e financeira dos Estados nacionais.

No frigir da crise, afundaram suas reputações nos pântanos da falta de ética e no conflito de interesses. Depois da derrocada do Lehman Brothers, agraciado com AAA uma semana antes de ruir fragorosamente, a Moodys rebaixou para "lixo" 73% das *securities* avaliadas em 2006 como AAA. As trapalhadas e malfeitorias estão registradas no relatório do Congresso americano sobre a crise financeira de 2008 e nas transcrições dos debates que levaram à promulgação da Lei Dodd-Frank, de Reforma de Wall Street e de Proteção a Consumidores, proposta como resposta aos focos da crise financeira de 2007/2008, assinada em 21 de julho de 2010 pelo presidente dos Estados Unidos, Barack Obama, tendo o senador Chris Dodd e o deputado Barney Frank como seus principais proponentes.

CAPÍTULO III – A POLÍTICA DA FINANÇA E A FINANÇA NA POLÍTICA

Um dos focos da lei é o papel das agências de *rating*. Nos valeremos, novamente, das palavras acima de qualquer suspeita subversiva e conspiratória da ANBIMA:

> Um dos aspectos mais notórios da crise financeira de 2007/2008 foi o desempenho das agências de rating, universalmente condenadas pela inabilidade em medir adequadamente os riscos de crédito de papéis securitizados. Em meio à avaliação do papel dessas agências na geração da crise, muitos casos de comportamento impróprio foram observados, especialmente, e similarmente ao que havia acontecido no início da década com relação a empresas de auditoria, a expansão da oferta de serviços vendidos por elas para cobrir consultorias aos emissores de papéis securitizados. Vários casos foram detectados em que as agências de rating orientavam emissores de papéis securitizados sobre as características de contratos que poderiam lhes garantir rating elevado.

A legislação preexistente nos Estados Unidos impede a intervenção nos métodos utilizados pelas agências para o cálculo dos *ratings* de cada contrato, apoiada no entendimento de que essas agências apenas emitiam opiniões, sendo inimputáveis por maus resultados devidos à aceitação dessas mesmas opiniões. A Lei Dodd-Frank se volta para a demanda de definição de controles eficazes, internos às agências, para evitar conflitos de interesse e desvirtuamento da missão dessas instituições. A intenção é conferir métodos de avaliação mais transparentes, e penalizar a descoberta de evidências de desleixo nas diligências ou má-fé, que poderiam levar a ações criminais por fraude. Pela nova Lei, a avaliação das agências deixaria de ser protegida pela Primeira Emenda, que garante a liberdade de opinião.

A ANBIMA alerta, no entanto, que a medida mais impactante no que se refere a essas instituições foi postergada, que é a possibilidade de "desoficializar" as agências de *rating*, isto é, remover dos estatutos legais e regulatórios referências a elas. Vários regulamentos, especialmente os que regem políticas de investimento de fundos, estabelecem restrições de investimento a papéis que não tenham sido objeto de avaliação por agências de *rating* reconhecidas pelo governo e que tenham recebido nota em categorias definidas (por exemplo, o grau de investimento).

Na discussão no Senado, algumas emendas acabaram rejeitadas, como a que propunha o retorno puro e simples à Lei Glass-Steagal, restabelecendo a proibição da operação conjunta de bancos comerciais e bancos de investimento.

Após a aprovação do projeto pela Câmara foi acrescentada a regra de Volcker, anunciada como uma demanda inegociável pelo presidente Obama e interpretada como uma de suas disposições mais radicais.

O mesmo estudo da ANBIMA explica a proposta e a reação que engendrou das instituições financeiras:

> A regra é relativamente simples na sua concepção original. Por ela, os beneficiários da rede de proteção constituída pelo acesso ao emprestador de última instância (guichês de liquidez) ou ao seguro de depósitos não poderiam mais realizar transações de compra e venda de papéis em carteira própria (proprietary trading), ou seja, operações voltadas para a especulação com preços de papéis. Este tipo de operação foi identificado como o principal canal de comportamento especulativo que teria colocado as instituições bancárias em risco. Os bancos teriam usado seus próprios recursos para fazer as apostas que os expuseram ao risco de crédito e de liquidez resultante da aquisição de papéis securitizados ou através da aposta em derivativos. A expectativa de Paul Volcker, o ex-chefe do Federal Reserve Board que propôs originalmente essa regra, era a de que instituições mais voltadas para o crédito tradicional abririam mão com relativa facilidade dessa linha de negócio, enquanto que bancos de investimentos optariam por preservar sua liberdade para explorar oportunidades mais especulativas e, por isso mesmo, mais arriscadas. Para Volcker, a proibição de que bancos que mantivessem o acesso à rede de segurança continuassem a fazer operações de negociação de papéis com recursos próprios acabaria tendo, assim, o mesmo papel que teve no passado a Lei Glass-Steagal: forçar as instituições a escolher entre operações bancárias tradicionais

CAPÍTULO III – A POLÍTICA DA FINANÇA E A FINANÇA NA POLÍTICA

> de crédito, com rentabilidade esperada possivelmente menor, mas protegidas pela rede de segurança, e operações com compra e venda de papéis, potencialmente mais lucrativas, mas também mais arriscadas e sem acesso à proteção da autoridade monetária, do FDIC etc. (...). Desde que foi proposta pelo presidente, em janeiro de 2010, a Regra de Volcker gerou forte reação no setor bancário, o que foi encarado como um indicador de que a regra teria eficácia na limitação de comportamentos especulativos no setor bancário.

Ellen Brown nos alerta da subversão que vem sendo operada pelo lobby de instituições financeiras à tentativa de ampliar a regulação e controle, alocando o ônus de falências bancárias no elo mais fraco, prevendo sacrifício maciço de empregos em 2016, para escorar um esquema bancário legal "sistematicamente arriscado".

Shah Gilani, ex-administrador de *hedge fund*, em artigo para a Money Morning em 30 de novembro com o título "*Porque estou fechando minhas contas bancárias enquanto ainda posso*", escreveu:

> É possível que na próxima crise bancária que aqueles que detêm depósitos nos gigantes bancos grandes demais para falhar, tenham seu dinheiro confiscado e transformado em participação no capital (...). Caso o seu banco grande demais para quebrar esteja quebrando, em decorrência da impossibilidade de pagar as apostas derivativas que fez, e o governo se recuse a afiançá-lo, mandatado pela "Adequacy of Loss-Absorbing Capacity of Global Systemically Important Banks in Resolution," aprovada em 16 de novembro de 2014, pelo Conselho de Estabilidade Financeira do G20, o banco pode tomar seu depósito em dinheiro e torná-lo em participação do capital próprio para tentar evitar o seu banco grande demais para quebrar de quebrar... Se você é cliente de algum dos maiores bancos do país, que coletivamente tem trilhões de dólares de derivativo "off balance sheet" (o que significa que essas dívidas não são gravadas no balanço dos bancos), essas apostas tem uma posição legal superior que os seus depósitos e serão pagos antes que você saque qualquer dinheiro (...). Os grandes bancos inseriram está redação na lei Dodd-Frank.

Por alguma razão "inexplicável", os depósitos bancários foram convertidos em empréstimo aos bancos e devem esperar na fila juntamente com outros credores.

Nathan Lewis apresenta a mesma advertência em artigo publicado na Forbes em maio de 2013, a diferença é que a senioridade dos credores foi alterada: *"no princípio depósitos eram os credores mais sêniores (tinham prioridade) em um banco. Contudo, isso foi alterado em 2005 na lei de falências bancárias, que fizeram o passivo com derivativos mais sênior".*

No prefácio do livro de Greg Palast, *Billionaires and Ballot Bandits* (Bilionários e os Bandidos do Voto), Robert Kennedy Junior desmoraliza a decisão de 2010 da Suprema Corte Americana que permitiu o financiamento ilimitado das campanhas eleitorais por empresas, grandes, médias ou pequenas. O expediente utilizado para disfarçar o maciço financiamento empresarial foi a criação dos Super PACs (supercomitês de ação política). O supercomitê não pode fazer contribuições a candidatos ou partidos, mas pode pagar propagandas a favor ou contra causas defendidas pelos candidatos. A hipocrisia, dizia La Rochefoucauld, é a homenagem que o vício presta à virtude.

O filho de Bob Kennedy não se perde em divagações:

> Os senadores e congressistas que as empresas financiam e elegem não são representantes do povo dos Estados Unidos. Eles representam os compadres da indústria de petróleo, os gigantes do setor farmacêutico e os banksters de Wall Street. Todos empenhados na tomada hostil (hostile takeover) do governo.

Robert Kaizer no livro *So Damn Much Money* listou 188 ex-congressistas registrados oficialmente como lobistas em Washington. A pesquisa de Kaizer revela como funciona a porta giratória entre os grandes negócios e a política. Estudo realizado por um grupo de advogados que se associam no *Public Citizen*, flagrou na nobre ocupação de lobistas metade dos senadores e 42% dos deputados que deixaram o Congresso entre 1998 e 2004. No período 1998-2011 o setor financeiro gastou U$ 84,5 bilhões com essa turma. Não escasseiam relatórios oficiais, depoimentos,

CAPÍTULO III – A POLÍTICA DA FINANÇA E A FINANÇA NA POLÍTICA

documentários e livros de gente oriunda dos mercados a respeito da invasão da *Haute Finance* na cidadela da política e das políticas. A revista *Business and Politics* estampada no site *Berkeley Eletronic Press* publicou um artigo sobre os retornos excepcionais auferidos pelos portfólios de ações adquiridos por deputados americanos entre 1985 e 2001. Os pesquisadores – Alan Ziobrowski, James Boyd, Ping Cheng e Brigitte Ziobrowski – já haviam investigado o desempenho dos rendimentos incorridos nos portfólios de ações adquiridos pelos senadores entre 1993 e 1998.

Elaborado com o cuidado e rigor exigidos por tal empreitada, o estudo avalia a evolução dos rendimentos dos parlamentares ao longo do tempo-calendário e conclui que as ações adquiridas pelos membros da Câmara dos deputados (*House of Representatives*) auferiram retornos "anormais" estatisticamente significantes. Os ganhos dos deputados com suas carteiras de ações bateram a evolução dos índices do mercado em torno de 6% ao ano. Os rendimentos anormais obtidos pelos deputados foram, no entanto, substancialmente menores do que os auferidos pelos senadores, considerados os mesmos períodos. Os autores do estudo supõem que o diferencial de rendimentos deva ser atribuído "à menor influência e poder dos deputados". Seja como for, o estudo encontrou "fortes evidências de que membros da Câmara de Deputados têm acesso a algum tipo de informação não disponível publicamente, utilizada para obter vantagem pessoal".

Ziobrowski e cia, para definir "retornos anormais", adotam a Hipótese dos Mercados Eficientes que afirma a impossibilidade da realização de estratégias "ganhadoras" acima da média. Mas a experiência demonstra à saciedade que os mercados financeiros estão povoados de agentes que se valem de assimetrias de informação e de poder. Os protagonistas relevantes nestes mercados são, na verdade, os grandes bancos, os fundos mútuos e a tesouraria de empresas. Estes agentes formulam estratégias baseadas numa avaliação "convencionada" sobre o comportamento dos preços. Dotados de grande poder financeiro e de influência sobre a "opinião dos mercados", eles são formadores de convenções, no sentido de que podem manter, exacerbar ou inverter tendências (Suas estratégias são mimetizadas pelos investidores com menor poder e informação, ensejando a formação de bolhas altistas e de colapsos de preços).

LUIZ GONZAGA BELLUZZO; GABRIEL GALÍPOLO

No relatório do Congresso produzido sob o impacto da crise econômica de 2007 um grupo de congressistas democratas conseguiu romper as barreiras dos lobistas e impor suas conclusões aos republicanos que se recusaram a assinar o documento. O percurso em direção ao infausto desfecho é analisado mediante a narrativa de episódios esdrúxulos e de depoimentos patéticos de banqueiros, altos executivos e autoridades. A articulação entre as falas e as narrativas permite uma avaliação do papel desempenhado pelos vários fatores e protagonistas que levaram a economia global da euforia à depressão: as inovações financeiras geradoras de instabilidade, a omissão sistemática das autoridades encarregadas de supervisionar os mercados de hipotecas e, finalmente, a farra da emissão de *securities* lastreadas em empréstimos imobiliários.

O episódio Ed Parker é emblemático. Parker era chefe do Departamento de Investigação de Fraudes da *Ameriquest*, então líder no mercado de financiamento de hipotecas. Em 2003, um mês após sua contratação, o diligente funcionário detectou fraude nos empréstimos efetuados pela companhia. Comunicou a administração superior da empresa. Os relatórios foram ignorados. Enquanto isso, os demais departamentos queixavam-se da excessiva preocupação do chefe de investigação de fraudes com a qualidade dos empréstimos. Em 2005, Parker foi rebaixado de *manager* a supervisor. Em maio de 2006 recebeu um aviso, outrora chamado de "bilhete azul".

Em 2003, o subprocurador geral de Minnesota, Prentiss Cox, pediu informações à *Ameriquest* sobre os empréstimos hipotecários realizados pela empresa. Recebeu dez caixas de documentos. Examinou aleatoriamente os contratos e, perplexo, observou que em quase todos eles os tomadores eram designados como "corretores de antiguidades", um eufemismo para designar a condição de desempregados dos pretendentes ao crédito. Essas falsificações empalidecem diante da descrição do emprego de um senhor de 80 anos que só conseguia se locomover com o auxílio de um andador. Profissão? "Trabalhos Leves na Construção".

Cox indagou-se das razões que levaram uma empresa de tal porte ao cometimento de malfeitorias. Um amigo atilado sugeriu: "olhe para cima". Cox acordou para a "realidade": as instituições que concediam

CAPÍTULO III – A POLÍTICA DA FINANÇA E A FINANÇA NA POLÍTICA

créditos hipotecários estavam simplesmente gerando produtos para Wall Street empacotar e distribuir mundo afora, endereçando o risco de crédito para seus compradores.

As instituições federais bloquearam sistematicamente as tentativas de regulamentar e coibir a multiplicação de empréstimos irregulares. No pelotão de frente estavam duas autoridades federais: o OCC (*Office of the Controller of the Currency*) encarregado de fiscalizar os bancos comerciais nacionais – incluído o Bank of América, o Citibank e o Wachovia; e o OTS (*Office of Thrift Supervision*) incumbido de vigiar as instituições nacionais de poupança. Em 2001, Julie Willians, *chairman* do conselho do *Controller of the Currency*, ministrou uma palestra para as autoridades estaduais. Em sua arenga, Willians advertiu os presentes que iria "aniquilar" quem insistisse na investigação das práticas das instituições nacionais de crédito.

Before Our Very Eyes, assim é denominado o primeiro capítulo do Relatório do Congresso. Em linguagem popular "Estava na Cara". É difícil negar que ao longo dos anos de gestação da crise, os olhos – os da mídia incluídos – estiveram vendados pela trava que os hipócritas apontam na visão alheia (Palavras de Cristo, de admirável sabedoria). Já no caso de muitos economistas eminentes, sempre procurados para opinar, os olhos estavam travados, mas as imagens e palavras do documentário de Charles Ferguson, *Inside Job* (2010) sugerem que os bolsos estavam arreganhados para a grana que escorria das façanhas da *haute finance*.

Simon Johnson, professor do MIT e economista chefe do FMI em 2007/2008, escreveu em 2009 artigo intitulado "O golpe silencioso". Segundo o autor, em um sistema político primitivo, o poder é transmitido pela violência ou sua ameaça (golpes militares e milícias privadas, por exemplo). Em um sistema menos primitivo, mais típico de mercados emergentes, o poder é transmitido pelo dinheiro: subornos, propinas e contas de bancos no exterior. Apesar do lobby e contribuições de campanhas desempenharem um papel central no sistema político americano, a corrupção à moda antiga é hoje provavelmente uma atividade secundária.

Para Johnson, a indústria financeira americana ganhou poder acumulado, uma espécie de capital cultural ou sistema de crença. Apesar de ter se tornado um dos maiores contribuintes para campanhas políticas, no ápice de sua influência, o sistema financeiro não precisou comprar favores da mesma forma que a indústria do tabaco ou bélica. Washington já crê que grandes instituições financeiras e a livre mobilidade nos mercados de capitais são cruciais para a posição da América no mundo.

Um dos canais de influência é o chamado "corredor Wall Street – Washington". O autor relata a vívida lembrança de uma reunião no início de 2008, com os principais formuladores de política de diversos países ricos, no qual foi proclamado, para aprovação geral da sala, que a melhor preparação para se tornar presidente de Banco Central seria atuar primeiro em bancos de investimento.

Ian Fletcher, autor do livro *Free Trade Doesn't Work,* descreve formas mais sutis de cooptação dos economistas. Tais métodos, diz ele, não frequentam o *ethos* de bordel, com propostas do tipo "Diga X e lhe pagarei Y". Na faina de conseguir clientes, muitos economistas devem cultivar a reputação de sempre dizer aquilo que o freguês quer ouvir. "Certas ideias, como o aumento da desigualdade, problemas acarretados pelo livre-comércio devem ser evitadas. Elas não são *economicamente corretas*". A mídia, em seus trabalhos de purificação da opinião pública, cuida de retirar tais "excentricidades" de circulação, assim como a polícia leva à enxovias os manifestantes de Ocupe Wall Street, uma súcia de desordeiros desatinados e desordeiras de barriga de fora.

A conversa mole de transparência e austeridade encobriu o movimento real das coisas: sob o véu da racionalidade econômica esgueirava-se a mão que iria pilhar a poupança ou a aposentadoria dos desavisados. Os gênios da nova finança estavam dispostos a utilizar quaisquer métodos para desqualificar as resistências aos seus anseios. Imobilizaram homens e mulheres nas teias do pensamento uniformizado e repetitivo: "não há alternativa".

A "impotência política" dos governos tem origem na ocupação do Estado e de seus órgãos de regulação pelas tropas da finança e dos

CAPÍTULO III – A POLÍTICA DA FINANÇA E A FINANÇA NA POLÍTICA

graúdos interesses corporativos, aí incluídos os das megaempresas de mídia (As tropelias de Rupert Murdoch dão testemunho das ligações perigosas entre o *mass media*, a política e a polícia).

Em sua tese de mestrado defendida na Universidade de Harvard, o professor Carlos Rafael de Sousa expõe os resultados de uma minuciosa investigação a respeito das relações entre os mercados financeiros, a mídia e os governos. "Eu argumento que há uma relação muito próxima entre os mercados financeiros globais e a imprensa econômica, sob o manto protetor do Estado que, como demonstra esse estudo, não tem poder para enfrentar os mercados".

Mais adiante, Carlos Rafael examina a linguagem das manifestações de colunistas e acadêmicos que derramam *diktats* "científicos" e "certeiros" nas páginas da mídia dita especializada em economia e negócios:

> O mercado financeiro (...) necessita de uma instituição para produzir um discurso coerente e explicar seu comportamento – uma retórica que justifique. Mercados necessitam de uma linguagem própria, provida pela imprensa financeira (...). Como é falada essa linguagem? Primeiro, o jornal identifica um evento econômico/financeiro como o anúncio do pacote de resgate do FMI para o Brasil (...). Segundo, repórteres perguntam a opinião do "mercado" (...) e disseminam essa opinião. Muitas vezes, como amplamente documentado nesse trabalho, as fontes individuais são omitidas e os jornais começam a escrever sobre o que "investidores" e "economistas" pensam – até o que o próprio "mercado pensa". Terceiro, o jornal convida especialistas para analisar o evento nas páginas de "opinião", onde eles podem falar livremente o que pensam... a soma de todos esses inputs é o que pode ser chamado de informação da imprensa financeira. Tal informação é então vendida ao consumidor que deseja ser informado. A maioria desses consumidores são pessoas diretamente envolvidas no mercado financeiro, assim estranhamente fechando um círculo em que a informação flui do "mercado" e é elaborada nos jornais para retornar ao mesmo mercado (...) o "mercado" cobiça volatilidade como *modus operandi* e volatilidade é sempre um subproduto desse tipo de disseminação de informação financeira.

LUIZ GONZAGA BELLUZZO; GABRIEL GALÍPOLO

Apoiado no linguista John Austin, em seu livro *Capitale e Linguaggio*, o economista italiano Christian Marazzi cuida das marchas e contramarchas da finança dos últimos trinta anos. Marazzi sublinha a natureza performativa da linguagem do dinheiro e dos mercados financeiros, indicando que a linguagem dos mercados financeiros contemporâneos não descreve e muito menos "analisa objetivamente" um determinado estado de coisas, mas produz imediatamente fatos reais. As comunicações dos bancos centrais são exemplos da "produção da realidade" pela linguagem dos mercados financeiros.

O domínio da finança, ou seja, o capitalismo reinventado segundo sua "natureza" produziu o que Christian Marazzi chamou de "metamorfose antropológica do indivíduo pós-moderno".[10]

Diz Marazzi: é relativamente simples descrever o comportamento mimético-comunicativo das convenções coletivas típicas dos mercados financeiros. No capítulo XII da Teoria Geral, Keynes se vale dos concursos de beleza promovidos pelos jornais para descrever a formação de convenções nos mercados de ativos.

Os leitores são instados a escolher os seis rostos mais bonitos entre uma centena de fotografias. O prêmio será entregue ao participante cuja escolha esteja mais próxima da média das opiniões. Não se trata, portanto, de apontar o rosto mais bonito na opinião de cada um dos participantes, mas, sim, de escolher o rosto que mais se aproxima da opinião média dos participantes do torneio.

Keynes introduz, assim, na teoria econômica as relações complexas entre Estrutura e Ação, entre papéis sociais e sua execução pelos indivíduos convencidos de sua autodeterminação, mas, de fato, enredados no comportamento de manada.

Keynes, na esteira de Freud, introduz as configurações subjetivas produzidas pelas interações dos indivíduos no ecúmeno social das

---

[10] MARAZZI, Christian. *Capitale e Linguaggio*: dalla New Economy all'economia di guerra. Roma: Derive Approdi, 2002.

CAPÍTULO III – A POLÍTICA DA FINANÇA E A FINANÇA NA POLÍTICA

"economias de mercado". O afã de realizar sem perdas o valor dos ativos se esbate no fragor das insuspeitadas e caprichosas evoluções e involuções da opinião coletiva. Os fâmulos dos mercados passam da euforia à depressão. É implacável o constrangimento dos indivíduos dos mercados, sempre amestrados sob o guante da conversão de seus valores particulares em dinheiro, a forma geral da riqueza.

Nesse percurso, o comportamento mimético dá origem, em suas conjeturas imitativas, a situações nas quais a busca coletiva da liquidez culmina na decepção de todos. A âncora que sustenta precariamente as ariscas subjetividades atormentadas pela incerteza da liquidez está lançada nas areias movediças da peculiar "sociabilidade" do capitalismo financeiro.

No livro *Capitalisme et Pulsion de Mort*, Gilles Dostaler e Bernard Maris afirmam que nem Freud, nem Keynes acreditam na fábula da autonomia do indivíduo, tão cara aos economistas. "O indivíduo está imerso na multidão inquieta, frustrada, insaciável, sobre a qual pesa essa imensa pressão cultural, esse movimento ilimitado da acumulação".

A metamorfose do indivíduo pós-moderno aludida por Marazzi é um "salto de qualidade" no comportamento mimético examinado por Keynes. Os "avanços" nas formas de comunicação promovidas pelo desenvolvimento da mídia de massas e o uso das tecnologias de informação tornaram mais rápida e eficazmente perigosa a linguagem do dinheiro.

Na mídia impressa e na eletrônica, as matérias de negócios e economia disseminam os fetiches dos mercados financeiros embuçados na linguagem do saber técnico e esotérico. Qual bonecos de ventríloquo, os comunicadores "falam" a língua articulada conforme as regras gramaticais dos mercados. Assim, o capitalismo investido em sua roupagem financeira cumpre a missão de "administrar" a constelação de significantes à procura de significados, submetendo os cidadãos-espectadores aos infortúnios da domesticação e da homogeneização, decretados pelo "coletivismo de mercado".

Os mercados de ativos da economia destravada não obedecem à normas da "eficiência alocativa" fundada na hipótese das expectativas racionais. Permanentemente à beira dos abismos da iliquidez, os possuidores de riqueza entregam-se ao comportamento mimético, próprio dos movimentos da manada.

Maior proveito teriam os analistas e sabichões da economia atirando-se à leitura do Estouro da Boiada, obra prima de Euclides da Cunha:

> De súbito, porém, ondula um frêmito sulcando, num estremeção repentino, aqueles centenares de dorsos luzidios. Há uma parada instantânea. Entrebatem-se, enredam-se, traçam-se e alteiam-se fisgando vivamente o espaço, e inclinam-se, embaralham-se milhares de chifres. Vibra uma trepidação no solo; e a boiada estoura...
>
> A boiada arranca.
>
> Nada explica, às vezes, o acontecimento, aliás vulgar, que é o desespero dos campeiros.
>
> Origina o incidente mais trivial – o súbito voo rasteiro de uma araquã ou a corrida de um mocó esquivo. Uma rês se espanta e o contágio, uma descarga nervosa subitânea, transfunde o espanto sobre o rebanho inteiro. É um solavanco único, assombroso, atirando, de pancada, por diante, revoltos, misturando-os embolados, em vertiginosos disparos, aqueles maciços corpos tão normalmente tardos e morosos.
>
> E lá se vão: não há mais contê-los ou alcançá-los. Acamam-se as caatingas, árvores dobradas, partidas, estalando em lascas e gravetos; desbordam de repente as baixadas num marulho de chifres; estrepitam, britando e esfarelando as pedras, torrentes de cascos pelos tombadores; rola surdamente pelos tabuleiros ruído soturno e longo de trovão longínquo...
>
> Destroem-se em minutos, feito montes de leivas, antigas roças penosamente cultivadas; extinguem-se, em lameiros revolvidos, as ipueiras rasas; abatem-se, apisoados, os pousos; ou esvaziam-se, deixando-os os habitantes espavoridos, fugindo para os lados, evitando o rumo retilíneo em que se despenha a "arribada" – milhares de corpos que são um corpo único, monstruoso, informe, indescritível, de animal fantástico, precipitado na carreira doida.

CAPÍTULO III – A POLÍTICA DA FINANÇA E A FINANÇA NA POLÍTICA

E sobre este tumulto, arrodeando-o, ou arremessando-se impetuoso na esteira de destroços, que deixa após si aquela avalancha viva, largado numa disparada estupenda sobre barrancas, e valos, e cerros, e galhadas – enristado o ferrão, rédeas soltas, soltos os estribos, estirado sobre o lombilho, preso às crinas do cavalo – o vaqueiro!

Já se lhe tem associado, em caminho, os companheiros, que escutaram, de longe, o estouro da boiada. Renova-se a lida: novos esforços, novos arremessos, novas façanhas, novos riscos e novos perigos a despender, a atravessar e a vencer, até que o boiadão, não já pelo trabalho dos que o encalçam e rebatem pelos flancos senão pelo cansaço, a pouco e pouco afrouxe e estaque, inteiramente abombado.

Reaviam-no à vereda da fazenda; e ressoam, de novo, pelos ermos, entristecedoramente, as notas melancólicas do aboiado.[11]

---

[11] CUNHA, Euclides da. *Os sertões*. São Paulo: Editora Três, 1984.

CAPÍTULO IV
A ACADEMIA SUCUMBE AO PODER

"Por que a esmagadora maioria dos economistas fracassou em antecipar a crise financeira, a despeito dos inúmeros sinais que apontavam para a sua iminência?" Dois professores da Universidade de Massachussets Amherst, Gerald Epstein e Jessica Carrik meteram-se na aventura de compreender as razões do silêncio da maioria que não latiu, sequer gemeu, no período de "construção" dos fundamentos da derrocada financeira.

O estudo de Epstein e Carrik seguiu os passos de dezenove proeminentes economistas. Figuras de escol da *intelligentsia* contemporânea, eles circulam entre a academia, as instituições financeiras privadas e públicas. Com acesso à mídia e, na maioria dos casos, incumbidos de exercer o "controle de qualidade" dos artigos apresentados às revistas especializadas, o silêncio dos economistas matou dois coelhos com uma só pancada: "fez a cabeça" da maioria silenciosa, e estabeleceu os critérios de respeitabilidade acadêmica para a patranhas e façanhas teóricas do "mercadismo" contemporâneo, como a hipótese dos mercados eficientes. Para quem não sabe ou não está lembrado, essa hipótese afirma que todas as informações relevantes sobre os *fundamentals* da economia estão disponíveis em cada momento para os participantes do mercado. Na ausência de intervenção dos governos, a ação racional dos agentes será capaz de avaliar corretamente as relações risco/rendimento dos ativos e, assim, orientar a melhor distribuição possível dos recursos.

LUIZ GONZAGA BELLUZZO; GABRIEL GALÍPOLO

Lido e relido, o estudo de Epstein e Carrik procura mostrar, na verdade, que a "circulação das ideias vencedoras" nasce das exigências de legitimação intelectual, "científica" e acadêmica da Grande Finança – especialmente de Wall Street e suas práticas. É razoável aceitar a sugestão de alguns críticos que estabelecem relações entre as heterodoxias das práticas franqueadas pela liberalização financeira das últimas décadas e a construção de modelos de precificação de ativos e de avaliação de risco cada vez mais "precisos" e abstratos. Garantida a superioridade científica de tais modelos, a mídia se encarrega de colocar à disposição do público a vulgata da gororoba científica, para deleite dos acólitos do *Tea Party* e adjacências hiperconservadoras.

Nas entrelinhas, as conclusões do estudo deixam claro que roda cada vez mais depressa a "porta giratória" que circula os sábios da crematística entre três ambientes: a academia, a finança privada e o Estado. A pesquisa desvela intensa promiscuidade entre os acadêmicos da área financeira, o setor privado e certas funções públicas estratégicas. "Mais especificamente, dos dezenove economistas incluídos no estudo, treze, ou seja, quase 70% ocupava postos no setor privado. Um dos economistas trabalha para dois bancos, em um deles como presidente, em outro como diretor".

O leitor tem o direito de imaginar que escrevemos com o objetivo de estigmatizar moralmente os profissionais da economia que servem a Deus e ao Diabo. Em tempos de anátemas fulminados por prelados de todas as religiões, nada poderia ser mais perigoso para a vida laica e democrática. Se é assim, o cidadão preocupado com a defesa da livre circulação das informações e das opiniões (aí incluídas as "científicas") deve empenhar sua atenção nas transformações ocorridas na esfera pública da sociedade capitalista, sobretudo nos Estados Unidos. Não só os economistas, mas também outras profissões outrora liberais sofrem as agruras de submeter a legitimidade de suas investigações à adesão incondicional à lógica dos mercados desregulados. Isso está relacionado com a formação de blocos de poder que fecham os espaços para a opinião divergente.

Na caminhada para a crise financeira, a fragilidade numérica dos opositores e o "desprestígio" científico das vozes discordantes abriram

CAPÍTULO IV – A ACADEMIA SUCUMBE AO PODER

alas para o agravamento da miopia gulosa, sempre acompanhada do fenômeno que Gabriel Palma chamou de "despolitização" do Estado, então completamente imobilizado pelo mito da "disciplina dos mercados". Diante disso, torna-se ridícula a discussão em voga nos Estados Unidos sobre os responsáveis pela crise: são mercados financeiros inclinados a promover expansões descontroladas do crédito e processos cumulativos de inflação de ativos ou seriam os reguladores omissos que olharam para o outro lado? Não é difícil descobrir que – acomodados nas teorias dos sabichões – reguladores e regulados navegavam no mesmo barco.

No prefácio que escreveu para o livro de Christopher Whalen ("*Inflated: how money and debt built the American dream*") Nouriel Roubini sente-se obrigado a apresentar o autor como um analista independente do sistema financeiro que rejeita "os habituais contorcionismos serviçais", típicos das pesquisas comandadas por Wall Street.

O poder de sedução de Wall Street se estendeu até (ou especialmente) aos professores de economia e finanças, historicamente confinados em seus escritórios universitários na busca de Prêmios Nobel. Ao passo que a matemática financeira se torna mais essencial, professores paulatinamente assumiram posições de consultores ou sócios de instituições financeiras.

Decano da *Business School* da *Columbia University*, Glenn Hubbard, entre outras pertinências, é contratado do *Analysis Group*, uma consultoria especializada em defender "interesses especiais" nos tribunais, nas audiências parlamentares e nas agências encarregadas de cuidar de práticas anti-monopolistas. Não é preciso dizer que Glenn é frequentemente convidado a manifestar suas opiniões doutas e independentes, ademais de científicas, na mídia impressa e imagética.

Glenn Hubbard, o leitor há de se lembrar, é um dos entrevistados no documentário *Inside Job*. Impostado em suas feições de acadêmico respeitável e recatado, o rosto adornado por óculos que pendurados em qualquer nariz poderiam revelar as mais elevadas propensões intelectuais, Hubbard sentiu-se acuado pelas perguntas de Charles Ferguson. O diretor de *Inside Job* questionou o "acadêmico" e consultor a respeito do conflito entre seus trabalhos de opinião remunerada e os princípios que regem (ou deveriam reger) a vida acadêmica. Hubbard não respondeu e ameaçou encerrar a entrevista.

No livro *The Predator Nation: corporate criminals, political corruption and the hijaking of América,* Ferguson desfila trechos de artigos escritos por Hubbard às vésperas do crash financeiro. Seriam cômicas as análises, não fossem trágicas as consequências das sabedorias prolatadas pelo insigne economista.

Pontificava, então, o professor de Columbia:

> O desenvolvimento do mercado de capitais nos Estados Unidos aperfeiçoou a alocação de capital e dos riscos. Isso deu maior estabilidade ao sistema bancário americano, proporcionou mais empregos, salários mais elevados, recessões menos frequentes, mais brandas e uma revolução no financiamento de imóveis residenciais.

Mais adiante, Hubbard prosseguiu em sua apoteose mental:

> O desenvolvimento dos mercados de capitais ajudou à distribuição mais eficiente dos riscos. Essa capacidade de transferir riscos facilitou a inclinação a assumi-los, mas essa maior inclinação não desestabiliza a economia. Assim, os mercados financeiros asseguram o direcionamento dos fluxos de capitais para os melhores usos e (garantem) que as atividades de maior risco e maiores rendimentos tenham *funding sólido*.

Não satisfeito, emendou:

> Os mercados de capitais ajudaram a tornar os mercados (sic) de residências menos voláteis. As contrações de crédito que periodicamente afetavam a oferta de fundos para o financiamento de residências e abalroavam o setor de construção são coisas do passado. Cederam os custos associados aos empréstimos hipotecários. Nestes tempos, as famílias podem obter um financiamento de 100% do valor das residências. A revolução no mercado hipotecário também contribuiu para uma transformação radical, ao tornar a economia menos inclinada a flutuações cíclicas.

CAPÍTULO IV – A ACADEMIA SUCUMBE AO PODER

As recomendações e análises dos economistas (inclusive as nossas), mesmo quando prestadas em boa-fé estão eivadas de valorações e pressupostos não revelados, para não falar de ostentações de rigor e cientificidade incompatíveis com a natureza do objeto investigado, incidente ontológico quase sempre ignorado pelos praticantes da "Ciência Triste". Isso não lança necessariamente dúvida sobre a honestidade intelectual dos economistas, mas, sim, os obriga a explicitar as "visões" (como dizia Schumpeter) que antecedem e fundamentam suas análises.

Essas cautelas tornam-se ainda mais imperiosas quando as sabedorias dos interesses subjugam os interesses pelo conhecimento. Na "era da informação e dos consultores", só a velhinha de Taubaté ignora a importância da "opinião autorizada" e chancelada pela "dignidade acadêmica" na formação dos consensos dominantes nas últimas décadas. As divergências legítimas e inevitáveis foram escoimadas em benefício de certezas tão sólidas quanto esféricas em suas estultícias, como as asseveradas pelo professor Hubbard.

Depois da exibição do documentário *Inside Job*, a Universidade de Columbia passou a exigir de seus professores a revelação das empresas à quais prestam serviços de consultoria ou assessoria de qualquer natureza. Não se trata de proibir a atividade profissional dos docentes e pesquisadores, mas de obrigar o esclarecimento do público sobre o conflito de interesses quando os participantes do debate estiverem envolvidos em relações comerciais.

É ilegítimo e intelectualmente fraudulento, por exemplo, aceitar a redação de um parecer que contrarie as evidências mais escancaradas. Frederic Mishkin, ex-membro do *Board of Governors* do *Federal Reserve* ao opinar, nos idos de 2006, sobre a situação econômica da Islândia na peça "*Financial Stability in Iceland*", escreveu:

> A Islândia não é uma economia emergente. Comparações da Islândia com economias emergentes, com a Tailândia [na crise asiática de 1997/1998] estão completamente equivocadas. A Islândia, ao contrário, tem excelentes instituições. A qualidade de

sua burocracia e os baixos índices de corrupção colocam o país entre os mais bem governados do mundo, em contraste com a supervisão prudencial inadequada dos países que experimentaram instabilidade financeira.

A opinião do economista, diz Ferguson, legitimou e renovou as energias de uma das maiores fraudes financeiras "do mundo". Fraudes que devastaram a economia do país. A Câmara de Comércio da Islândia pagou US$ 124.000 pela obra-prima de autoengano.

Em uma sociedade que celebra o ideal de ganhar dinheiro, é fácil inferir que os interesses do sistema financeiro são os mesmos que os do país, e os "vencedores" do setor sabem melhor do que os funcionários públicos de carreira. As falácias desta nova crença são por demais conhecidas e não paga a pena rebobinar os argumentos para passar filme velho. Mas é sem dúvida impressionante o número de convertidos que se tornaram fanáticos do *laissez-faire*.

Uma boa parte destes novos adeptos, a maioria deles, é constituída de surfistas ideológicos. Estes surfistas, obedecendo a impulsos incontroláveis, montaram na onda do keynesianismo "intervencionista" quando os ventos sopravam na direção do Estado do Bem-Estar. Mudou o vento, subiram em outra onda, mais promissora e certamente mais rentável.

A fé no mercado financeiro se converteu em senso comum, alardeada nos jornais e no Congresso. Dinheiro, conexões pessoais e ideologia engendraram um poder político que confere ao sistema financeiro o veto sobre políticas públicas.

Segundo Simon Johnson, esse quadro está diretamente relacionado com a crise financeira, e o conselho do FMI seria: desmonte a oligarquia. Instituições hipertrofiadas influenciam desproporcionalmente a política pública e transformam-se em armas financeiras de destruição em massa. O que é grande demais para falhar é grande demais para existir.

Em artigo publicado em outubro de 2015, Orsola Constantini, economista sênior do *Institute for New Economic Thinking*, nos oferece

CAPÍTULO IV – A ACADEMIA SUCUMBE AO PODER

uma exegese do conceito de orçamento ciclicamente ajustado, palmilhando o tortuoso caminho da proclamada e não comprovada "evolução" do pensamento econômico.

Um dos economistas mais influentes da Escola de Estocolmo, Gunnar Myrdal, foi pioneiro em propor regras que permitiam ao governo equilibrar seu orçamento durante todo o ciclo econômico, ao invés de considerá-lo ano a ano.

Na época, a preocupação era estabelecer uma política capaz de suavizar as flutuações econômicas, apoiada na ideia de que o governo deve proporcionar estímulos fiscais durante o período de retração e, simetricamente, implementar medidas restritivas durante a expansão, contendo pressões inflacionárias e garantindo uma transição suave da parte descendente do ciclo.

Apesar da ideia se assemelhar à proposta posterior de Keynes para um orçamento de capital, Myrdal, em 1930, via o investimento público como uma linha de defesa contra flutuações cíclicas, a ser ativada tão somente quando as circunstâncias assim determinarem. Recomendava, portanto, intervenções pontuais de curto-prazo.

A ideia de Keynes, por contraposição, é formulada no capítulo XXIV da Teoria Geral como um projeto de longo prazo. Na proposta keynesiana, a "socialização do investimento" se junta ao sistema tributário progressivo, à eutanásia do rentista e ao controle do movimento internacional de capitais para prevenir a instabilidade inerente à economia capitalista. Entre outras coisas, Keynes pretendia neutralizar os desvarios da finança nacional e internacional. Sua proposta jamais foi implantada, sequer ensaiada.

Contudo, o debate acerca dos instrumentos para a suavização dos ciclos econômicos, tendo como meta o pleno emprego a ser alcançado pela socialização do investimento, foi substituído por um positivismo tardio, que nega a possibilidade de políticas públicas exercerem efeitos de longo prazo no nível de emprego.

No final dos anos 80, James Buchanan, Prêmio Nobel de Economia em 1986, um dos corifeus da teoria da Escolha Racional, disparou críticas ácidas e claramente hostis às práticas fiscais e monetárias do que se convencionou chamar "era keynesiana". Não trepidou em afirmar que as democracias ocidentais deverão enfrentar a inclinação dos governos a trabalhar no vermelho, a gerar déficits em resposta a demandas dos eleitores ou de grupos particulares de interesses.

Buchanan atribui essa inclinação para o déficit, ou seja, essa facilidade revelada pelos governos no atendimento das demandas dos eleitores e dos grupos de interesse ao desaparecimento de dois constrangimentos garantidores da boa gestão das finanças públicas na era do liberalismo clássico, se é que existiu tal coisa. O primeiro deles é o padrão-ouro, que impedia o recurso fácil à emissão monetária para financiar déficits orçamentários. Os políticos estavam, assim, obrigados a escolher alternativas mais dolorosas para sustentar o aumento dos gastos.

O segundo constrangimento era de ordem moral: foi eliminada a resistência vitoriana às políticas que descarregam sobre as gerações futuras os custos de uma dívida pública crescente. Na visão de Buchanan, o impacto das duas guerras teria debilitado os laços intergeracionais e tornado o presente infinitamente mais valioso que o futuro, o consumo mais valorizado do que a frugalidade, a abstinência e a previdência. Ele escreveu

> O dano infligido pela morte e pela guerra à frugalidade como virtude moral foi acentuado pelo fortalecimento de uma filosofia relativista, desde os primeiros anos do século XX. Na medida em que a filosofia relativista invadiu os valores absolutos da sociedade vitoriana, ganhando apoio ao longo do século XX, as barreiras da frugalidade foram seriamente vulneradas.

Em 2013, essa tese recebeu uma contribuição de Niall Ferguson. No curso do debate com Paul Krugman a respeito das políticas de austeridade, o historiador de Harvard atribuiu à homossexualidade de Keynes a valorização do presente e a depreciação do futuro. Para isso, valeu-se da frase de Maynard "No longo prazo estaremos todos mortos". Na opinião de Ferguson, Keynes descurava do futuro porque não precisava se preocupar com o destino dos filhos, netos e bisnetos. Ao

CAPÍTULO IV – A ACADEMIA SUCUMBE AO PODER

desvendar o "paradoxo da poupança", Keynes zombou da falácia de composição implícita na tentativa de estender para o conjunto da economia as virtudes da frugalidade familiar. O conceito de dívida sem ônus desterrou na irrelevância política, por 40 anos, o temor clássico dessa forma de financiamento dos governos.

Mesmo depois do casamento com a bailarina Lydia Lopokova, o Keynes de Ferguson preferia ler poesias para a mulher a exercitar os deveres (prazeres?) do sexo. Escalavrado pela opinião pública, o prodígio de Harvard fez *mea culpa*. Seja como for, para Buchanan e Ferguson as regras da boa gestão orçamentária foram destroçadas pela ação emoliente dos ensinamentos de John Maynard Keynes.

O diagnóstico do "fracasso" da "era keynesiana" é valioso porque assinala de uma perspectiva conservadora a inconformidade com os conflitos gerados pelas tentativas de "democratização do capitalismo". Não há como discordar de Jürgen Habermas quanto à indissolúvel tensão que atravessa permanentemente as relações entre capitalismo e democracia.

Robert Skidelsky, biógrafo de Keynes, ironizou o temor de Hayek, preocupado com a saúde da democracia afetada pela força excessiva do Estado. Muito ao contrário, diz Skidelsky, o Estado foi muito fraco para impedir a invasão das forças da concorrência, tornando-se dependente e ficando à mercê das práticas predatórias e corruptas que reduzem a autonomia da gestão econômica. "Keynes superestimou a possibilidade de uma gestão econômica racional pelos governos democráticos", conclui.

Acuadas pelo avanço ideológico e político das forças que sustentam a reinvenção do liberalismo, as correntes progressistas mais consequentes tentam cavar suas posições nas trincheiras na democracia participativa, sem abrir mão dos cuidados e normas do Estado de Direito.

Já nos anos 70, a "hipótese das expectativas racionais" aliou-se aos modelos de equilíbrio geral – deterministas ou estocásticos – para deslocar o debate. A incerteza que afetava as decisões empresariais no capitalismo de Keynes cede lugar à "otimização" dos indivíduos racionais que conhecem a estrutura da economia, bem como sua trajetória provável. Esse *übermensch* não se deixa enganar por "truques nominais" da política monetária e da política fiscal. A política econômica para reduzir o desemprego só resultaria em maiores taxas de inflação e necessidade de maiores impostos no futuro. Segundo o "teorema da equivalência ricardiana", o agente racional sabe que o déficit fiscal de hoje será corrigido "estruturalmente" por mais impostos amanhã.

A força e o sucesso dessa teoria repousam em um conjunto de pressupostos simples: os indivíduos baseiam suas decisões em expectativas racionais; os mercados são bem organizados e o sistema de preços, rígidos ou flexíveis, funciona para alocar eficientemente os recursos; as flutuações da economia em torno de sua trajetória de equilíbrio decorrem de "choques exógenos", como mudanças tecnológicas ou na preferência dos consumidores; os mecanismos automáticos de ajuste operarão forte e rapidamente; a demanda de moeda é estável, porque a função reserva de valor que suscita a demanda especulativa sumiu do mapa; por isso, os ativos financeiros e reais são altamente intercambiáveis; o consumo depende do valor descontado de todas as receitas futuras e não da receita corrente; o tropismo em direção à teoria quantitativa da moeda arquitetou a NAIRU (taxa de desemprego não aceleradora da inflação), concebida para mimetizar o conceito de taxa natural de desemprego, como advertência aos perigos de estímulos "pelo lado da demanda".

A economia tenderia automaticamente ao equilíbrio no longo prazo, graças à operação das "forças naturais" do mercado. A austeridade monetária e fiscal é reivindicada como panaceia destinada a restaurar rapidamente as "condições econômicas normais". Isto significa o seguinte: uma vez desvendado o hiato do produto para definir o produto potencial, emerge a "realidade" escondida sob o véu dos valores nominais.

A pedra angular das estimativas do hiato do produto é a confiança na inflação como indicador principal dos desvios do produto potencial. Em trabalho recente do *Bank of International Settlements* sobre o tema, Borio, Disyatat e Juselius mostram a tautologia dos cálculos do hiato do produto: se há fortes tensões inflacionárias, a economia está sendo pressionada a crescer acima do produto potencial. Se há deflação, está crescendo abaixo.

Os autores constatam que a verificação empírica dos modelos amparados nessa hipótese apresenta um dilema: ou os resultados não são

CAPÍTULO IV – A ACADEMIA SUCUMBE AO PODER

economicamente plausíveis ou a hipótese supracitada da correlação entre inflação e desemprego é irrelevante para o cálculo do produto.

> (...) se adotadas especificações que resultam em um peso elevado para a curva de Phillips[12], a tendência inflacionária vai contaminar o hiato do produto estimado e o seu resultado não irá parecer economicamente plausível. Alternativamente, se as especificações adotadas entregam hiatos de produto intuitivamente sensíveis, a curva de Phillips será largamente irrelevante como condicionante da relação.

Gentilmente, Borio *et al* estão dizendo que o tratamento do hiato do produto está irremediavelmente comprometido com o vício da tautologia. Os resultados estão contidos nos supostos.

Resta à política econômica satisfazer as expectativas dos agentes racionais, sinalizando que vai tomar as decisões necessárias para reconduzir a economia à trajetória do "produto natural de equilíbrio". E, assim, voltamos todos ao Nirvana da "economia da oferta".

Em entrevista concedida em 22 de dezembro de 2015, Orsola Constantini expõe como a abordagem do orçamento camuflada em uma áurea técnica e científica transformou-se em ferramenta para manipular a opinião pública e servir ao interesse de poderosos.

Políticos e oficiais do governo tem se valido do conceito de orçamento ciclicamente ajustado (CAB), para limitar a disponibilidade de políticas que pareçam viáveis para a comunidade. Gestores públicos podem, dessa forma, evitar o aborrecimento de tomar responsabilidade política por suas escolhas: Nós temos de fazer! O orçamento determina! O socorro aos bancos aparece tão inevitável quanto o desamparo aos idosos e trabalhadores.

Segundo a autora, o que aconteceu por toda a Europa em 2008 é um exemplo:

---

[12] A curva de Phillips representa uma relação inversa entre desemprego e inflação no curto prazo. Segundo esta teoria, desenvolvida pelo economista neozelandês William Phillips, a redução no desemprego leva a um aumento da inflação, e um aumento no desemprego a uma menor inflação.

uma coisa é dizer para estudantes nas ruas que a educação deles e o bem-estar econômico não são uma prioridade para o governo, enquanto salvar bancos é. É bem outra dizer que políticos não tem nada com isso e a economia requer tomar certas ações, muitas vezes amargas.

Por rádio, televisão e jornal as pessoas são "informadas" que precisam se sacrificar, aceitar cortes nos gastos sociais e menos direitos e benefícios trabalhistas, ou encarar a destruição da economia – tudo em nome da ciência econômica. O ajuste se transformou em uma ferramenta para justificar cortes seletivos.

Trabalhadores devem cumprir maiores jornadas e por mais tempo em suas vidas. Os impostos e as tarifas públicas serão maiores, mas os serviços públicos serão reduzidos. Já a transferência de recursos públicos ao rentismo, seja pela compra de ativos podres ou pagamento de juros exorbitantes, não está em discussão, essa é determinada pelo mercado, deus *ex machina*.

Até mesmo os termos usados pelos economistas carregam áurea de respeito, que desvia atenção e questionamentos, criando barreiras entre o mundo individual e político, minando a participação democrática. Para Constantini, essa obscura teoria sanciona, com sua autoridade, um grande equívoco econômico que soa como senso comum: a noção de que o orçamento público se assemelha à economia doméstica. Sua casa não coleta impostos e não imprime dinheiro, mas mesmo assim políticos e formuladores reiteram essa máxima, que se presta a oprimir as pessoas comuns.

A democracia é sempre limitada quando informação, conhecimento e poder são distribuídos de forma desigual. No campo econômico, é preciso engajar diferentes pontos de vista e permanecer desafiando narrativas e arcabouços dominantes. Um dia a curiosidade humana nos salvará da prostituição intelectual, augura Constantini.

CAPÍTULO V
AS IDEIAS DO PODER OU O PODER SEM IDEIAS?

A MISÉRIA DA MACROECONOMIA E A MACROECONOMIA DA MISÉRIA

Depois de trinta anos de progresso material, redução das desigualdades nos países centrais e altas taxas de crescimento na América Latina e na Ásia emergente – proporcionados pelo "consenso keynesiano" – a crise dos anos 70 foi entendida como uma advertência e uma recomendação: era preciso dar adeus a tudo aquilo. O mal é a política, o intervencionismo do Estado, o poder dos sindicatos, o controle público da finança, os obstáculos ao livre movimento de capitais.

A ciência econômica moderna apresenta-se como a teoria oficial da racionalidade liberalizante, aventurando-se na reinvenção do receituário que já conduziu a humanidade à maior tragédia econômica e política até agora registrada na história do capitalismo. A economia ensinada e desenvolvida nas universidades, em sua versão pós-moderna e globalizada, caracteriza-se pela despolitização e pela reificação das relações humanas.

A reputação dos economistas e o prestígio de sua arte de antecipar tendências variam na mesma direção dos ciclos do velho, resistente, mas talvez nem tão surpreendente capitalismo. Quando os negócios vão bem, as previsões mais otimistas são ultrapassadas por resultados formidáveis. É a festança dos consultores: o noticiário da mídia não consegue oferecer espaço suficiente para os profetas e oráculos da prosperidade eterna. Na era da informação a coisa é ainda pior: em tempo real, os meios eletrônicos regurgitam uma fauna variada de palpiteiros e adivinhões. A maioria trata de insuflar a bolha de otimismo.

Quando desabou a tormenta de 2008, as certezas dos analistas mais certeiros entraram em colapso. Em pleno estado de oclusão mental diante da derrocada dos preços dos ativos e da violenta contração do crédito, um gênio da finança global proclamava na televisão: "os investidores são racionais, mas estão em pânico". Supomos que, antes da emboscada do *subprime* e de outros créditos alavancados, os investidores racionais estivessem apenas no exercício de sua peculiar racionalidade.

O pânico dos mercados induziu à pane na razão. O ineditismo dos acontecimentos abalroou seus modelos e fez naufragar suas previsões. Desconcertados, os sábios de ontem embarcam em hipóteses exóticas e peregrinas, como as que atribuem responsabilidade aos devedores *Ninja* (*No income, no job, no asset*), gente irresponsável que não deveria aceitar os empréstimos gentilmente oferecidos por bancos generosos. No dia 03 de fevereiro de 2016, o postulante republicano da Flórida à candidatura presidencial, Marco Rubio, descarregou a culpa da crise no governo e nos políticos que estimularam os créditos predatórios.

Em sua crueldade, as maledicências maltratam a labuta persistente de economistas acadêmicos, sempre dedicados à construção de teorias e modelos sofisticados que em vez de explicar como funcionam as engrenagens do capitalismo, cuidam zelosamente de falsificar seu modo de funcionamento.

O economista Willem Buiter desancou a revolução novo-clássica das expectativas racionais – associada aos nomes de Robert Lucas e Thomas Sargent, entre outros. A teoria econômica, diz ele,

CAPÍTULO V – AS IDEIAS DO PODER OU O PODER SEM IDEIAS?

> tornou-se auto referencial (...), impulsionada por uma lógica interna e por quebra-cabeças estéticos, em vez de motivada pelo desejo de compreender como a economia funciona (...). Assim, os economistas profissionais estavam despreparados quando a crise eclodiu.

Buscamos nos idos de 2009 uma proeza de Robert Lucas, que exibe em suas prateleiras acadêmicas o prêmio Nobel de economia. Em setembro de 2007, Lucas publicou no *Wall Street Journal* o artigo *Mortgage and Monetary Policy*. Àquela altura do campeonato, o preço das residências já despencava com grande estrondo. Até mesmo os mais fanáticos crentes na eficiência dos mercados estariam incomodados com o barulho, para não falar da pulga que percorria insistentemente a parte posterior de suas respeitáveis orelhas. Suspeitamos que Lucas tenha baixa sensibilidade nesta região do corpo humano. Mas Lucas não é apenas um crente, é um sacerdote.

Paramentado, ele escreveu no *Journal*:

> Sou cético a respeito do argumento que sustenta haver risco de contaminação de todo o mercado de hipotecas pelos problemas surgidos na faixa *subprime*. Tampouco acredito que a construção residencial possa ser paralisada e que a economia vá deslizar para uma recessão. Cada passo nessa cadeia de argumentação é questionável e nada foi quantificado. Se aprendemos alguma coisa da experiência dos últimos 20 anos é que há muita estabilidade embutida na economia real.

A peculiar linha de raciocínio que conduz a esse tipo de conclusão não é intuitiva, mas fruto do treinamento do pensamento proporcionada pela formação de economista.

O Prof. Gregory Mankiw (Harvard) produziu um Manual de Introdução à Economia, que é texto básico em diversas universidades na iniciação dos estudantes nos princípios da disciplina. A apresentação da matéria é feita através de um capítulo intitulado "Dez Princípios de Economia".

A primeira das lições que nos ensina o Prof. Mankiw é "As pessoas enfrentam *tradeoffs*". Um dos principais *tradeoffs* que a sociedade enfrenta, segundo o professor de Harvard, é entre eficiência e equidade. Buscando ser didático, o autor lança mão de um exemplo:

> Considere, por exemplo, políticas destinadas a distribuir de forma mais igualitária o bem-estar econômico (...). Embora tais políticas tenham o benefício de contribuir para uma maior equidade, elas têm um custo em termos de menor eficiência. Quando o governo redistribui renda dos ricos para os pobres, reduz a recompensa pelo esforço de trabalho; em consequência, as pessoas trabalham menos e produzem menos bens e serviços. Em outras palavras, quando o governo tenta cortar o bolo econômico em fatias iguais, diminui o tamanho do bolo.

Pode parecer estranho, mesmo ao mais despretensioso observador de nossa sociedade, mas os economistas, que tem por hábito ignorar as objeções empíricas aos seus postulados teóricos, têm dificuldade em aceitar a existência de desemprego involuntário. O problema é tratado como se a decisão de permanecer desempregado estivesse na alçada do próprio desempregado, e não como consequência da baixa atividade econômica que inibe a contratação de mão de obra por parte das empresas. O desemprego, portanto, seria importante, pois ao dar aguilhadas nos trabalhadores eleva a eficiência do sistema econômico. O que nos conduz ao tema da quarta lição do Manual do Prof. Mankiw: *"Pessoas respondem a incentivos"*.

Apesar de uma outra lição, a ideia central permanece: políticas públicas alteram os incentivos aos indivíduos que naturalmente tenderiam a tomar decisões eficientes. O ponto é demonstrar como a intervenção governamental afeta o cálculo de custo-benefício individual podendo conduzir a ineficiências econômicas e efeitos contrários aos desejados pelos seus formuladores. Desta vez o Mankiw recorre à lei que obriga o uso do cinto de segurança como exemplo:

> Os cintos de segurança tornam os acidentes menos custosos para o motorista porque reduzem a probabilidade de ferimentos ou morte. Logo, a lei do cinto de segurança reduz o benefício de se

CAPÍTULO V – AS IDEIAS DO PODER OU O PODER SEM IDEIAS?

> dirigir lenta e cautelosamente. As pessoas respondem aos cintos de segurança como o fariam a uma melhoria das estradas – dirigindo com mais velocidade e menos cautela. Portanto, o resultado final da lei do cinto de segurança é um número maior de acidentes.

A lógica desta afirmação é próxima daquela atribuída a Proudhon por Marx em a Miséria da Filosofia: a existência dos médicos é a causa das doenças. O *Homo oeconomicus* calcula que com o cinto de segurança o custo sofrido por um acidente será menor, logo, imediatamente os motoristas passarão a estar mais propensos a colisões e atirarem seus carros uns contra os outros, segundo esta peculiar concepção de racionalidade.

Esta estranha lógica não é monopólio do Manual do Prof. Mankiw. O Manual de Microeconomia dos professores Robert Pindyck (Faculdade de administração de Sloan no MIT) e Daniel Rubinfeld (Universidade da Califórnia, Berkeley) – usado amplamente nos cursos de graduação em economia – trata, no capítulo 9, da "Análise de Mercados Competitivos". Mais uma vez, exemplos são reveladores. Um deles se ocupa em demonstrar como a lei norte-americana de 1984, que proíbe as pessoas de venderem partes de seu corpo, na realidade gera uma ineficiência no "mercado de rins humanos".

Os professores Pindyck e Rubinfield afirmam que a lei impede os doadores (pessoas vivas ou famílias de pessoas falecidas) de colherem o valor econômico que tais órgãos tenham no mercado. Como efeito, a oferta de rins permanece limitada, pois muitas pessoas que estariam dispostas a doar os rins, caso recebessem para isso, não o fazem. Por outro lado, como o "custo de oportunidade" de se obter um rim é zero, ocorre um excesso de demanda. Logo, um mercado com escassez de oferta e excesso de demanda é altamente ineficiente, pois encontra-se fora do ponto de equilíbrio.

Em um exercício matemático, os autores criam uma equação de oferta e outra de demanda para rins humanos, recorrem a um gráfico e chegam a conclusão: o preço de equilíbrio de um rim é de US$ 20.000

(US$ 2002), a esse preço cerca de 12.000 rins seriam ofertados anualmente. Deixam claro ainda que argumentos contrários, perturbados com a ideia de que do acesso a estes órgãos seja feito via preço – talvez movidos pela compaixão que aflige alguns seres humanos –, transcendem o objeto da ciência econômica.

"Um segundo argumento é o de que seria simplesmente injusto que se fixasse um pagamento para uma necessidade vital básica. Esse argumento transcende a ciência econômica (...)".

Por essa e outras estripulias "científicas", os economistas e assemelhados oferecem suas teorias ao humor cáustico. No crepúsculo de 2015, o site *Naked Capitalism* publicou uma peça de humor que envolve respostas a uma indagação tão prosaica quanto embaraçosa:

"Quantos economistas são necessários para trocar uma lâmpada queimada?

Resposta 1 – Nenhum. A própria escuridão vai provocar o conserto da lâmpada.

R2 – Nenhum. Se fosse realmente necessário trocar a lâmpada, as forças de mercado se encarregariam de fazê-lo.

R3 – Nenhum. Se o governo deixasse de se intrometer, estaria tudo arranjado.

R4 – Nenhum. Não há necessidade de mudar a lâmpada. Todos as condições de iluminação estão no devido lugar.

R5 – Nenhum. 'Vejam, a lâmpada está ficando mais iluminada. Definitivamente mais iluminada'.

R6 – Nenhum. Os economistas estão esperando que a mão invisível corrija o desequilíbrio da iluminação".

Nos "tempos modernos" nada contribui mais do que a teoria econômica para que a afirmação de Adorno e Horkheimer soe assustadoramente verdadeira: o mundo em que tentamos sobreviver é uma prova diária da degeneração da razão ocidental, transformada em mero instrumento dos métodos de domínio e conquista.

CAPÍTULO V – AS IDEIAS DO PODER OU O PODER SEM IDEIAS?

POUPANÇA-INVESTIMENTO-CONSUMO (OU SERIA O INVERSO?)

Talvez o antagonismo mais célebre quanto a políticas econômicas adequadas para o tratamento da instabilidade da economia capitalista possa ser registrado nos embates entre Keynes e Hayek, nos anos seguintes à crise de 1929. A política e o debate econômico atual ainda ecoam questões medulares dessas duas visões.

A palavra ressaca tem sido usada com frequência para retratar a crise econômica atual. A imagem apresenta uma crítica implícita ao passado e indica a necessidade de purgar excessos decorrentes do "estímulo artificial ao consumo".

A artificialidade se insere no conceito de desequilíbrio provocado por interferência exógena, praticada pelo Estado, ao bom funcionamento de uma economia de mercado. A crítica ao consumo é abrigada pela mesma matriz econômica, apontando a consequente redução da poupança (investimento), com queda do crescimento econômico como corolário.

Nesse caso, assim como na dinâmica da administração do orçamento familiar, os recursos que se destinam ao investimento vêm da parcela da renda que foi poupada, pela abstinência do consumo. Como dedução temos a identidade à priori entre poupança e investimento, associada à rivalidade entre consumo e investimento (poupança), que sugere a redução do consumo como caminho da retomada do crescimento.

Apesar de encontrar bases anteriores, como no aforismo de John Stuart Mill que distingue a demanda por bens de consumo e por bens de produção (investimento), a consagração da visão das duas demandas movendo-se em sentidos opostos foi realizada pela formulação austríaca, sendo essa uma das divergências mais significativas com teorias macroeconômicas onde as demandas pelo produto final e pelos fatores de produção tendem a se mover no mesmo sentido.

Na lógica da escola austríaca, a queda do consumo no presente não significa que a demanda por bens de produção (investimento) esteja caindo, porquanto a propensão a poupar estará aumentando. A abstenção do consumo no presente, a poupança, é condição para o aumento do consumo no futuro. Logo, o aumento da propensão a poupar hoje induzirá o mercado a esperar um aumento do consumo amanhã, o que engendraria uma antecipação preparatória com o aumento na demanda por bens de produção (investimento).

Segundo essa teoria, dada a renda, os gastos de consumo e de investimento movem-se em sentidos contrários. Os investimentos crescem às expensas do consumo, pois para que os investimentos aumentem, o consumo deve cair, tanto em termos nominais como reais. Em termos reais, quando o consumo cai, os fatores de produção, sempre plenamente empregados, são liberados para atender a demanda de novos bens de investimento.

Essas ideias foram apresentadas por Hayek no início dos anos trinta do século passado, em uma série de conferências. Para Hayek a cura mais rápida da depressão econômica se daria pelo aumento da poupança da população, de forma a proporcionar uma recuperação do investimento privado.

A crise não era uma doença que necessitava de cura, mas, sim, a cura para a expansão "excessiva". O emagrecimento do paciente era simplesmente o resultado da remoção do excesso de gordura acumulada nos anos de excessos.

Richard Kahn registra que a apresentação de Hayek foi recebida em absoluto silêncio pela audiência de Cambridge. Para quebrar o gelo, Kahn indagou: *"A sua visão é que se eu amanhã sair e comprar um casaco novo, isso elevará o desemprego?"*. *"Sim"*, respondeu Hayek, virando para um quadro negro repleto de triângulos, *"mas demandaria um exercício matemático muito longo explicar porquê"*.

Quando comparados historicamente como participação percentual do PIB, obrigatoriamente a evolução das contas nacionais (consumo, investimento, governo, exportações e importações) não pode ocorrer no mesmo sentido simultaneamente. Pela restrição máxima dos 100%, a majoração da participação só pode se dar pela redução dos demais como contrapartida.

CAPÍTULO V – AS IDEIAS DO PODER OU O PODER SEM IDEIAS?

Contudo, a análise das taxas crescimento ou valores absolutos do consumo das famílias e da Formação Bruta de Capital Fixo (investimento), costumam revelar relações diretas entre essas variáveis.

Parecem haver indícios lógicos e empíricos (cotidianos) de que os agentes econômicos estão mais propensos a ampliar a capacidade produtiva de suas empresas (investir) quando o consumo está subindo (e não caindo) no presente.

Na integração dinâmica das variáveis, o aumento do poder aquisitivo e da propensão a consumir tende a aumentar o investimento, pois a aquisição de meios de produção depende da perspectiva de expansão do mercado, ou seja das estimativas dos empresários a respeito da evolução do consumo, o que envolve, simultaneamente, as avaliações a respeito da formação do emprego e da renda no setor de bens de produção.

Esse conceito se apoia na hipótese que entende a decisão de investimento como decorrente das especulações sobre a conjuntura futura. É a própria decisão de investir que determinará a demanda por meios de produção, magnitude do produto, e os níveis de renda e emprego da sociedade.

Essa visão se contrapõe à suposição de que "a queda no consumo hoje sinaliza sua elevação amanhã" seja capaz de induzir os empresários a investirem.

Keynes protagonizou o antagonismo às teorias de Hayek, mas como aponta Robert Skidelsky, foi um dos companheiros de Hayek quem apresentou um dos retratos mais mordazes à sua teoria. Segundo Lionel Robbins, independente da validade da explicação de Hayek para as origens da crise em termos de excesso de investimento, a "cura" proposta era inapropriada como negar cobertores e estimulante para um bêbado que havia caído em uma lagoa gelada, baseado na concepção que o seu problema originalmente decorria de um superaquecimento.[13]

---

[13] ROBBINS, Lionel. *Autobiography of an Economist*. London: Macmillan, 1971.

LUIZ GONZAGA BELLUZZO; GABRIEL GALÍPOLO

Em 2008, assim como em 1929, a reação das economias desenvolvidas frente a crise foi amplamente anticíclica e crítica à capacidade de auto regeneração dos mercados. A expansão monetária (*quantitative easing*) foi utilizada com fervor pelas autoridades monetárias.

Para Hayek, a taxa de juro decorre da distribuição intertemporal entre consumo presente e consumo futuro. Os fundos para financiamento do investimento são proporcionados pela abstenção do consumo presente que libera os recursos reais e "financeiros" para o investimento. É a teoria dos fundos prestáveis. A expansão do crédito e da moeda cria uma "poupança forçada", inflando a oferta de fundos para empréstimos, o que desequilibra a relação natural e saudável entre poupança e investimento. Em outras palavras, a taxa de juros monetária abaixo do nível "natural" gera uma poupança "artificial", engendrando uma trajetória de investimentos inconsistente com o montante de "poupança real" (disponibilidade de fatores de produção) e com as preferências intertemporais de consumo, detonando um processo de descoordenação intertemporal.

Nesta formulação, portanto, o crédito enquanto gerador de liquidez, assim como operado pelo sistema financeiro das economias capitalistas, é um fenômeno "antinatural" que distorce as proporções entre poupança, investimento e consumo. Hayek se revela, portanto, crítico de uma das principais características que definem a presente forma de produção social.

A proposta do economista austríaco de que a moeda deva ter seu preço regulado pelo mercado, como qualquer outra mercadoria, e que os bancos desempenhem o papel de apenas intermediarem o empréstimo da poupança real, sem alavancagem, seria eficiente na prevenção das crises financeiras, mas demandaria um sistema econômico que não o capitalismo.

A ECONOMIA MONETÁRIA DA PRODUÇÃO

Schumpeter distinguia no crédito o recurso revolucionário de que podia dispor o empresário inovador sem prévia acumulação de poupança. Ele escreveu na História da Análise Econômica:

CAPÍTULO V – AS IDEIAS DO PODER OU O PODER SEM IDEIAS?

> É extraordinariamente difícil para os economistas reconhecerem que os empréstimos bancários e os investimentos financiados a crédito criam depósitos. Na verdade, no período entre 1870 e 1914 os economistas se recusaram unanimemente a reconhecer isso. Mesmo depois de 1930, quando a larga maioria foi convertida e aceitou essa doutrina como óbvia, Keynes corretamente achou ser oportuno expor e defender novamente a teoria com uma argumentação mais extensa. Essa é uma ilustração interessante dos bloqueios que o avanço analítico tem que superar. Em particular, as pessoas podem estar familiarizadas com um fenômeno há muito tempo e até mesmo debatê-lo frequentemente sem compreender seu verdadeiro significado e muito menos admiti-lo no seu esquema geral de pensamento.

Em seu *Treatise on Money*, publicado em 2008, 75 anos depois de ter sido escrito, Schumpeter criticou Keynes por ter abandonado a "Teoria Creditícia do Dinheiro" em contraposição a uma "Teoria Monetária do Crédito". Apresentada no *Tratado da Moeda*, a Teoria Creditícia do Dinheiro desenvolvida por Keynes submergiu nos capítulos da *Teoria Geral do Emprego, do Juro e da Moeda* que tratam das expectativas de longo prazo e do incentivo à liquidez. Aí Keynes discute as relações entre a eficiência marginal do capital e a taxa de juros, as variáveis independentes do "modelo" juntamente com a propensão a consumir. A taxa de juro está determinada pelos motivos que impulsionam a demanda por moeda: transação, precaução e, sobretudo, pelo motivo especulativo, dada a *quantidade de dinheiro*. Há que reconhecer que na Teoria Geral, Maynard, para expor a preferência pela liquidez, admitiu uma oferta exógena de moeda (dada a quantidade de dinheiro), o que permitiu a Hicks desenvolver o famigerado modelo IS-LM.

Antes deles, um pensador alemão, talvez excessivamente subversivo para ser citado no momento, sentenciou:

> o sistema de crédito torna absurda a frase segundo a qual capital nasce da poupança, pois o que o especulador espera é que outros poupem para ele (...) a outra frase, a da abstinência, recebe um bofetão na cara, pois o luxo é convertido também em

> instrumento de crédito (...) ideias que tinham alguma justificativa em fases menos desenvolvidas da produção capitalista perdem toda a razão de ser.[14]

Para aqueles que tem aversão à autores extemporâneos radicais, Claudio Borio e Piti Disyatat, em relatório do *Bank for International Settlements*, divulgado em outubro de 2015, corroboram:

> o que se perdeu na tradução entre a teoria e a observação empírica é que poupança e financiamento não são equivalentes (...). Eles são equivalentes no modelo, mas não em geral e, mais ao ponto, no mundo real (...) tais interpretações das finanças são em grande medida baseadas em livros texto sobre fundos emprestáveis (...) está é uma visão das finanças excessivamente estreita e restrita, pois ignora o papel do crédito monetário (...) poupança e financiamento não são equivalentes em geral. Em uma economia monetária, o constrangimento de recursos (real) e o constrangimento do fluxo de caixa (monetário) diferem, porque bens não são trocados por bens, mas por dinheiro ou demanda por ele (crédito). Então crédito e dívida não são realizados pela troca de recursos reais, mas por direitos financeiros sobre esses recursos.

A moeda ocupa um papel central na vida contemporânea. A natureza mercantil e capitalista das relações sociais impõe o dinheiro como elemento constitutivo da reprodução da vida material e do metabolismo econômico. A economia de mercado, ou seja, o intercâmbio generalizado de mercadorias não pode ser concebido logicamente em seu desenvolvimento sem a presença de uma forma geral do valor e da riqueza reconhecida socialmente, capaz de exprimir e realizar o valor das mercadorias "profanas" e das formas particulares de riqueza.

O aprofundamento e a difusão das relações de troca, provocados pelo processo histórico de constituição e consolidação da economia mercantil-capitalista, estimularam e foram estimulados pelo crescente (e cada vez mais intenso) processo de divisão do trabalho, de especialização

---

[14] MARX, Karl. *El Capital*. México: Fondo de Cultura Econômica, 1966.

CAPÍTULO V – AS IDEIAS DO PODER OU O PODER SEM IDEIAS?

das atividades e de ganhos de produtividade que não seriam possíveis numa economia de intercâmbio de mercadorias por mercadorias.

Economias de escambo, onde os agentes trocam entre si, diretamente, os bens que produzem, não podem se transformar numa sociedade inteiramente estruturada pelas trocas. A troca pura, sem intermediação de moeda, é limitada pela necessidade da coincidência de desejos, ou seja, não basta o interesse de um dos agentes pelo bem alheio, sendo necessário que o outro agente também deseje um bem, passível de troca, na posse do primeiro.

Essa limitação é superada somente através da existência de uma unidade de medida comum e de aceitação geral. Esse elemento dispensa a necessidade da coincidência de desejos, permitindo a dissociação das trocas em duas operações: a *venda* e a *compra* de mercadorias.

Assim nas economias de mercado, em que a produção é *diretamente* para a troca e, portanto, há generalização das relações salariais, a função primordial da moeda é de medida de valor que se realiza na prática mercantil sob a forma de unidade de conta. É desta função primordial que decorrem as demais, meio de troca, meio de pagamento e reserva de valor.

A função de meio de troca está diretamente associada à unidade de conta. Essas duas funções executam de forma reiterada os ritos do reconhecimento social que acompanham o processo de socialização dos indivíduos privados, livres e separados: primeiro, denominar cada mercadoria particular no *dinheiro ideal*, declarar sua pretensão de se transformar em dinheiro real, depois, submeter-se à aceitação dessa declaração pelo tribunal do mercado, mediante a sua transformação efetiva na forma geral do valor.

Pode-se dizer que, em sua evolução, a sociedade mercantil realizou, ao longo dos séculos, a escolha de uma mercadoria particular cuja função era exprimir o *preço* das demais, encarnando, portanto, em sua materialidade a forma geral do valor, aceita universalmente como unidade de medida, meio de troca e meio de pagamento.

A moeda exprime o valor das diferentes mercadorias e forja, ademais, um padrão convencional de mensuração de seus valores monetários (preços) que podem, assim, ser aferidos e comparados. O desenvolvimento material da economia em que a produção é diretamente para a troca torna inescapável o *batismo* monetário das mercadorias particulares. Elas não podem sair das mãos dos possuidores sob a forma natural para enfrentar a aventura do mercado.

A moeda, como forma geral do valor, como mercadoria universal, adquire autonomia em relação ao movimento das mercadorias particulares. A numeração das mercadorias na unidade de conta permite a dissociação da troca em duas operações distintas, a venda e a compra, o que enseja aos protagonistas do processo de intercâmbio generalizado a possibilidade de receber moeda em troca de determinada mercadoria ou serviço sem precisar gastá-la imediatamente na aquisição de outra mercadoria particular.

Paradoxalmente, o avanço das relações mercantis suscita, por um lado, a possibilidade de interrupção do processo de circulação de mercadorias – vender sem comprar – e a busca da acumulação de riqueza sob a forma líquida e, por outro, abre espaço para compra sem a venda, operação que explicita a função de meio de pagamento, fundamento lógico e histórico do sistema de crédito, cujo desenvolvimento ao longo dos três últimos séculos acelerou a acumulação de capital e o progresso tecnológico.

A função reserva de valor corresponde à busca de certeza nas decisões intertemporais que acompanham a preservação e a acumulação da riqueza, inexoravelmente avaliada sob forma monetária e abstrata. Outros bens ou ativos também poderiam desempenhar a função de reserva de valor, desde que não se deteriorem muito rapidamente. Contudo, a transformação de outros bens ou ativos particulares em poder de compra geral envolve custo e tempo (sua venda pode levar meses, e as condições de *liquidez* do mercado podem impor a venda com perda de capital). É nesse sentido que a moeda é o ativo de maior liquidez da economia.

Algumas mercadorias, como o gado e o sal, por exemplo, desempenharam ao longo da história a função de moeda. Muitas dessas

CAPÍTULO V – AS IDEIAS DO PODER OU O PODER SEM IDEIAS?

mercadorias assumiram funções monetárias em economias primitivas em que a troca estava restrita aos interstícios da sociedade governada pelas regras da tradição religiosa ou militar. Nestes ambientes de desenvolvimento mercantil limitado eram exatamente os bens de maior utilidade que protagonizavam as funções monetárias. Metais preciosos, como o ouro e a prata, por apresentarem os requisitos que os tornam mais adequados – como a escassa utilidade na satisfação das necessidades mais imediatas – passaram a cumprir as funções monetárias no mesmo passo em que se dava a expansão do mercado. Esses metais não são naturalmente moedas, mas suas qualidades naturais os tornaram elegíveis para desempenhar as funções monetárias exigidas nas sociedades em que o mercado passa a desempenhar um papel mais relevante na criação e distribuição da riqueza e da renda.

Mas, já na Antiguidade, os metais que circulavam como moedas estavam submetidos à sanção do Rei ou do Imperador. A cunhagem do ouro ou da prata, um procedimento jurídico-político, determinava, simultaneamente, a *conjunção* e a *distinção* entre moeda e matéria. Durante o processo histórico de transformação dos metais preciosos em moeda (especialmente o ouro e a prata), a cada fração de peso desses metais era atribuído um valor, grafado no metal cunhado. Diz Lucca Fantacci no livro *La Moneta: storia di una instituizione mancata* que o ato político-jurídico da cunhagem "transformava a unidade de medida *ideal* no meio de troca *real*, ao mesmo tempo em que dissociava o metal enquanto moeda do metal enquanto mercadoria".

O processo conjunto de expansão do comércio e de formação do Estado Moderno lançou um desafio à prerrogativa do Príncipe ou do Soberano. A partir da Revolução Comercial e do Renascimento que acompanharam o declínio do Feudalismo, a coexistência entre a vigorosa universalização mercantil e o processo de formação dos Estados Nacionais suscitou a criação de duas esferas monetárias: enquanto o ouro e a prata eram moedas-mercadoria de valor variável, mas aptas a denominar contratos e liquidar obrigações no comércio a longa distância, o poder de cunhagem dos príncipes *fixava* o valor da *moeda imaginária* no âmbito do comércio local ou nacional.

A concomitância entre a expansão do mercado mundial e a formação dos Estados Nacionais acentuou as contradições entre o poder político do príncipe – o exercício da soberania monetária em seu território – e as exigências mercantis e capitalistas de uma ordem monetária global. Entre os séculos XV e XIX, o embate prático e ideológico – desde os mercantilistas até os fundadores da moderna economia política – travou-se em torno do conflito entre a universalização da moeda a partir de seu caráter mercantil-capitalista e as limitações impostas pelo exercício da soberania.

No final do século XIX, o avanço e a metástase da Revolução Industrial para os Estados Unidos e para a Europa Continental, foram acompanhados pela constituição de um sistema financeiro global, sob a hegemonia da libra. Essas transformações da economia mercantil-capitalista "resolveram", provisoriamente, – no imaginário social e na prática dos negócios – a "contradição" a favor da concepção mercantil e metálica da moeda, com a adoção do padrão-ouro.

Ao promover a ampliação do espaço das trocas, a mercantilização geral, o padrão-ouro impôs o predomínio absoluto dos critérios de mensuração da riqueza sob a forma abstrata. Esse movimento se desenvolve, como já foi dito, nas práticas da vida material e no imaginário social dos protagonistas do processo econômico. Mas, ironicamente, a afirmação da moeda universal promove a crescente abstração de suas determinações materiais e passa a subordinar a forma material às determinações funcionais, ou seja, as moedas eram socialmente aceitas pelo valor que *diziam* portar, a quantidade de ouro que elas de fato carregavam foi se tornando indiferente, produzindo uma dissociação de seu valor do conteúdo material que a constituía.

No processo de consolidação da economia monetária, os proprietários de riqueza passaram a depositar as moedas sob a guarda de frações do estrato mercantil, em geral grandes comerciantes, que administravam formas embrionárias dos bancos modernos. Esses depósitos, motivados, em geral, por questões de segurança e comodidade, eram certificados por papéis, que atestavam a quantia depositada e o depositário onde a moeda metálica se encontrava. À medida que esses papéis foram convencionalmente

CAPÍTULO V – AS IDEIAS DO PODER OU O PODER SEM IDEIAS?

aceitos, passaram a circular com maior intensidade e substituir o uso da moeda metálica. Os metais passam então a desempenhar a função de "lastro", garantindo, mediante uma regra de conversibilidade, a natureza monetária dos bilhetes emitidos pelos depositários do metal.

Nos complexos sistemas monetários engendrados pelo processo descrito, instituições financeiras privadas são capazes de criar meios de pagamento. Os bancos comerciais recebem depósitos à vista do público. Sabedores da reduzida probabilidade de que todos venham reclamar seus depósitos ao mesmo tempo, esses bancos emprestam o dinheiro a outros agentes mediante pagamento de juros. Cada operação de crédito gera liquidez adicional para a economia. Os empréstimos criam depósitos e não o contrário, como é suposto pelo senso comum e pela visão dos economistas austríacos.

Cabe ainda chamar atenção para a existência de ativos financeiros que, por possuírem um grau de liquidez relativamente elevado, são entendidos como quase-moedas, compondo outros agregados monetários, mais amplos e menos líquidos.

Depois da decretação unilateral pelo presidente Richard Nixon da inconversibilidade do dólar em 1971, desapareceu o último vestígio da moeda-mercadoria nos sistemas monetários contemporâneos. Nas economias de hoje, a moeda está fundada exclusivamente na confiança e sua emissão depende da disposição de emprestar do sistema bancário e da demanda de crédito pelos demais agentes privados. A confiança é um fenômeno coletivo, social. Tenho confiança na moeda porque sei que o outro está disposto a aceitá-la como forma geral de existência do valor das mercadorias particulares, dos contratos e da riqueza. O metabolismo da troca, da produção, dos pagamentos, depende do grau de certeza na preservação da forma geral do valor, que deve comandar cada ato particular e contingente.

Em seu livro *La Monnaie Souveraine*, os economistas Michel Aglietta e André Orléan definem a existência de três lógicas articuladas que sustentam a reprodução da ordem monetária enquanto dimensão essencial da ordem social: a confiança hierárquica, a confiança metódica e a confiança ética.

> A confiança hierárquica se exprime sob a forma de uma instituição que anuncia as normas de utilização da moeda e que é responsável pela emissão do meio de pagamento final (...). A confiança metódica opera no âmbito da segurança das relações inter-individuais, garante a reprodução quotidiana e rotineira dos atos que constituem a ordem monetária, sobretudo os pagamentos das dívidas nascidas do seu funcionamento (...). A confiança ética diz respeito ao caráter universal dos direitos da pessoa humana.

Em última instância, a reprodução da sociedade fundada no enriquecimento privado depende da capacidade do Estado de manter a integridade da convenção social que serve de norma aos atos dos produtores independentes. A ordem monetária é indissociável da soberania do Estado, e sua sobrevivência supõe que os proprietários privados acatem a moeda com uma convenção necessária para a reiteração do processo de circulação das mercadorias, de liquidação das dívidas e avaliação da riqueza.

Keynes, seguramente o economista do último século que melhor compreendeu, em todas as suas consequências, o fenômeno monetário no capitalismo, trata de sublinhar as relações umbilicais entre a moeda e a soberania do Estado:

> A era do dinheiro sucedeu à era da troca direta logo que os homens adotaram a moeda de conta. E a idade do dinheiro – papel ou do dinheiro estatal – surgiu quando o Estado postulou o direito de declarar o que deveria funcionar como moeda de conta, quando ele se dispôs não apenas a impor o uso do dicionário, mas também a escrevê-lo.[15]

É a partir deste ato de soberania, que se tornam possíveis a denominação de contratos e a circulação dos documentos de reconhecimento de dívida. São esses reconhecimentos de dívida que, em sua evolução, passam a funcionar como dinheiro bancário. Num primeiro momento,

---

[15] KEYNES, John M. *Complete Works*. vol. 5. London: Macmillan, 1988.

CAPÍTULO V – AS IDEIAS DO PODER OU O PODER SEM IDEIAS?

os passivos privados emitidos ou reconhecidos pelos banqueiros passam a circular como dinheiro, mas quando chegam ao momento do vencimento devem ser liquidados pela presença de dinheiro estatal. Numa segunda etapa, o Estado imprime sua chancela à equiparação dos passivos bancários ao dinheiro emitido pelo Estado, que se limita a regular a circulação da dívida bancária em suas funções monetárias, estabelecendo as regras de validação e controle do dinheiro emitido privadamente pelos bancos.

Keynes conferia tamanha importância ao dinheiro na economia capitalista que a entendia como uma *economia monetária da produção*. Usava esse conceito para designar um sistema social de produção em que o objetivo dos produtores é a acumulação de riqueza sob a forma monetária e não a maximização do produto material, mediante a utilização de recursos escassos. Nos trabalhos preparatórios da Teoria Geral, Keynes procurou, de forma clara, estabelecer a distinção entre uma "economia de troca real" e uma economia empresarial:

> A teoria clássica supõe que a disposição do empresário para iniciar a produção vai depender do volume de produto que ele espera receber (...). Mas numa economia empresarial, esta é uma análise errada acerca da natureza do cálculo dos negócios. O empresário está interessado não no volume do produto, mas no volume de dinheiro que espera receber. Ele vai aumentar a produção somente se anteciper um aumento do lucro monetário, mesmo que esse lucro represente um volume inferior de produto.

Na perspectiva keynesiana, o entendimento das economias monetárias implica na análise dos problemas relacionados à reprodução conjunta das três funções do dinheiro – unidade de conta, meio de troca e de pagamento e reserva de valor. Com esse procedimento, ele pretende desvelar o caráter contraditório dessa reprodução, na medida em que, nestas economias mercantis capitalistas, o dinheiro é, simultaneamente, um bem público e um instrumento de enriquecimento privado.

Enquanto "bem público", referência para os atos de produção e intercâmbio de mercadorias, bem como para a avaliação da riqueza, o dinheiro deve estar sujeito a normas de emissão, circulação e destruição que garantam a reafirmação de sua universalidade como padrão de preços, meio de circulação e reserva de valor.

Para reafirmar continuamente a sua universalidade e a unidade das três funções, o dinheiro não pode ser produzido privadamente, nem qualquer decisão privada pode substituí-lo por outro ativo. Ou seja, numa economia mercantil capitalista nenhum agente privado deveria ter a faculdade de comprar mercadorias, pagar suas dívidas ou avaliar seu patrimônio com moeda de sua própria emissão. Isto significa que as expectativas de receita, os cálculos de custos e preços, os direitos aos rendimentos do trabalho e dos ativos instrumentais, o valor das dívidas e a avaliação do estoque de riqueza real e financeira são "declarações" ideais de quanto pretendem valer, em termos do "equivalente geral".

A ordem monetária é um organismo em perpétua transformação, sob a ação dos agentes privados que tratam de romper as regras existentes mediante a inovação financeira. Assim, as mercadorias profanas e os ativos de emissão privada são candidatos permanentes a encarnar esta forma geral. A instituição responsável pela gestão monetária está encarregada de repelir tal alvedrio, reafirmando a vigência das normas que garantem a soberania do representante da riqueza universal.

A produção de mercadorias e a negociação de ativos são apostas, em condições de incerteza, na possibilidade das formas particulares de riqueza preservarem, no momento da conversão, seus valores "declarados" em dinheiro. A confiança dos apostadores está alicerçada na suposição de que serão respeitadas as regras que garantem a "credibilidade" do padrão monetário. Isto significa, fundamentalmente, imaginar que a instituição encarregada de garantir a confiança hierárquica, a soberania da moeda, seja capaz de estabelecer limites adequados – bastante variáveis ao longo da história recente – às pretensões de refinanciamento das posições devedoras que sustentam a posse de mercadorias rejeitadas pelo mercado ou de ativos "desvalorizados" ou ilíquidos.

Na economia monetária da produção em que prevalecem a divisão do trabalho, a propriedade privada dos meios de produção e o trabalho

CAPÍTULO V – AS IDEIAS DO PODER OU O PODER SEM IDEIAS?

livre, a pretensão do enriquecimento só pode ser exercida sob a forma de um conjunto de *direitos* sobre o valor *a ser criado* pelo esforço coletivo dos produtores diretos. Os direitos sobre esse valor a ser criado não têm outra forma de existência senão a monetária.

A economia capitalista é então uma forma de sociedade na qual o objetivo da produção continua sendo a troca, mas, em contraposição a uma simples economia de mercado (mercantil) onde a troca é o caminho obrigatório para o consumo, na economia capitalista vender é a obrigatoriedade para a acumulação monetária.

O surgimento do capital, a partir das determinações mais gerais do valor de troca e do dinheiro subverte as relações da sociedade. O processo de trabalho é transformado desde suas entranhas para atender ao aparecimento do valor como algo que se pretende absoluto, no sentido que sua expansão quantitativa torna-se o único objetivo da produção social.

Trata-se da lei interna de um regime de produção que não está ligado a limitações predeterminadas e predeterminantes das necessidades, senão unicamente às necessidades de autovalorização do capital. O objetivo da produção nesta economia não é satisfazer necessidades sociais. Estas só são atendidas mediante a acumulação de riqueza monetária.

Para que o detentor do capital siga investindo, seja através da aquisição de meios de produção ou concessão de crédito, é necessário que o mercado realize as expectativas de valorização do capital construídas no âmbito dos mercados de negociação de ativos. São as especulações sobre esta conjuntura futura que definirão a decisão do investimento. A própria decisão de investir determinará a demanda por meios de produção (máquinas, equipamentos, mão de obra, matéria-prima, e outras) e, portanto, o valor monetário do produto, assim como os níveis de renda e emprego da sociedade.

Economistas defuntos e heréticos, John Maynard Keynes, Joseph Schumpeter e Hyman Minsky também dissentiam dos que acreditavam que o investimento dependia da poupança. O descrédito não se limitava a recusar o axioma clássico, neoclássico ou austríaco que afirma a poupança prévia como condição para "financiar" o investimento.

Para os heréticos supracitados, a anterioridade da poupança é uma sobrevivência da economia natural. Na concepção austríaca, a taxa de juro é a recompensa da espera (renúncia ao consumo presente) e o dinheiro funciona apenas como unidade de conta e meio de circulação e não como a forma geral da riqueza, conceito sem o qual não se compreende a natureza do processo de produção capitalista. Nele o dinheiro é pressuposto inescapável da compra dos meios de produção e da força de trabalho e finalidade incontornável do que foi produzido.

Na Economia Monetária da Produção, a origem do processo de criação de valor incorporado nos bens é o gasto financiado pela disponibilidade de recursos líquidos sob o controle do sistema de crédito. Ao adiantar recursos líquidos para os empreendimentos, o sistema de crédito torna possível não só o financiamento da produção corrente, mas, sobretudo, adianta recursos monetários para a criação de novas empresas ou adições à capacidade produtiva.

As decisões de produção na economia monetária suscitam a demanda de moeda para transações e para o financiamento do investimento (*finance*). Essa demanda que pode ser satisfeita pela "criação" de liquidez pelos bancos, atendida pelos saldos monetários inativos dos próprios possuidores de riqueza ou alcançada pela colocação no mercado de títulos de dívida ou de direitos de propriedade. Ao financiar o gasto, os adiantamentos de liquidez movem a circulação monetária e fazem crescer os depósitos dos bancos e as reservas bancárias, ao mesmo tempo em que impulsionam o aumento do emprego, da renda e, portanto, determinam variações no "estoque" de poupança agregada.

Operando num regime de reservas fracionárias e, sobretudo, sob a proteção de uma instituição central provedora de liquidez e redutora de riscos, os bancos desfrutam de uma condição peculiar: a prerrogativa de multiplicar depósitos, isto é, passivos bancários que são aceitos como meios de pagamento. Estes depósitos podem ser movimentados por seus titulares com o propósito de adquirir bens e serviços ou de liquidar contratos.

CAPÍTULO V – AS IDEIAS DO PODER OU O PODER SEM IDEIAS?

A economia monetária em que prevalecem as relações de débito e crédito pode ser concebida como um grande painel de balanços inter-relacionados. Por esta razão as avaliações dos mercados se debruçam sobre as congruências ou afastamentos entre as projeções estipuladas nos orçamentos e os resultados registrados nos balanços dos bancos, empresas, governos e famílias. Os balanços devem atestar se a acumulação de passivos (dívidas e compromissos salariais) é compatível com a realização do valor esperado dos ativos, ou seja, se ocorreu a validação social dos ativos particulares na forma geral da riqueza.

As decisões privadas de gasto apoiadas no adiantamento de liquidez são as variáveis independentes. A disposição de bancos e empresas de abrir mão da liquidez promove a geração do fluxo de renda agregada da economia. Sobre a renda já criada (salários, lucros e demais rendimentos) incidem as decisões de poupar que modificam a distribuição dos estoques de direitos sobre a riqueza e, portanto, a situação patrimonial dos protagonistas. Os fluxos de lucros, salários e receitas fiscais produzidos no processo de criação de valor engendram as poupanças que vão constituir o "estoque" de poupança agregada.

O ponto crucial para Keynes diz respeito aos requisitos para a concretização do investimento, o verdadeiro ato de criação de nova riqueza. A decisão de investir é uma decisão complexa porque requer a apreciação das várias dimensões da riqueza nova que se imagina criar. Tratando-se de um capital real (instrumental), a nova riqueza é materialmente definida, ou seja, serve ("facilita", segundo a expressão utilizada por Keynes) à produção de determinado bem (ou bens). O desejo de criá-la não é, por isso, um desejo abstrato de "possuir mais riqueza", como no ato de poupar. O desejo de riqueza, neste caso, está relacionado com a posse e utilização de um ativo especializado cuja avaliação depende de: 1) sua capacidade de sobreviver à concorrência e à substituição tecnológica; 2) da demanda esperada pelo bem ou bens em cuja produção pode "servir"; 3) dos custos de produção e oferta projetados.

No capitalismo, a posse de ativos instrumentais exige, além da amortização de seu próprio custo de reprodução, a geração de excedente de valor ao proprietário. Esse é o conceito de eficácia marginal do capital.

Isto impõe aos proprietários privados das formas particulares e especializadas da riqueza a dura e penosa obrigação de submeter seus haveres ao tribunal dos mercados de riqueza, ou seja, à avaliação e reavaliação de seus rendimentos *vis-à-vis* com os rendimentos dos demais ativos, aí incluído o dinheiro, ativo dotado do prêmio de liquidez.

A taxa de juros desconta – traz para o presente – o valor da capacidade estimada do fluxo líquido de ganhos futuros dos ativos instrumentais e financeiros. Trata-se de converter, em cada momento, o fluxo de receitas futuras proporcionado pela posse do ativo no seu valor presente, ou seja, na única expressão admissível da riqueza capitalista, a forma monetária.

Descontada a taxa de juros sobre o resultado (receitas menos despesas) de cada unidade de tempo futura para o momento inicial (valor presente), teremos a equivalência dos dois valores (investimento e resultado). É nesse sentido que a taxa de desconto faz com que os desembolsos menos os resultados sejam igual a zero em valor presente, pois como a rentabilidade decorre desta taxa de juros que premia a renuncia à liquidez, descontá-la é subtrair do resultado a rentabilidade sobre o valor desembolsado.

A decisão de investir e renunciar à liquidez depende das expectativas de retorno e risco do projeto, comparativamente aos demais ativos da economia, por meio de critérios de avaliação e expectativa da eficiência do capital:

> (...) A relação entre a renda esperada de um bem de capital e seu preço de oferta ou custo de reposição, isto é, a relação entre a renda esperada de uma unidade adicional daquele tipo de capital e seu custo de produção, dá-nos a eficiência marginal do capital desse tipo. Mais precisamente, defino a eficiência marginal do capital como sendo a taxa de desconto que tornaria o valor presente do fluxo de anuidades das rendas esperadas desse capital, durante toda a sua existência, exatamente igual ao seu preço de oferta. Isto nos dá as eficiências marginais dos diferentes tipos de bens de capital.[16]

---

[16] KEYNES, John M. *A Teoria Geral do Emprego do Juro e da Moeda*. São Paulo: Nova Cultural, 1996.

CAPÍTULO V – AS IDEIAS DO PODER OU O PODER SEM IDEIAS?

Não por acaso Keynes, o grande teórico da Economia Monetária da Produção, definiu a taxa de juro como o "preço" de se desprender agora da liquidez (o "poder aquisitivo geral") para investir esse dinheiro em um ativo instrumental ou financeiro e reavê-lo em data futura. A taxa de juros exprime, portanto, a maior ou menor preferência do "público" pela posse, agora, da forma universal da riqueza.

No âmbito da economia doméstica, o ato individual de poupar a partir de uma renda já criada é pré-condição para a acumulação de riqueza. Na esfera macroeconômica, para o conjunto da economia, a formação da renda (e a posterior decisão de poupar) depende do ânimo de gastar dos empresários, sancionado pela disposição do sistema de crédito em abrir mão da liquidez.

O fato de uma classe social monopolizar os meios de produção e controlar o crédito lhe confere o poder de determinar a renda desta sociedade. Portanto, para que as necessidades pessoais e coletivas sejam satisfeitas é necessário que os agentes detentores dos meios de produção e crédito gerem mais dinheiro do que o invertido inicialmente. O destino desta economia depende da decisão de gastar, investir e se endividar dos capitalistas. A complexidade reside no fato desta decisão nem sempre se dar de forma a gerar a melhor renda e emprego para a sociedade.

Este conceito foi sintetizado na formulação de Michal Kalecki: "os trabalhadores gastam o que ganham; os capitalistas ganham o que gastam", ao abordar o que definiu como o principal problema de uma economia capitalista, a adequação da demanda efetiva: "o problema da subutilização de recursos é, em certo sentido, inerente a uma economia capitalista desenvolvida e, pelo menos potencialmente, pode surgir a qualquer momento".

Dado que o sentido da produção social em uma economia capitalista é a acumulação de riqueza monetária, o dinheiro funciona como estímulo e como obstáculo, pois os capitalistas podem preferir se refugiar na riqueza já acumulada, evitando o risco da iliquidez.

Bancos e empresas podem considerar que, frente à incerteza que eles têm diante de si, é preferível se refugiar na liquidez, no amor ao dinheiro, contraindo assim gastos e gerando desemprego e desocupação da capacidade instalada.

Dadas essas características, esse sistema é inerentemente instável, não possuindo nenhuma tendência "natural" ao equilíbrio ou autorregeneração. Portanto, é importante que o Estado socialize os investimentos e que o Banco Central atue não permitindo que renda e emprego despenquem.

Investimentos no mercado secundário, sobre a forma de ações (bolsa de valores), aumentam o preço dos títulos, valorizam as ações, aumentam a liquidez e podem estimular uma empresa a tomar crédito, mas essa possibilidade estará sempre condicionada às expectativas dos capitalistas.

A poupança, o ato de não gastar, é o ato negativo nesta economia. Por isso a poupança macroeconômica não pode jamais preceder o investimento. Pois se todos os agentes decidirem poupar, a contração no gasto resultará em depressão na renda. A poupança é uma demanda por ativos, um desejo abstrato de riqueza, importante porque o investimento gera renda e o aumento da renda favorece a poupança, funcionando como um estabilizador do sistema, fechando o circuito, mas investir é a decisão crucial.

A estabilidade da economia monetária depende, portanto, das complexas relações entre os fundos coletivos administrados pelos comitês privados de avaliação do crédito e da riqueza mobiliária e a capacidade do Estado, mediante as decisões do Banco Central, de orientar as expectativas dos agentes privados empenhados na liça da acumulação de riqueza abstrata.

Esses trabalhos do Estado são executados pela política monetária do Banco Central em conjunto com a gestão da dívida pública pelo Tesouro. No regime de moeda denominada pelo Estado e emitida pelo sistema bancário, a estabilidade da economia não pode ser garantida, como imaginam os partidários da desregulamentação máxima pelos critérios privados, como o demonstra à saciedade a experiência histórica dos sistemas bancários desregulamentados e, na prática, desprovidos de autoridade central pública.

CAPÍTULO V – AS IDEIAS DO PODER OU O PODER SEM IDEIAS?

A crise de 2008 desvelou as relações entre o dinheiro, as finanças públicas e os mercados financeiros privados no capitalismo contemporâneo. O moderno sistema de crédito – aí incluído o Banco Central – opera como o espaço em que se explicita a natureza ambígua do dinheiro na economia capitalista: bem público, ou seja, forma social da riqueza e objeto do enriquecimento privado. Os bancos (e, hoje, os demais intermediários financeiros que se abastecem nos mercados monetários) são provedores da infraestrutura do mercado, na medida em que definem as normas de acesso à liquidez, ao crédito e administram o sistema de pagamentos. Tais normas impõem constrangimentos às condições de produção e de concorrência das empresas. Gestores público-privados da forma geral da riqueza, os bancos cuidam de administrar o estado da liquidez e do crédito de acordo com a maior ou menor confiança na possibilidade das empresas e dos governos de controlarem seus balanços.

A propriedade, agora socializada pelo controle do capital líquido (pelos bancos e pela massa de poupadores), reclama a presença de um ente público capaz de garantir, em última instância, as condições monetárias adequadas à reprodução do capital. O Banco Central assume a função de coordenador das expectativas privadas que governam as decisões sobre a posse da riqueza.

O sistema bancário deve assumir as funções e administrar simultaneamente os dois riscos inerentes à economia monetária, o de liquidez e o de pagamento. O sistema bancário, incluído o Banco Central, deve respeitar as regras "convencionadas" que o obrigam a funcionar como redutor de riscos e de incerteza e como gestor dos limites impostos aos produtores e detentores privados de riqueza, enquanto candidatos a acumular riqueza universal.

Por isso, num regime de moeda fiduciária a prerrogativa de criação de moeda pelos bancos privados está subordinada às regras de capitalização e precaucionais impostas pelas autoridades reguladoras. As exigências de garantias para a "criação" das moedas bancárias (de emissão "privada", mas de aceitação geral) revela o duplo caráter dos bancos na economia capitalista: 1) empresas privadas que visam maximizar a rentabilidade de seu capital num ambiente de concorrência; 2) instituições responsáveis pela gestão da moeda como "bem público" e pela fluidez do sistema de pagamentos.

Nos últimos anos a "endogeneização" da criação monetária mediante a expansão do crédito chegou à perfeição. Os bancos comerciais criam moeda ao criar depósitos com os empréstimos para seus clientes-devedores. Na evolução recente do sistema financeiro, os bancos-sombra passaram a "criar meios de pagamento" ao mobilizar os depósitos remunerados de "resgate automático" abrigados nos *money markets funds*.

Esses fenômenos correspondem ao "controle privado da riqueza social", fenômeno que se realiza no movimento de expansão do sistema capitalista.

Eliminada a separação de funções entre os bancos comerciais, de investimento, seguradoras e associações encarregadas dos empréstimos hipotecários, os grandes conglomerados financeiros buscaram escapar das regras prudenciais, promovendo o processo de originar e distribuir, impulsionando a securitização dos créditos e a alavancagem das posições financiada nos mercados monetários.

Os modelos dinâmicos estocásticos de equilíbrio geral (DSGE) deixaram escapar, sob sua dinâmica sem movimento, o ronco rouco das transformações e os ruídos que anunciavam a crise financeira e de crédito. Encantados com a fábula da otimização intertemporal do agente representativo, os modelos não contemplam a diversidade de protagonistas envolvidos na dura concorrência pelo dinheiro como objeto dos negócios e nem o crédito e a finança como instrumentos e formas da acumulação de capital. Enquanto falam das virtudes dos mercados, os negócios do capitalismo realizam suas proezas, entre vigores e sobressaltos.

A função reserva de valor do dinheiro é sobremaneira incômoda e intratável nos modelos de equilíbrio. A eliminação desse incômodo personagem permite às hipóteses "predominantes" ignorar os movimentos extremos de preços dos ativos impulsionados pela excessiva elasticidade do sistema de crédito. Nos modelos estocásticos gaussianos esses

CAPÍTULO V – AS IDEIAS DO PODER OU O PODER SEM IDEIAS?

episódios estariam na cauda da distribuição de probabilidades. Os chamados "eventos de cauda" – como, por exemplo, a valorização (e o colapso) dos preços dos ativos lastreados em hipotecas (*asset backed securities*) – não podem ser considerados versões ampliadas das pequenas flutuações. Isto porque os episódios de euforia contagiosa deformam a própria distribuição de probabilidades.

Quando a euforia alavancada se transmuta no medo e na incerteza, os agentes racionais se transformam num tropel de búfalos enfurecidos na busca da "liquidez". Assassinada pelos modelos, a realidade do dinheiro faz aparições no mundo abstrato da racionalidade e do equilíbrio, como o fantasma de Banquo assombrava Macbeth.

A mediação esperada das autoridades monetárias é não permitir níveis de alavancagem temerários à estabilidade do sistema financeiro, mas inibir a elevação da preferência da liquidez em patamares que inviabilizem o pleno emprego. A poupança desempenha o fundamental papel estabilizador de fechar o circuito e conferir lastro à alavancagem, mas a decisão de investir é a decisão crucial, que será tomada em função da expectativa de demanda.

CAPÍTULO VI
O BRASIL E A FORÇA DO *SOFT POWER*

O exuberante ciclo global que solidarizou o consumo dos ricos americanos e europeus à escalada de investimento dos pobres chineses e de outros asiáticos teve seu papel na continuada bonança que, entre 2004 e 2010, bafejou a economia brasileira.

A despeito do maltrato infligido à competitividade nativa pela valorização cambial, especialmente à manufatura, o choque positivo de demanda global puxou nossas exportações pelos cabelos.

Depois da bonança, os cúmulos-nimbos da tempestade se juntaram no horizonte de Pindorama. O consumo de duráveis ainda mantinha trajetória positiva, mas a derivada-segunda emitia sinais de esgotamento desse componente da demanda: a antecipação do consumo via crédito, como soe acontecer, acarretou a sobrecarga dos compromissos do pagamento com juros e amortizações na renda disponível das famílias. Também os acréscimos de renda agregada decorrentes dos reajustes do salário mínimo e dos novos empregos formais perdeu força.

Desde 2012 a economia brasileira vinha resfolegando tal como uma locomotiva a vapor com a caldeira furada. A diminuição da pressão não impedia, no entanto, que os vapores do consumo continuassem a empurrar o comboio para frente. Cada vez mais débeis, os assopros do consumo não reagiram aos estímulos dos novos combustíveis fiscais e monetários injetados na ineficiente caldeira.

Analogias ferroviárias à parte, não há como desconsiderar as hesitações, entre 2012 e 2014, na definição dos novos projetos de infraestrutura e a penalização da Petrobrás, afetada por uma despropositada contenção dos preços dos combustíveis.

Como um pugilista grogue no encerramento de um *round* desfavorável, a economia brasileira foi para o banquinho do *corner*. Ao invés de aliviar suas dores, o treinador lhe desferiu um choque de juros e cortes desordenados dos gastos de investimento na ponta do queixo. Ao receber novos golpes da Operação Lava Jato, nosso pugilista foi a *knock down*. Isso tudo com o propósito de restaurar a confiança do infeliz em suas forças.

A despeito das expectativas acerca das expectativas racionais, o "ajuste" de 2015 ao invés de convencer o "mercado" das virtudes da austeridade monetária e fiscal, proporcionou um aprofundamento dos flagelos que se desejava combater: inflação, recessão e déficits públicos.

Partindo das condições estáticas de equilíbrio (disfarçadas de dinâmica estocástica), os modelos de expectativas racionais desconsideram a dinâmica concreta da economia monetária da produção. Na hipótese keynesiana, as antecipações que sustentam as decisões dos empresários a respeito dos rendimentos do seu estoque de capital existente, ou do investimento em nova capacidade, são tomadas em condições de incerteza radical. Seria um prodígio da confiança antecipar um "reequilíbrio" das condições de crescimento depois de um choque de preços dos insumos universais, choque de juros e contração dos gastos públicos.

Embuçados nas máscaras da boa ciência, os sabichões atribuem a crise ao abandono do sagrado tripé e à adoção da nova matriz macroeconômica. Seria uma fraude intelectual, se lhes sobrasse inteligência para tanto. Os arquitetos da desgraça são adoradores da "velha meretriz macroeconômica", cujo culto levou o mundo à tragédia financeira de 2008, ainda não debelada.

CAPÍTULO VI – O BRASIL E A FORÇA DO *SOFT POWER*

Aprisionada no rentismo herdado da indexação inflacionária, a grana nervosa "aplaca suas inquietações" – diria Maynard Keynes – no aluguel diário dos títulos públicos remunerados à taxa Selic.

Os sacerdotes da Razão Instrumental exprobam os hereges que apontam as conexões entre a queda do PIB, a derrocada fiscal e a Selic, e absolvem o choque de tarifas e o câmbio pelos impactos na inflação. Valem-se da pertinente e necessária demanda por equilíbrio entre receitas e despesas públicas, para incriminar aposentados, trabalhadores e mães do Bolsa Família pelo "ataque" ao orçamento público.

"Precisamos nos apressar", alertam os Cavaleiros do Apocalipse, "sem a elevação nas taxas de juros, redução do salário real, cortes na rede de proteção social, mortes nos hospitais, sofreremos um revés nos avanços de distribuição de renda dos últimos anos". O governo se prostra diante do cantochão da mídia.

Ante ao presente ambiente, vislumbramos a necessidade de uma nova abordagem ao debate econômico, inspirada no Manifesto Surrealista de André Breton. Disse Breton, há mais de 90 anos: "o positivismo, desde Santo Tomás a Anatole France, me parece hostil a todo tipo de elevação moral e intelectual. Tenho horror por considerá-lo resultado da mediocridade, do ódio e de vazios sentimentos de autossuficiência. Esta atitude engendrou livros ridículos e obras teatrais insultantes. Se alimenta incessantemente de notícias jornalísticas, atraiçoa a ciência e a arte, ao agrilhoar o público a seus gostos mais rasteiros".

AS NOTÍCIAS DO MERCADO OU MERCADO DAS NOTÍCIAS

O percuciente documentário de Jorge Furtado, O Mercado de Notícias (2014), desvenda as técnicas das empresas produtoras de notícias na imprensa brasileira, por meio de depoimentos espantosamente sinceros de jornalistas dos principais veículos da imprensa nacional. Seu título deriva da peça de Ben Johnson, qual o documentário se baseia.

Para a economia, o título sugere a inversão reveladora da expressão notícias de mercado, remetendo à passagem de Machado de Assis sobre as dificuldades em compreender o que dizem os economistas:

> Há sempre três ou quatro pessoas (principalmente agora) que tratam de cousas financeiras e econômicas, e das causas das cousas, com tal ardor e autoridade que me oprimem. É então, que leio algum jornal, se o levo, ou rôo as unhas – vício indispensável, mas antes vicioso que ignorante. Quando não tenho jornal, nem unhas, atiro-me às tabuletas. Miro ostensivamente as tabuletas, como quem estuda o comércio e a indústria (...). Foi assim que, um dia, há anos, não me lembro em que loja, nem em que rua, achei uma tabuleta que dizia: Ao Planeta do Destino. Intencionalmente obscuro, este título era a nova edição da esfinge. Pensei nele, estudei-o, e não podia dar com o sentido, até que me lembrou virá-lo do avesso: Ao Destino do Planeta. Vi logo que, assim virado, tinha mais senso, porque, em suma, pode-se admitir um destino ao planeta em que pisamos. Talvez a ciência econômica e financeira seja isso mesmo, o avesso do que dizem os discutidores de bonds. Quando fiz essa reflexão exultei. Grande consolação é persuadir-se um homem de que os outros são asnos.[17]

Ocupa espaço predominante das colunas dos "discutidores de bonds" a imperatividade da elevação da taxa de juros básica da economia, como forma de contenção do processo inflacionário que estaria prestes a fugir do controle no Brasil.

Os mecanismos pelo qual essas taxas (juros e inflação) se relacionam muitas vezes são apresentados de forma complexa, por meio de explicações sobre o engenhoso efeito do programa de metas de inflação em agentes econômicos que trabalham com expectativas racionais. Se os meandros podem se revestir de uma tecnicidade intricada ao leitor, a relação causa e efeito é estabelecida com clareza: mais juros = menos inflação.

É claro que todos queremos menos inflação, essa representa redução no poder aquisitivo, ou seja, quando vamos aos mercados nossos salários podem adquirir menos coisas, pois as mercadorias estão mais caras (ou seria o nosso salário que se desvalorizou?).

---

[17] MACHADO DE ASSIS. *Obras completas*. vol. 3. São Paulo: Nova Aguilar, 2015.

CAPÍTULO VI – O BRASIL E A FORÇA DO *SOFT POWER*

Juros e inflação são dois lados de uma mesma moeda. Ambos representam a direção e velocidade com que o valor da moeda se move ao longo do tempo. Se o dinheiro se desvaloriza frente aos ativos reais (mercadorias) temos inflação, pois precisamos dar mais dinheiro em troca da mesma quantidade de mercadorias que podíamos adquirir anteriormente.

A taxa de juros é o "preço" que concilia a vontade de manter riqueza sob a forma líquida com a demanda por ativos menos líquidos (reais ou financeiros). Ela representa a valorização do dinheiro ao longo do tempo, como prêmio a um período de renúncia, indisponibilidade temporária da liquidez.

Aqueles que detêm riqueza sobre a forma líquida podem cobrar o "aluguel" desse dinheiro, sobre a forma de juros, daqueles que não detêm, mas necessitam hoje adquirir bens de consumo ou produção. Essa aquisição é viabilizada pelo crédito que empenhará a renda futura dos devedores de forma a remunerar o valor do bem adquirido, acrescido de um prêmio ao credor que "alugou" a sua liquidez em troca de juros.

Taxas de juros mais altas restringem, portanto, o acesso a bens de consumo e de produção, pois encarecem o crédito que viabiliza o acesso ao dinheiro necessário à sua aquisição, tendo com resultado uma redução na demanda. É de se esperar que com o arrefecimento da demanda os preços das mercadorias venham a cair, contendo o processo inflacionário, pois todos fomos expostos à inexorável sabedoria da "lei" da oferta e da procura: se a demanda cai os preços caem, se a demanda sobe os preços sobem.

Está claro, portanto, como a elevação das taxas de juros contém a elevação dos preços (inflação) decorrente de uma alta na demanda. Mas, ainda assim, não causa estranheza ao leitor que, ao longo de 2015, a outra parte do caderno de economia do seu jornal, aquela que não fala sobre a inevitabilidade da elevação nas taxas de juros, se dedique a expor a crise e o desaquecimento da economia, materializado justamente na queda da demanda.

Como é possível conciliar a lógica, a recomendação de uma política monetária que se dedica a arrefecer a demanda de forma a conter a inflação, e a constatação de que a economia brasileira e, portanto, o consumo de bens de produção e consumo, está encolhendo (recessão)?

O estabelecimento automático de uma relação causal determinística entre inflação e "excesso de demanda" (sempre!), faz paralelo ao diagnóstico de virose com recomendação de analgésico, antitérmico e anti-inflamatório de alguns plantonistas de pronto-socorro.

Ante as inevitáveis evidências de que a economia brasileira não passa por um cenário de "excesso" de demanda, não caberia uma investigação se o processo inflacionário teria outra causa?

É raro que o leitor não tenha ainda se deparado com o comentário de que os produtos e serviços com preços administrados são aqueles que sofreram a maior alta em 2015. Se enquadram nesta categoria o preço da energia, da gasolina e dos transportes. Muitos estavam represados, com defasagem acumulada, e sofreram uma correção monetária concentrada neste ano.

Se esse é o caso, a elevação nas taxas de juros tem pouca capacidade de provocar uma reversão na tendência de evolução desses preços. A tentativa de reduzir a demanda e os preços das demais mercadorias da economia, compensatoriamente dentro da composição dos índices de inflação, só é possível a um custo social e econômico muito elevado. A queda nos preços dos alimentos em função da redução da demanda pode se revestir de um vocabulário técnico financeiro elegante, mas em português claro significa que as pessoas estão consumindo menos alimento (comendo menos ou pior).

Como energia, gasolina e transporte não são mercadorias compradas a prazo pelas famílias, sua demanda só se arrefece em caso de queda do nível de atividade e produção das empresas, portanto, consumindo menos desses produtos, o que endereça o ônus do ajuste aos mesmos lombos, redução da produção nas empresas é sinônimo de desemprego.

CAPÍTULO VI – O BRASIL E A FORÇA DO *SOFT POWER*

Complementarmente às colunas econômicas, temos os comentaristas políticos que alertam sob a urgência da implantação dessas medidas de forma a evitar a *cubanização* ou *venezualização* (esses neologismos são sinônimos no vocabulário jornalístico atual) do Brasil.

Cabe o aviso aos viajantes com destino a Miami: se você é um recém ingresso à chamada nova classe média e como tal, apesar de adepto de discursos pró-rentista, ainda depende da venda de sua força de trabalho para obter sua subsistência, poderá encontrar emprego no mercado de trabalho estadunidense, afinal os estudos indicam maior capacidade de adaptação do "capital humano" imigrante à precarização. Já você brasileiro cliente dos segmentos exclusivos do sistema financeiro nacional, com elevada preferência pela liquidez e acostumado a altas taxas de juros para ativos de baixíssimo risco, saiba que sua vida no país do capitalismo e do *self-made man* será mais difícil.

Isso porque naquela economia os ativos apresentam uma relação proporcional entre prêmio e risco (renuncia à liquidez). As taxas de juros são estabelecidas em patamares para desincentivar o entesouramento e encorajar o empreendedorismo, seja como empresário ou por meio do mercado de ações, que amplia a liquidez das empresas, mas, em decorrência da dominação financeira, não tem se revertido em investimentos que elevam a produção, emprego e renda.

Ao analisarmos uma série histórica da evolução daquilo que os economistas chamam de prêmio de risco do mercado, a remuneração adicional (*spread*) que a bolsa de valores deve apresentar em relação aos títulos públicos, vemos que o Brasil, em oposição aos EUA, estabelece sua taxa de juros em um patamar que incentiva a posição de entesouramento.

Comparativo Rentabilidade Internacional

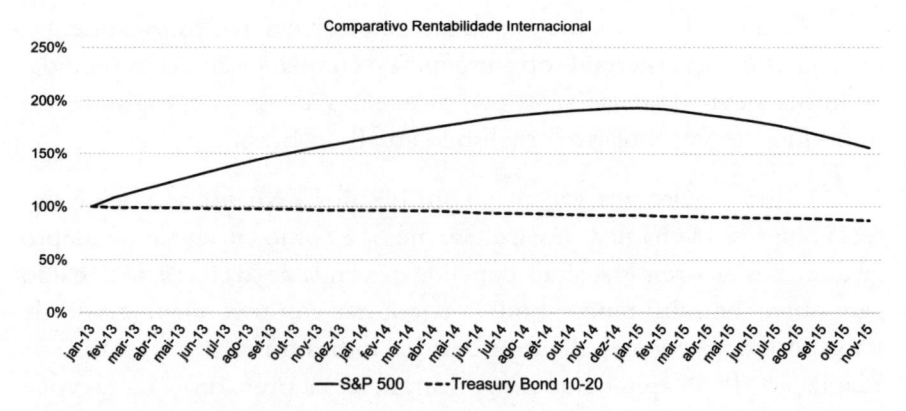

Fonte: Elaboração própria com dados do Standard & Poors.

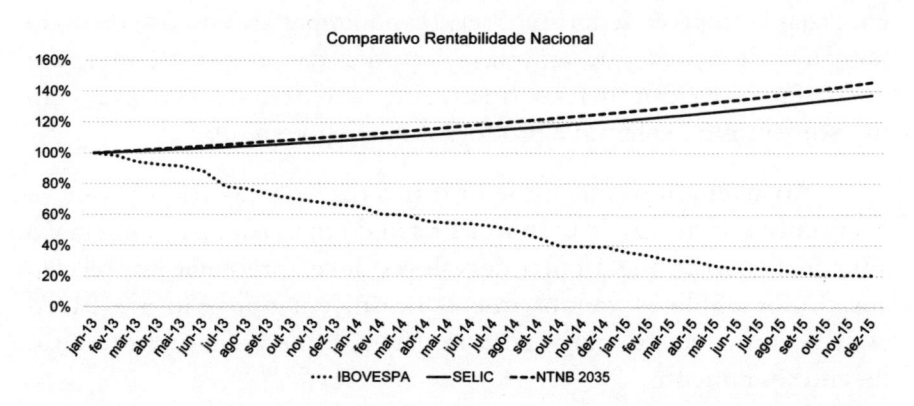

Comparativo Rentabilidade Nacional

Fonte: Elaboração própria com dados da Bovespa; Banco Central; Secretaria do Tesouro Nacional.

CAPÍTULO VI – O BRASIL E A FORÇA DO *SOFT POWER*

Preventivamente, cabe o alerta aos que concluírem que o problema é o Ibovespa que tem "andado de lado" nos últimos 10 anos. Esse resultado, pelos motivos já expostos, é diretamente afetado pela taxa básica de juros da economia, uma vez que só são atrativos os ativos que apresentem um prêmio superior a essa taxa.

Apesar de simples e presente no discurso de vários economistas relevantes (nacionais e estrangeiros), as ideias aqui expostas raramente são encontradas nos cadernos de economia. As lógicas que fazem com que certas ideias sejam melhor ou pior cotadas no mercado de notícias são conhecidas, mas também pouco divulgadas. A iniciativa de Jorge Furtado e a honestidade dos depoimentos da maioria dos jornalistas são louváveis e fundamentais à plena compreensão da democracia brasileira.

A acanhada publicidade conferida à influência da dominação financeira e, por consequência, dos juros para os destinos da economia brasileira justifica esforços compensatórios.

DOMINAÇÃO FINANCEIRA, CÂMBIO E INDÚSTRIA

Na etapa atual da Grande Estagnação, o Brasil, com suas taxas de juros, desempenha a honrosa função de tesouraria das empresas transnacionais sediadas no país, travestindo o investimento em renda fixa com a fantasia do investimento direto. Trata-se, na verdade, de arbitragem: as subsidiárias, beneficiadas com os juros dos países receptores, contraem dívidas junto às matrizes, aborrecidas com os juros dos países centrais. Os diferenciais de taxa de juros e flutuações do valor das moedas anabolizam o rendimento das empresas transnacionais sediadas no país de moeda não conversível.

Essa arbitragem altamente rentável e relativamente segura conta com a participação dos nativos "desanimados". Juntos, engordam o extraordinário volume de "operações compromissadas" – o giro de curtíssimo prazo dos recursos líquidos de empresas e famílias abastadas.

Em texto publicado em outubro de 2015, o *Bank for International Settlements* cita o Brasil desde 2009 como exemplo. As "distorções domésticas" – taxas de juros muito elevadas – incitam os investidores estrangeiros a assumirem posições, em particular no curto prazo, acarretando apreciação e volatilidade cambial.

Neste caso, pode haver uma correlação positiva entre fluxos de curto prazo e valorização do câmbio, mas a causa final será um terceiro fator: a distorção em rendimentos domésticos.

No Brasil, a dívida em dólares não só é carregada a juros pífios, especialmente se comparados às taxas domésticas, como a valorização do real frente ao dólar se encarregava de depreciar o serviço e estoque da dívida em moeda local.

Em um exemplo simplificado, a captação de US$ 100 mil no mercado internacional à taxa de 1% ao ano gera o compromisso de pagamento de US$ 101 mil. Ao câmbio de US$ 1 a R$ 3,5, esses US$ 100 mil se convertem em R$ 350 mil, que aplicados à taxa de 10% ao ano geram um valor de resgate de R$ 385 mil. Caso o câmbio tenha apreciado para US$ 1 a R$ 2,5, o investidor terá ao final um valor de US$ 154 mil para fazer frente à uma dívida de US$ 101 mil. Ganho superior a 50% em 1 ano, apenas realizando arbitragem entre juros e câmbio.

Também em outubro de 2015, o FMI publicou relatório alertando para a evolução da dívida de instituições não financeiras nos mercados emergentes crescendo de US$ 4 trilhões para US$ 18 trilhões, entre 2004 e 2014. O aumento significativo da emissão através de filiais em centros financeiros *offshore* desde a crise foi impulsionado principalmente pelos mutuários sediados no Brasil e na China. Novamente, recebemos o galardão do concurso "Mais do Mesmo".

> (...) a emissão através de filiais em centros financeiros offshore tem aumentado significativamente desde a crise, impulsionado principalmente pelos mutuários sediados no Brasil e na China. A emissão é mais notável no setor de petróleo e gás (com uma componente cambial considerável) e na construção civil (especialmente desde 2010).

CAPÍTULO VI – O BRASIL E A FORÇA DO *SOFT POWER*

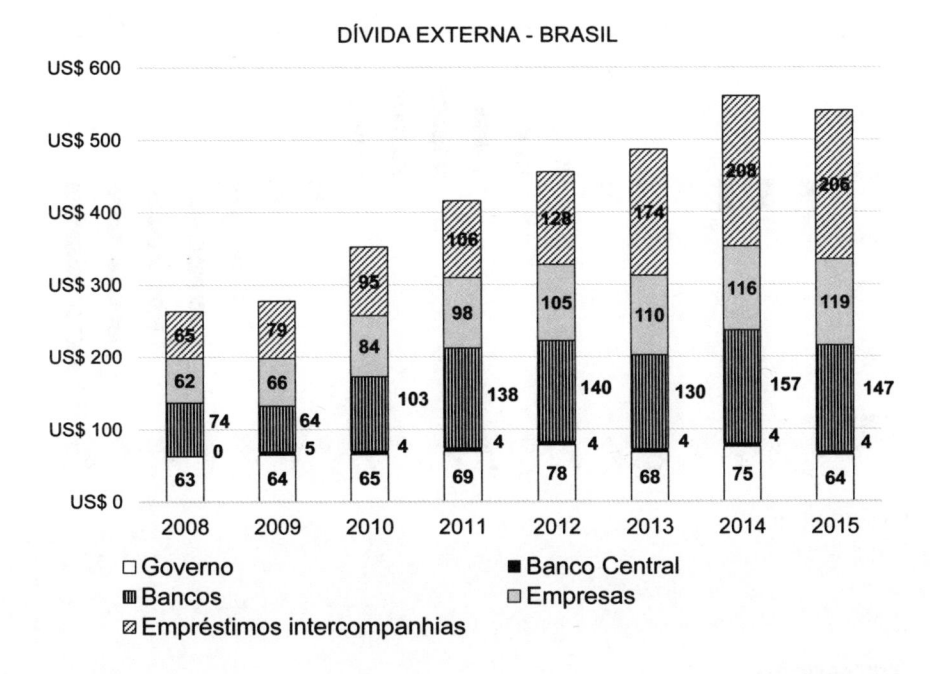

DÍVIDA EXTERNA - BRASIL

Ano	Governo	Banco Central	Bancos	Empresas	Empréstimos intercompanhias
2008	63	74	0	62	65
2009	64	64	5	66	79
2010	65	—	4	84	95
2011	69	103	4	98	106
2012	78	138	4	105	128
2013	68	140	4	110	174
2014	75	157	4	116	208
2015	64	147	4	119	206

Fonte: Elaboração própria com dados do Banco Central

A eutanásia do empreendedor é perpetrada pelos esculápios do rentismo. A indústria e a industriosidade vergam ao peso dos juros elevados e do câmbio sobrevalorizado. A inflação resiste à baixa e sustenta a indexação. As finanças públicas se rendem ao trabuco do superávit primário apontado para o seu peito.

Enquanto a *ninguenzada* paga os impostos, a turma do *dolce far niente* se empanturra nas festanças da austeridade.

Ao engordar os retornos dos "investidores", a combinação entre juros elevados e câmbio apreciado se encarrega de inviabilizar a indústria doméstica. Em 2007 o saldo da balança comercial de produtos industriais apresentava um superávit superior a US$ 18 bilhões. Esse valor se reverte em déficit de US$ 7 bilhões já em 2008 e desde então se aprofunda, alcançando o valor negativo de US$ 63,5 bilhões em 2014. Nesse mesmo período a participação da indústria de transformação no PIB cai de 16,6% em 2007 para 10,9% em 2014.

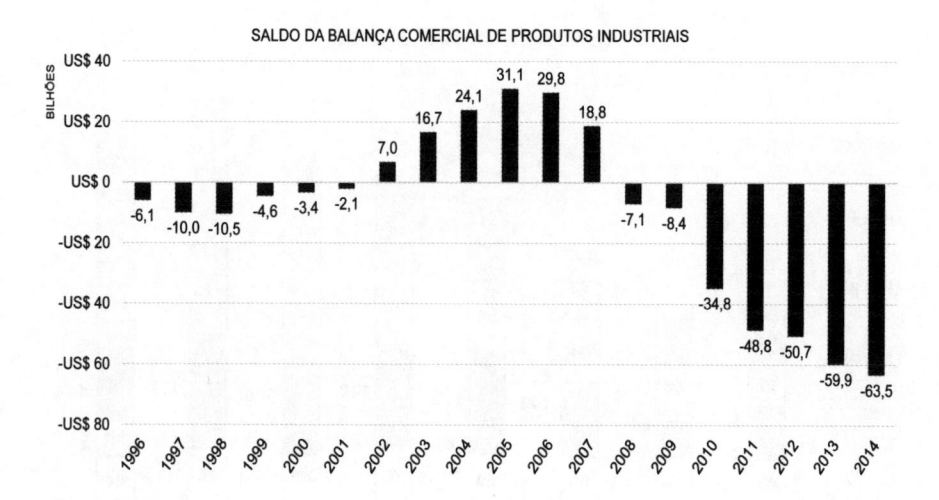

LUIZ GONZAGA BELLUZZO; GABRIEL GALÍPOLO

SALDO DA BALANÇA COMERCIAL DE PRODUTOS INDUSTRIAIS

Ano	Valor (US$ bilhões)
1996	-6,1
1997	-10,0
1998	-10,5
1999	-4,6
2000	-3,4
2001	-2,1
2002	7,0
2003	16,7
2004	24,1
2005	31,1
2006	29,8
2007	18,8
2008	-7,1
2009	-8,4
2010	-34,8
2011	-48,8
2012	-50,7
2013	-59,9
2014	-63,5

Fonte: IEDI; MDIC

CRISE NA INDÚSTRIA
Participação do setor em 2014 é o mais baixo desde 1947

Participação da Indústria de transformação no PIB, em %

- 1947: 11,9
- 1956: 11,3 (JK, com lema 50 anos em 5) — 13,2
- 1961: 16,7
- 1964: 16,3 (Golpe Militar)
- 1979: 19,9
- 1985: 21,6 (Ditadura Militar)
- 1990: 17,5 (Abertura Econômica)
- 1995: 16,4 (Plano Real)
- 2003: 16,9
- 2011: 13,9
- 2014: 10,9

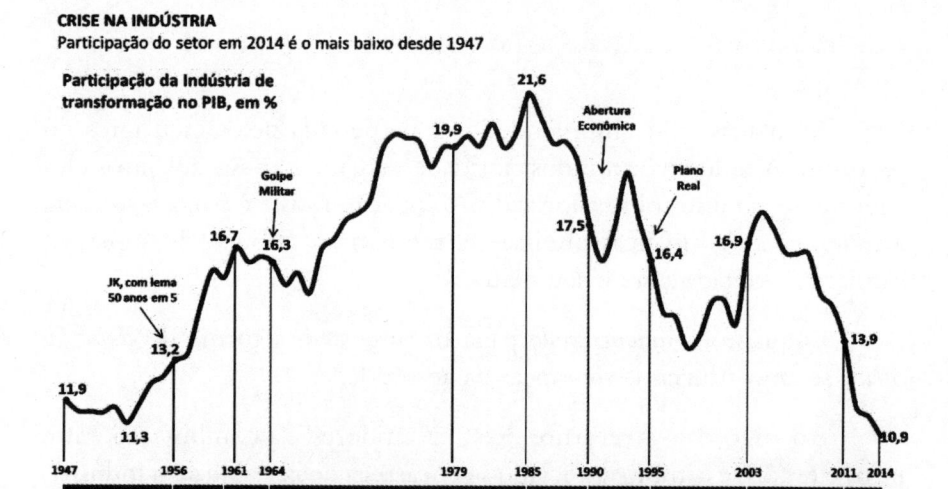

Fonte: IBGE. Metodologia: BONELLI, Regis; Pessoa, Samuel. *Desindustrialização no Brasil:* um resumo da evidência. Texto para discussão n. 7. Fundação Getúlio Vargas, Março/2010. Elaboração: DEPECON/FIESP.

CAPÍTULO VI – O BRASIL E A FORÇA DO *SOFT POWER*

Participação da Indústria de Transformação no PIB – Brasil (em %)

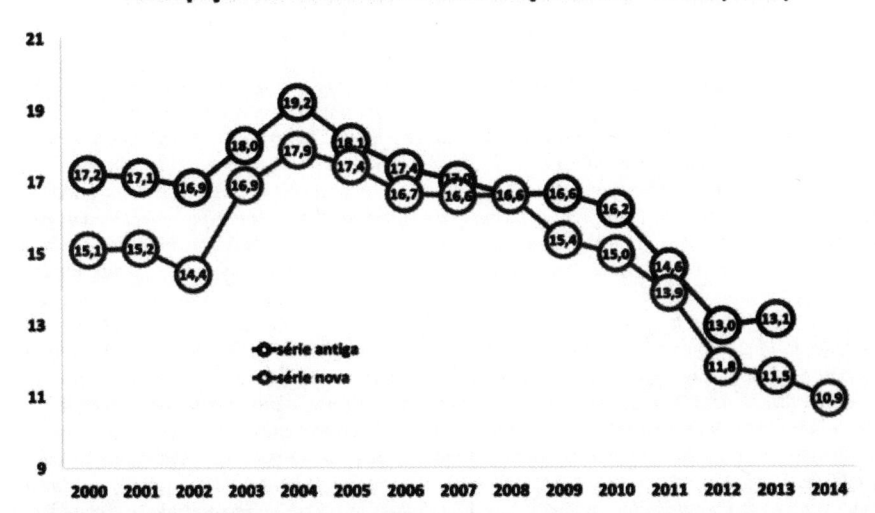

[Gráfico de linhas mostrando a série antiga e a série nova entre 2000 e 2014, com valores: 17,2; 17,1; 16,9; 16,9; 19,2; 18,0; 17,9; 18,1; 17,4; 17,4; 16,7; 16,6; 16,6; 16,6; 16,2; 15,1; 15,2; 14,4; 15,4; 15,0; 14,6; 13,9; 13,0; 13,1; 11,8; 11,5; 10,9]

Fonte: IBGE. Elaboração: DEPECON/FIESP

Diante da estreiteza do mercado à vista de divisas, a missão de turbinar a arbitragem e as posições especulativas é cumprida com engenho, arte e alavancagem (dez vezes na média das operações) nos mercados de derivativos, sob o comando das grandes instituições já acusadas nos países desenvolvidos de manipulação das transações cambiais.

O Banco Central do Brasil assegura que em Pindorama os controles são eficientes. Eu acredito, canta a torcida do Galo Mineiro. O CADE[18] desconfia que os bacanas do pedaço armaram conluio para

---

[18] Disponível em http://www.cade.gov.br/Default.aspx?3ef10009180de32ffb491a283e04. Acesso em 16.02.2016 –
"*A Superintendência-Geral do Conselho Administrativo de Defesa Econômica – CADE abriu, nesta quinta-feira (02/07), processo administrativo para investigar suposto cartel na manipulação de taxas de câmbio envolvendo o real e moedas estrangeiras. Também será apurada a manipulação de índices de referência de mercado de câmbio, tais como o do Banco Central do Brasil (PTAX), do WM/Reuters e do Banco Central Europeu.*
As empresas investigadas no processo (PA 08700.004633/2015-04) são Banco Standard de Investimentos, Banco Tokyo-Mitsubishi UFJ, Barclays, Citigroup, Credit Suisse, Deutsche Bank, HSBC, JP Morgan Chase, Merril Lynch, Morgan Stanley, Nomura, Royal Bank of Canada, Royal Bank of Scotland, Standard Chartered e UBS, além de trinta pessoas físicas.

As supostas condutas anticompetitivas envolveram o mercado de câmbio (em inglês 'Foreign Exchange market' ou 'FX market') e as instituições financeiras que operam neste mercado.
No mercado de câmbio são realizadas as operações que se referem à compra de uma moeda em troca de outra. Essas operações têm como base a taxa de câmbio, considerada um preço chave da economia, que influencia desde os níveis de consumo interno de um país, como os níveis de investimento, importação e exportação, além de todas as transações financeiras que a tomem por base. Ainda que o real seja a moeda oficial do país, um número considerável de operações cambiais realizadas por entidades brasileiras também são feitas por meio de moedas estrangeiras, como euro, dólar, libra esterlina, franco suíço, dentre outras. O mercado de câmbio conta ainda com os índices de referência (ou taxas de câmbio de referência), calculados com base nas taxas de câmbio à vista de mercado e publicados periodicamente por entidades públicas e privadas – tais como o Banco Central do Brasil (PTAX), o WM/Reuters e o Banco Central Europeu – em todo o mundo para pares específicos de moedas. Esses índices de referência são usados como parâmetro por empresas multinacionais, instituições financeiras e investidores que avaliam contratos e ativos mundialmente, entre outros.
Os clientes das instituições financeiras que executam operações de câmbio são, dentre outros, todos aqueles agentes que periodicamente necessitam realizar operações de compra e venda de moeda, como bancos, fundos de investimentos, pessoas físicas (investidores, turistas), empresas privadas e entidades governamentais, por exemplo. Quando os clientes desejam realizar transações no mercado de câmbio, as instituições financeiras que oferecem esse serviço concorrem entre si para executar a operação, oferecendo um preço competitivo (taxa de câmbio para compra ou para venda de determinada moeda). As operações de câmbio também podem ser feitas com base nos índices de referência.
Conduta – O parecer da Superintendência aponta que existem fortes indícios de práticas anticompetitivas de fixação de preços e condições comerciais entre as instituições financeiras concorrentes. Segundo as evidências, os representados teriam feito um cartel para fixar níveis de preços (spread cambial); coordenar compra e venda de moedas e propostas de preços para clientes; além de dificultar e/ou impedir a atuação de outros operadores no mercado de câmbio envolvendo a moeda brasileira. As instituições financeiras acusadas também teriam se coordenado para influenciar índices de referência dos mercados cambiais, por meio do alinhamento de suas compras e vendas de moeda. Foram encontrados indícios adicionais de práticas anticompetitivas de compartilhamento de informações comercialmente sensíveis sobre o mercado de câmbio, como informações sobre negociações, contratos e preços futuros; ordens de clientes; estratégias e objetivos de negociação; posições confidenciais em operações e ordens específicas; e o montante de operações realizadas (fluxos de entrada e saída).
Todas as supostas condutas teriam comprometido a concorrência nesse mercado, prejudicando as condições e os preços pagos pelos clientes em suas operações de câmbio, de forma a aumentar os lucros das empresas representadas, além de distorcer os índices de referência do mercado de câmbio. As práticas anticompetitivas foram viabilizadas por meio de chats da plataforma Bloomberg – por vezes autodenominados pelos representados como 'o cartel' ou 'a máfia'. As condutas teriam durado, pelo menos, de 2007 a 2013.
Com a instauração do processo administrativo, os acusados serão notificados para apresentar defesa no prazo de 30 dias. Ao final da instrução processual, a Superintendência-Geral opinará pela condenação ou arquivamento e remeterá o caso para julgamento pelo Tribunal do CADE, responsável pela decisão final.
Leniência – A investigação teve início a partir de um acordo de leniência celebrado com a Superintendência-Geral do CADE e o Ministério Público Federal. Por meio da leniência, instituto previsto na Lei n. 12.529/11, um participante de cartel denuncia o ilícito do qual fazia parte, aponta os demais envolvidos e se compromete a colaborar com as autoridades na apuração do caso, em troca da extinção ou redução da punibilidade".

CAPÍTULO VI – O BRASIL E A FORÇA DO *SOFT POWER*

manipular a Ptax, com o propósito de garantir os ganhos de suas posições. Não raro, os apontados de envolvimento direta e indiretamente nas manipulações sentenciam aconselhamentos peremptórios e moralistas a respeito da política econômica.

Ao "ilustrar o canal de tomada de risco", o supracitado estudo do BIS compara a evolução da taxa de câmbio e da dívida em dólares tomada por instituições não financeiras do Brasil, Indonésia, México, Malásia, Rússia, Turquia e África do Sul, entre março de 2013 a dezembro de 2015. O Brasil ocupa a liderança nos dois critérios: moeda que mais se desvalorizou frente ao dólar no período e detentor da maior dívida.

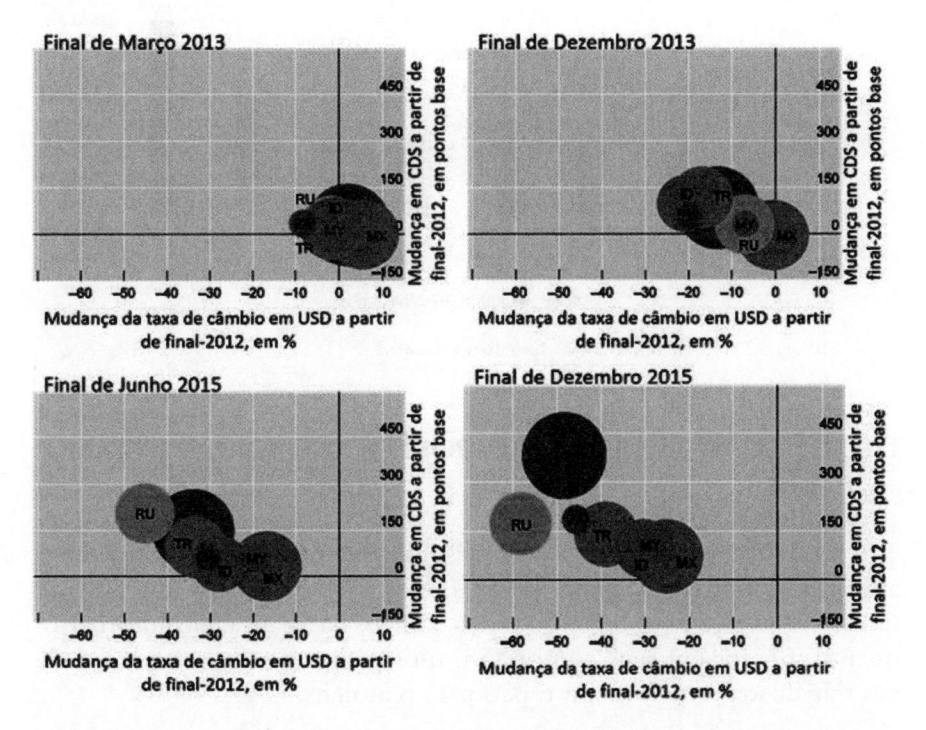

MX = México; RU = Rússia; BR = Brasil; ZA = África do Sul; TR = Turquia; ID = Indonésia e MY = Malásia. O tamanho da bolha reflete o montante da dívida em dólar no 2º trimestre de 2015.
Fonte: Markit; Bank for International Settlement – BIS in AVDJIEV, Stefan; MCCAULEY, Robert; SHIN, Hyun Song. "Breaking free of the triple coincidence in international finance". *BIS Working Papers* n. 524. Outubro/2015; CARUANA, Jaime. *Lecture at the London School of Economics and Political Science*, Fevereiro 2016.

A manipulação do câmbio é uma delação que premia o enriquecimento de poucos e comina penas desproporcionais à maioria. Senão, vejamos: os prejuízos com operações de *swap* cambial praticadas pelo Banco Central brasileiro, como tentativa de suavizar a desvalorização do Real, alcançaram R$ 89,7 bilhões ainda em dezembro de 2015, valor mais de cinco vezes superior aos R$ 17,3 bilhões de 2014. A política monetária mais uma vez se encontra na armadilha que combina juros altos, recessão, desvalorização da moeda e inflação.

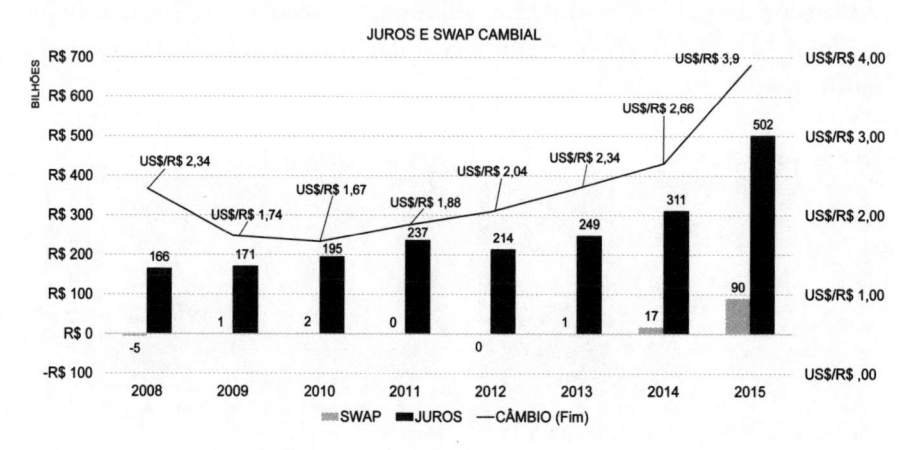

JUROS E SWAP CAMBIAL

Ano	SWAP	JUROS	CÂMBIO (Fim)
2008	-5	166	US$/R$ 2,34
2009	1	171	US$/R$ 1,74
2010	2	195	US$/R$ 1,67
2011	0	237	US$/R$ 1,88
2012	0	214	US$/R$ 2,04
2013	1	249	US$/R$ 2,34
2014	17	311	US$/R$ 2,66
2015	90	502	US$/R$ 3,9

Fonte: Elaboração própria com dados do Ipea; Banco Central

DOMINAÇÃO FINANCEIRA, POLÍTICA FISCAL E ESTADO SOCIAL

Em 2015, a prorrogação da disputa pela presidência da república ainda monopolizou a agenda do país. Na cadência do aprofundamento da crise, eleva-se o protagonismo dos esbirros da finança, tão autoritários quanto ineptos em seus contorcionismos para fugir à responsabilidade das trapalhadas que levaram o país para o atoleiro.

Prevalecem os juízos que atribuem a crise ao crescimento do Estado Social. Abater o Dragão da Maldade passa obrigatoriamente pela revisão dos direitos conferidos ao cidadão, inclusive aqueles previstos na Constituição. Sob a carapaça tecnocrática do "ajuste fiscal" oculta-se a disputa social a respeito do orçamento – natureza dos gastos e fontes de

CAPÍTULO VI – O BRASIL E A FORÇA DO *SOFT POWER*

receitas: quem recebe e quem paga no esforço comum de construção da riqueza social e de sua distribuição entre agentes e pacientes.

Os especialistas da finança despótica atiram às costas da Constituição de 1988 a responsabilidade por uma alegada *crise estrutural* das finanças públicas. Na visão reacionária, os direitos econômicos e sociais acolhidos na Constituição excedem a capacidade de financiamento do Estado Brasileiro. As demandas das camadas subalternas e dependentes, dizem eles, não cabem no Orçamento.

Há quem diga, no entanto, que o Brasil, ao promulgar a Constituição de 1988, entrou tardia e timidamente no clube dos países que apostaram na ampliação dos direitos e deveres da cidadania moderna. É uma avaliação equivocada. Submetidos ao longo de mais de quatro séculos, à dialética do obscurecimento, aos paradoxos grotescos que regiam e ainda comandam a vida política e às relações de poder numa sociedade oligárquica, os brasileiros, incluídos os subalternos, deram na Constituinte os primeiros passos para alcançar os direitos do indivíduo moderno. Hoje os brasileiros aspiram à liberdade não só porque têm direito a escolher seu presidente, mas, sobretudo, porque anseiam exercer sua cidadania, o que ultrapassa a simples condição de eleitor.

É uma ilusão imaginar que mais um acordo "pelo alto", respaldado apenas numa suposta "racionalidade econômica" possa encaminhar uma solução "estrutural" para o financiamento dos encargos e responsabilidades do Estado brasileiro.

Vamos reproduzir alguns dados fiscais para apontar os perdedores e ganhadores do jogo dos descontentes, também conhecido como o concurso "você paga, mas não recebe".

A Receita Federal publicou em outubro de 2015 uma Análise da Carga Tributária no Brasil, por tributos e bases de incidência. Conforme o estudo, em 2014, a carga tributária bruta chegou a 33,47%[19] do PIB. No Brasil, a maior parte da carga incide sobre bens e serviços, que

---

[19] Devido a revisão dos valores do PIB, esse percentual foi atualizado para 32,43%, conforme página 23 do estudo de abril de 2016. O IBGE revisou o PIB. Disponível em http://www.tesouro.fazenda.gov.br/documents/10180/246449/Nimmar2016.pdf/cc8719ff-3c58-4073-b74d-b1095897e61d. Acesso em 29.10.2016.

representam 51,02% do total da carga tributária. Como se sabe, esses tributos incidem sobre os gastos da população na aquisição de bens e serviços, independentemente do nível de renda. Pobres e ricos pagam a mesma alíquota para comprar o fogão e a geladeira, mas o Leão "democraticamente" devora uma fração maior das rendas menores. Os chamados encargos sociais, que representam 25,18% da carga total, distribuem o ônus entre empregados e empregadores.

Já os tributos incidentes sobre renda contribuem com parcos 18,02% para a formação da carga total, enquanto os impostos sobre o patrimônio representam desprezíveis 4,17%, superando apenas os tributos sobre transações financeiras, que contribuem com 1,61% da carga tributária, sempre empenhados em beneficiar a riqueza imobiliária e financeira dos mais ricos.

Tipo de Base	Evolução da Participação das Bases de Incidência na Arrecadação Total (2005 - 2014)									
	2005	2006	2007	2008	2009	2010	2011	2012	2013	2014
Renda	18,61%	18,41%	19,25%	20,36%	19,57%	18,20%	19,05%	17,90%	18,11%	18,02%
Folha de Salários	23,68%	24,07%	23,81%	23,88%	25,70%	25,40%	24,99%	25,71%	25,03%	25,18%
Propriedade	3,33%	3,46%	3,51%	3,55%	3,89%	3,78%	3,73%	3,88%	3,94%	4,17%
Bens e Serviços	49,44%	49,13%	48,37%	50,22%	49,10%	50,45%	49,97%	50,57%	51,20%	51,02%
Trans Financeiras	4,79%	4,80%	4,81%	2,02%	1,78%	2,10%	2,19%	1,95%	1,68%	1,61%
Outros Tributos	0,15%	0,13%	0,25%	-0,03%	-0,04%	0,07%	0,07%	-0,01%	0,04%	0,00%

Fonte: Receita Federal; Carga Tributária no Brasil/2014

No liberal EUA, aproximadamente 45% da carga tributária incide sobre a renda, lucros e ganho de capital e menos de 20% sobre bens e serviços. Na desenvolvida Dinamarca a participação da tributação sobre renda, lucros e dividendos chega a quase 65% da carga.

Como o próprio estudo ressalta, as comparações dos valores de carga tributária nacional com as de outros países devem ser feitas com cuidado, pois algumas espécies tributárias existentes em um país podem não existir em outros. No entanto, os dados apresentados não deixam dúvida de que o Brasil figura no panteão das estruturas tributárias mais regressivas do mundo, priorizando tributar de forma igual os desiguais, e desonerando os mais ricos.

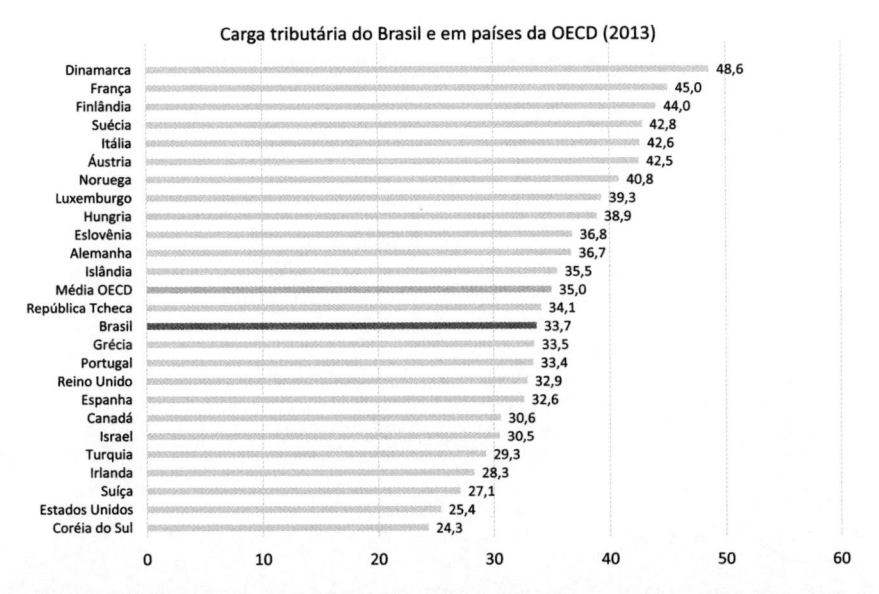

CAPÍTULO VI – O BRASIL E A FORÇA DO *SOFT POWER*

Carga tributária do Brasil e em países da OECD (2013)

País	%
Dinamarca	48,6
França	45,0
Finlândia	44,0
Suécia	42,8
Itália	42,6
Áustria	42,5
Noruega	40,8
Luxemburgo	39,3
Hungria	38,9
Eslovênia	36,8
Alemanha	36,7
Islândia	35,5
Média OECD	35,0
República Tcheca	34,1
Brasil	33,7
Grécia	33,5
Portugal	33,4
Reino Unido	32,9
Espanha	32,6
Canadá	30,6
Israel	30,5
Turquia	29,3
Irlanda	28,3
Suíça	27,1
Estados Unidos	25,4
Coréia do Sul	24,3

Fonte: Receita Federal / Dados da OCDE (OCDE Revenue Statistics) – média dos países membros listados nesta tabela

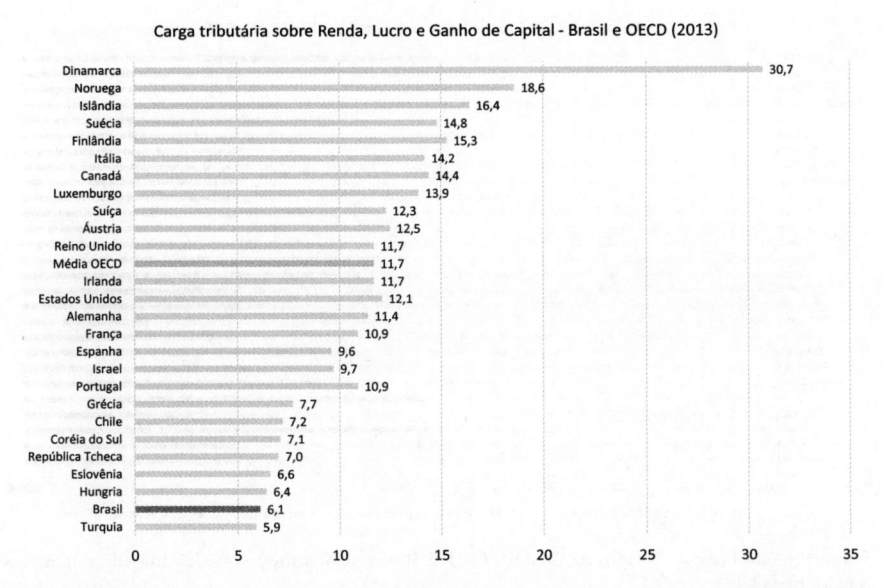

Carga tributária sobre Renda, Lucro e Ganho de Capital - Brasil e OECD (2013)

País	%
Dinamarca	30,7
Noruega	18,6
Islândia	16,4
Suécia	14,8
Finlândia	15,3
Itália	14,2
Canadá	14,4
Luxemburgo	13,9
Suíça	12,3
Áustria	12,5
Reino Unido	11,7
Média OECD	11,7
Irlanda	11,7
Estados Unidos	12,1
Alemanha	11,4
França	10,9
Espanha	9,6
Israel	9,7
Portugal	10,9
Grécia	7,7
Chile	7,2
Coréia do Sul	7,1
República Tcheca	7,0
Eslovênia	6,6
Hungria	6,4
Brasil	6,1
Turquia	5,9

Fonte: Receita Federal / Dados da OCDE (OCDE Revenue Statistics) – média dos países membros listados nesta tabela

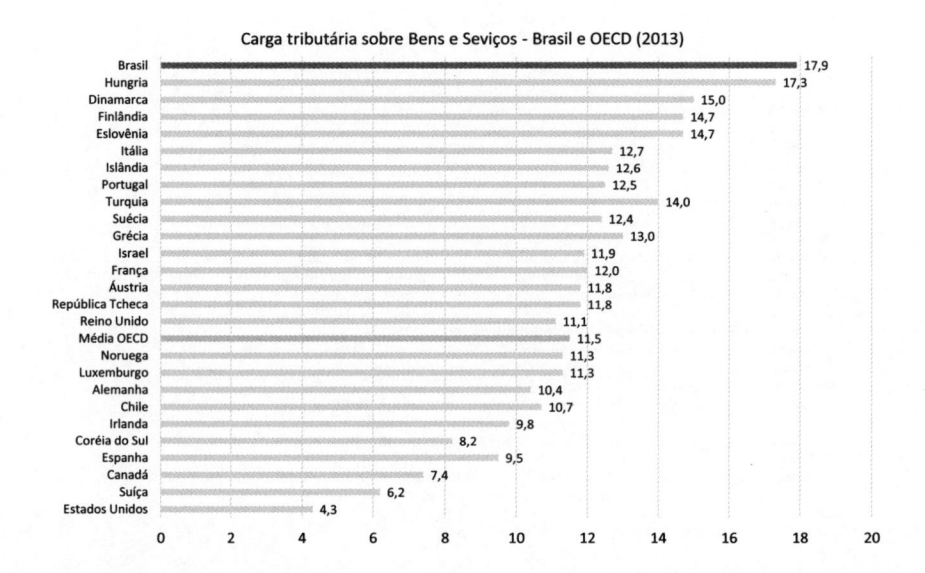

Carga tributária sobre Bens e Seviços - Brasil e OECD (2013)

Brasil	17,9
Hungria	17,3
Dinamarca	15,0
Finlândia	14,7
Eslovênia	14,7
Itália	12,7
Islândia	12,6
Portugal	12,5
Turquia	14,0
Suécia	12,4
Grécia	13,0
Israel	11,9
França	12,0
Áustria	11,8
República Tcheca	11,8
Reino Unido	11,1
Média OECD	11,5
Noruega	11,3
Luxemburgo	11,3
Alemanha	10,4
Chile	10,7
Irlanda	9,8
Coréia do Sul	8,2
Espanha	9,5
Canadá	7,4
Suíça	6,2
Estados Unidos	4,3

Fonte: Receita Federal / Dados da OCDE (OCDE Revenue Statistics) – média dos países membros listados nesta tabela

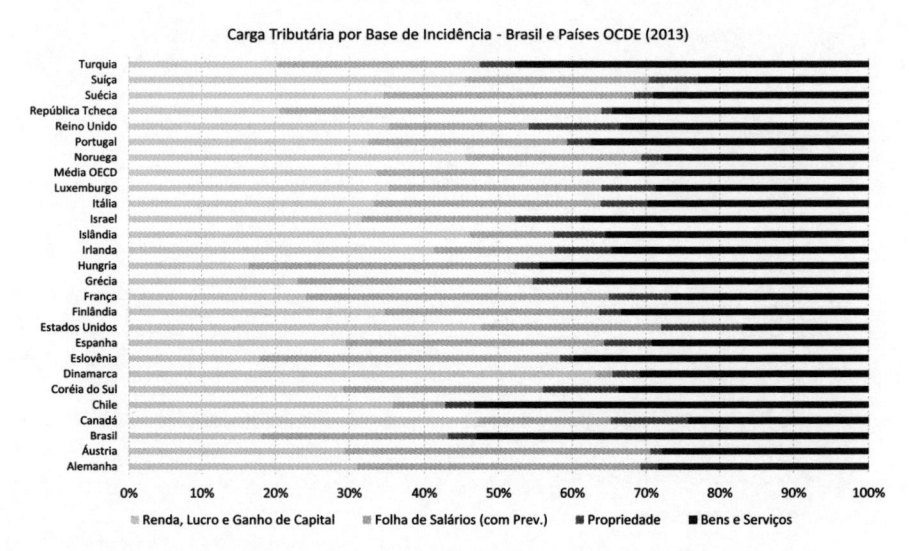

Carga Tributária por Base de Incidência - Brasil e Países OCDE (2013)

Legenda: Renda, Lucro e Ganho de Capital ■ Folha de Salários (com Prev.) ■ Propriedade ■ Bens e Serviços

Países (de cima para baixo): Turquia, Suíça, Suécia, República Tcheca, Reino Unido, Portugal, Noruega, Média OECD, Luxemburgo, Itália, Israel, Islândia, Irlanda, Hungria, Grécia, França, Finlândia, Estados Unidos, Espanha, Eslovênia, Dinamarca, Coréia do Sul, Chile, Canadá, Brasil, Áustria, Alemanha

Fonte: Receita Federal / Dados da OCDE (OCDE Revenue Statistics) – média dos países membros listados nesta tabela

CAPÍTULO VI – O BRASIL E A FORÇA DO *SOFT POWER*

Carga Tributária do Brasil e em países da OECD (2013)					
Países	Renda, Lucro e Ganho de Poder	Folha de Salários (com Prev.)	Propriedade	Bens e Serviços	TOTAL
Alemanha	11,4	14,0	0,9	10,4	36,7
Áustria	12,5	17,5	0,7	11,8	42,5
Brasil	6,1	8,5	1,3	17,9	33,8
Canadá	14,4	5,5	3,2	7,4	30,5
Chile	7,2	1,4	0,8	10,7	20,1
Coréia do Sul	7,1	6,5	2,5	8,2	24,3
Dinamarca	30,7	1,1	1,8	15,0	48,6
Eslovênia	6,6	14,9	0,7	14,7	36,9
Espanha	9,6	11,3	2,1	9,5	32,5
Estados Unidos	12,1	6,2	2,8	4,3	25,4
Finlândia	15,3	12,7	1,3	14,7	44,0
França	10,9	18,4	3,8	12,0	45,1
Grécia	7,7	10,6	2,2	13,0	33,5
Hungria	6,4	13,9	1,3	17,3	38,9
Irlanda	11,7	4,6	2,2	9,8	28,3
Islândia	16,4	4,0	2,5	12,6	35,5
Israel	9,7	6,3	2,7	11,9	30,6
Itália	14,2	13,0	2,7	12,7	42,6
Luxemburgo	13,9	11,3	2,9	11,3	39,4
Média OECD	**11,7**	**9,6**	**1,9**	**11,5**	**34,7**
Noruega	18,6	9,7	1,2	11,3	40,8
Portugal	10,9	8,9	1,1	12,5	33,4
Reino Unido	11,7	6,2	4,1	11,1	33,1
República Tcheca	7,0	14,8	0,5	11,8	34,1
Suécia	14,8	14,4	1,1	12,4	42,7
Suíça	12,3	6,7	1,8	6,2	27,0
Turquia	5,9	8,0	1,4	14,0	29,3

Fonte: OCDE

O diversionismo tenta atribuir o peso da carga tributária brasileira ao "gastador" Estado Social, não obstante a economia brasileira ter exibido ao longo de dezesseis anos (1998 a 2013) superávits primários, o que não impediu o crescimento da dívida líquida do setor público de R$ 385 bilhões em 1998 para R$ 1,6 trilhões em 2013, acompanhada da elevação de 6% na carga fiscal, medida em relação ao PIB. Economistas aproveitam a segregação contábil do pagamento de juros para apuração do déficit público (primário) e se empenham em jogar o paquiderme na sala para debaixo do tapete.

Entre 1995 e 2015, o Estado brasileiro transferiu para os detentores da dívida pública, sob a forma de pagamento de juros, um total acumulado de R$ 3,4 trilhões.[20] É pelo menos curioso que os idealizadores do "impostômetro" não tenham pensado na criação do "jurômetro".

O saber econômico da avareza se prontifica em demonstrar que as despesas com juros e *swap* cambial são muito menores do que aparentam, a despeito de terem alcançado em 2015 valor equivalente a mais de quatro vezes o orçamento original destinado para educação ou saúde, mais de cinco vezes o déficit da previdência, dezoito vezes o Bolsa Família e vinte e cinco vezes o orçamento de transporte. "Trata-se de uma ilusão de ótica, capaz de ser esclarecida (Kant nos socorra!) por cálculos abstratos".

---

[20] Disponível em http://www3.tesouro.fazenda.gov.br/series_temporais/principal.aspx?subtema=6#ancora_consulta. Acesso em 28.10.2016.

CAPÍTULO VI – O BRASIL E A FORÇA DO *SOFT POWER*

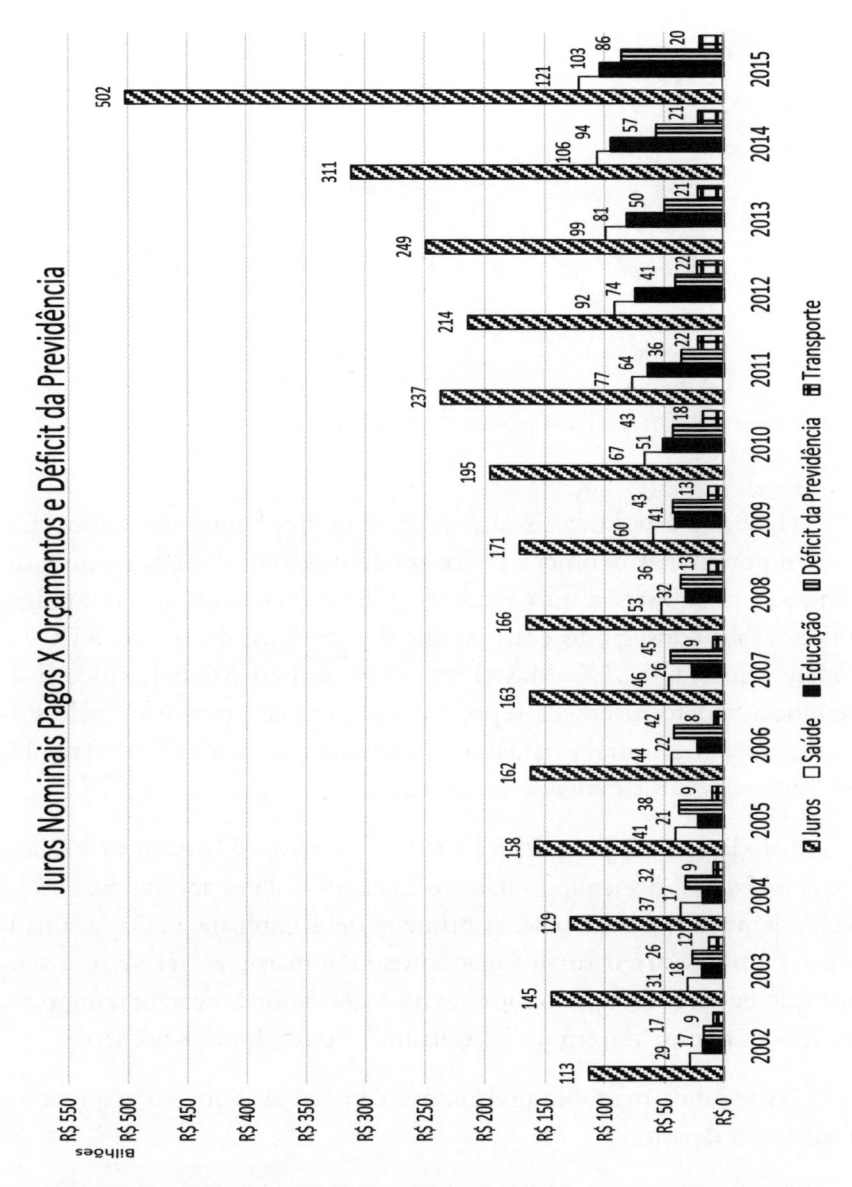

Juros Nominais Pagos X Orçamentos e Déficit da Previdência

Ano	Juros	Saúde	Educação	Déficit da Previdência	Transporte
2002	113	17	9	29	17
2003	145	18	12	31	26
2004	129	17	9	37	32
2005	158	21	9	41	38
2006	162	22	8	42	44
2007	163	26	9	45	46
2008	166	32	13	36	53
2009	171	41	13	43	60
2010	195	51	18	43	67
2011	237	64	22	36	77
2012	214	74	22	41	92
2013	249	81	21	50	99
2014	311	94	21	57	106
2015	502	103	20	86	121

(Valores em R$ bilhões)

Fonte: Elaboração própria com dados do Banco Central e MPOG.

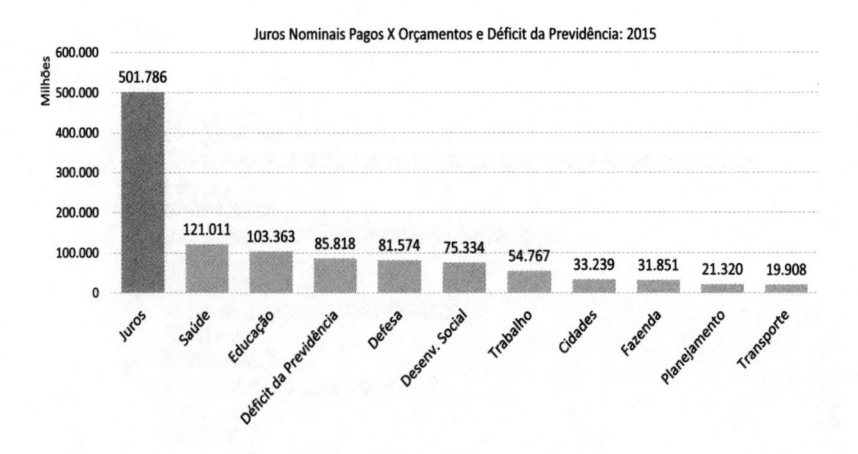

Juros Nominais Pagos X Orçamentos e Déficit da Previdência: 2015

	Milhões
Juros	501.786
Saúde	121.011
Educação	103.363
Déficit da Previdência	85.818
Defesa	81.574
Desenv. Social	75.334
Trabalho	54.767
Cidades	33.239
Fazenda	31.851
Planejamento	21.320
Transporte	19.908

Fonte: Elaboração própria com dados do Banco Central e MPOG.

Debater a política fiscal é discutir os horizontes da democracia contemporânea. A democracia dos modernos, seus direitos e contradições, são conquistas muito recentes. Contradições porque o sufrágio universal foi conseguido com sacrifício entre final do século XIX e o começo do século XX. Mas já em 1910 Robert Michels cuidava de denunciar a deformação da representação popular promovida pelo surgimento de oligarquias partidárias, fenômeno que nasce e se desenvolve no "interior" dos sistemas democráticos.

No livro *Il Colpo di Stato Di Banche e Governi: L'Attacco a La Democrazia in Europa*, o sociólogo italiano Luciano Gallino aponta duas estratégias de justificação da crise. A primeira delas equipara a colapso financeiro a um desastre natural. Quando não era mais possível negar a acumulação de escombros, economistas do *establishment* buscaram refúgio em expressões como "terremoto", "tsunami", "erupção do Krakatoa".

A segunda manobra diversionista atribui às vítimas a responsabilidade pelo desastre.

> Por muito tempo, vocês viveram acima de seus meios, referindo-se à medicina gratuita, às pensões públicas excessivamente generosas, ensino gratuito ou financiado com taxas mínimas de inscrição.

CAPÍTULO VI – O BRASIL E A FORÇA DO *SOFT POWER*

Estas tecnologias de governabilidade buscam criar no maior número de pessoas um profundo sentimento de culpa, ao difundir a crença do ataque vampiresco dos menos favorecidos sobre o orçamento do Estado.

O Estado Social – expressão da confiança ética – foi construído a ferro e fogo pelos subalternos no século XX e impôs o reconhecimento dos direitos do cidadão, desde o seu nascimento até a sua morte. Mulheres e homens serão investidos nestes direitos desde o primeiro suspiro, a partir do princípio que estabelece que o nascimento de um cidadão implica, por parte da sociedade, no reconhecimento de uma dívida. Dívida com sua subsistência, com sua dignidade, com sua educação, com suas condições de trabalho e com sua velhice.

Essa dívida da sociedade para com o cidadão deve ser compensada por outra, do cidadão para com a sociedade: o dever de pagar os seus impostos, de respeitar a lei, de cooperar com o trabalho social, enfim de retribuir o esforço comum.

As particularidades da formação do capitalismo brasileiro lançaram o país na senda da desigualdade ao longo do processo de desenvolvimento. Enquanto a consolidação e expansão dos direitos nas economias e sociedades desenvolvidas data do pós-guerra, no Brasil os ensaios de civilidade foram interrompidos pelo Golpe Militar. A tentativa de recuperar a autêntica e verdadeira Agenda Perdida encontrou guarida nos movimentos de redemocratização que desaguaram na Constituição de 1988. Tanto lá como cá, os avanços do Estado Social e dos direitos do cidadão não são acervo de um político ou partido, mas conquistas da população ao longo de décadas de participação democrática.

A ofensiva político-midiática deflagrada não esconde seus propósitos: trata-se de retomar o Poder Formal para ajustá-lo ao Poder Real dos Donos do Poder. Na escalada autoritária, sobra munição para alvejar avanços sociais com a fuzilaria dos insensatos. Nesse ambiente, ganham força as políticas econômicas empenhadas em purgar os "excessos" decorrentes dos programas sociais, ganhos salariais e expansão do crédito.

O PNAD revelou que, entre 2004 e 2014, o matrimônio entre democracia e Estado Social deu à luz ao crescimento real de 56,6% da renda média domiciliar per capita, a preços de junho de 2011, de R$ 549,83/mês para R$ 861,23/mês, e à queda de aproximadamente 65% na taxa de pobreza extrema.

Ano	Média da renda domiciliar *per capita*			
	Em R$/mês (junho, 2011)		Em US$/dia (dezembro, 2011)	
	Média	Erro (I.C. 95%)	Média	Erro (I.C. 95%)
2004	549,83	± 11,43	11,13	± 0,23
2005	582,71	± 12,20	11,80	± 0,25
2006	637,71	± 13,43	12,91	± 0,27
2007	655,30	± 13,41	13,27	± 0,27
2008	686,06	± 13,12	13,89	± 0,27
2009	705,32	± 13,30	14,28	± 0,27
2011	747,93	± 13,28	15,14	± 0,27
2012	806,86	± 16,38	16,33	± 0,33
2013	836,02	± 15,33	16,92	± 0,31
2014	861,23	± 15,96	17,44	± 0,32

Fonte: IPEA. *Nota Técnica PNAD 2014*. Disponível em http://www.ipea.gov.br/agencia/images/stories/PDFs/nota_tecnica/151230_nota_tecnica_pnad2014.pdf. Acesso em 16.02.2016.

Ano	Taxa de pobreza extrema segundo os critérios do Plano Brasil sem Miséria			
	R$ 70/mês (junho, 2011)		Em R$ 77/dia (junho, 2014)	
	Taxa	Erro (I.C. 95%)	Taxa	Erro (I.C. 95%)
2004	7,38%	± 0,37	6,70%	± 0,35
2005	6,80%	± 0,34	5,71%	± 0,31
2006	5,61%	± 0,29	4,79%	± 0,27
2007	5,48%	± 0,35	5,03%	± 0,34
2008	4,60%	± 0,26	4,07%	± 0,25
2009	4,46%	± 0,27	4,04%	± 0,25
2011	4,13%	± 0,22	3,80%	± 0,21
2012	3,48%	± 0,19	3,21%	± 0,18
2013	3,79%	± 0,20	3,53%	± 0,20
2014	2,71%	± 0,15	2,48%	± 0,14

Fonte: IPEA. *Nota Técnica PNAD 2014*. Disponível em http://www.ipea.gov.br/agencia/images/stories/PDFs/nota_tecnica/151230_nota_tecnica_pnad2014.pdf. Acesso em 16.02.2016.

CAPÍTULO VI – O BRASIL E A FORÇA DO *SOFT POWER*

Ano	Taxa de pobreza e pobreza extrema segundo critérios internacionais					
	US$ 1,25/dia (dezembro, 2005)		US$ 1,90/dia (dezembro, 2011)		US$ 3,10/dia (dezembro, 2011)	
	Taxa	Erro (I.C. 95%)	Taxa	Erro (I.C. 95%)	Taxa	Erro (I.C. 95%)
2004	9,37%	± 0,43	12,35%	± 0,47	24,95%	± 0,56
2005	7,99%	± 0,37	10,87%	± 0,42	22,71%	± 0,53
2006	6,76%	± 0,32	8,88%	± 0,35	19,42%	± 0,47
2007	6,55%	± 0,38	8,34%	± 0,40	17,48%	± 0,49
2008	5,36%	± 0,30	7,01%	± 0,33	15,39%	± 0,43
2009	5,25%	± 0,29	6,71%	± 0,34	14,53%	± 0,43
2011	4,74%	± 0,23	5,73%	± 0,26	12,07%	± 0,35
2012	4,04%	± 0,21	4,98%	± 0,22	10,31%	± 0,31
2013	4,30%	± 0,21	5,16%	± 0,23	10,01%	± 0,32
2014	3,09%	± 0,16	3,90%	± 0,19	8,54%	± 0,29

Fonte: IPEA. *Nota Técnica PNAD 2014*. Disponível em http://www.ipea.gov.br/agencia/images/stories/PDFs/nota_tecnica/151230_nota_tecnica_pnad2014.pdf. Acesso em 16.02.2016.

A opinião pública alardeia que tais ganhos serão revertidos na ausência de elevações nas taxas de juros, redução do salário real e cortes na rede de proteção social. Os sintomas que corroboram este diagnóstico estariam patentes no binômio déficit primário e inflação, impondo o aperto monetário e fiscal como único remédio capaz de nos redimir.

Em abril de 2016, o IPEA publicou "Uma radiografia do gasto público federal entre 2001 e 2015", produzida por Sérgio Wulff Gobetti e Vinícius Lima de Almeida.

Segundo seus autores *"não são raros os erros de análise entre economistas, incluindo os ditos especialistas em finanças públicas, por sua falta de atenção a algumas "armadilhas" das estatísticas fiscais acima da linha"*.

Como apontado pelo estudo, um dos problemas mais frequentes enfrentados por aqueles que pretendem analisar as finanças públicas brasileiras é a falta de séries efetivamente longas, detalhadas e uniformes em termos metodológicos.

O estudo elenca algumas destas mudanças que provocam distorções na análise de séries históricas do gasto público, apenas três operações contábeis respondem por quase um quinto da percepção de elevação do aumento do gasto:

> (...) a percepção de aumento do gasto também tem sido distorcida pela inclusão de despesas intraorçamentárias nas estatísticas

do resultado primário. É o caso recente da compensação ao RGPS pela desoneração da folha de pagamento; do complemento ao FGTS (excluído da despesa até 2011); e das transferências do Tesouro ao BCB desde 2003. Se compararmos as despesas primárias de 2002 e 2014, tal como apresentada no RTN, teremos uma expansão de 19,38% para 21,82% do PIB (incluindo-se transferência para estados e municípios), ou seja, um incremento de 2,07 pontos percentuais (pp.) do PIB. Quase um quinto dessa expansão (0,38 pp. do PIB), entretanto, é mera decorrência destas três operações contábeis.

Outro ponto relevante destacado pelo estudo é que a grande maioria das análises se referem à evolução dos gastos públicos proporcionalmente ao PIB, mas são negligentes na consideração da relevância do denominador (PIB) para a determinação dessa dinâmica (relação gasto público/PIB).

Além de desconsiderar esses problemas contábeis, as análises convencionais também subestimam a contração fiscal ao comparar as despesas em proporção do PIB e a não dar a devida importância ao efeito da profunda recessão sobre o denominador. Se analisarmos as taxas reais de variação (utilizando o deflator do PIB para converter valores nominais em reais), observaremos que a contração fiscal em 2015 chegou a 3,9% no agregado das despesas primárias ajustadas (excluindo-se as operações intra-orçamentárias mencionadas, as sentenças judiciais e o efeito dos acertos de contas dos bancos públicos) e a 11,9%, se olharmos para os gastos de custeio e capital (excluindo-se o FCDF, as sentenças e as operações intra-orçamentárias), sobre os quais o governo possui maior discricionariedade.

Não se pretende menosprezar o problema do gasto público. A impossibilidade de sustentar indefinidamente um crescimento da participação do Estado na economia é evidente, e conforme apontado pelo próprio IPEA, a taxa real média de expansão das despesas primárias superou 4% entre 1999 e 2014.

CAPÍTULO VI – O BRASIL E A FORÇA DO *SOFT POWER*

Alguns dados, no entanto, são capazes de ilustrar a relevância do PIB na determinação da análise dos gastos públicos como seu percentual. O ano de 2009 é apontado pelos "analistas de mercado" como a inauguração da suposta "nova matriz macroeconômica", que teria elevado os gastos e nos conduzido (sete anos depois) à recessão e desequilíbrio fiscal. Curiosamente, a partir de 2009 as despesas primárias do governo central caem em aproximadamente 0,5% do PIB. Já de 2014 para 2015 essas despesas sofrem elevação de quase 1% do PIB.

Sem considerar o crescimento de 7,6% da economia brasileira em 2010, ou a queda de 3,8% do PIB em 2015, na lógica dos autoproclamados especialistas em contas públicas, a análise indicaria uma contração das despesas primárias do governo central a partir de 2009 e uma expansão no ano de 2015.

Discriminação	\multicolumn{15}{c}{Despesas primárias do governo central (2001-2015) (% do PIB)}

Discriminação	2001	2002	2003	2004	2005	2006	2007	2008	2009	2010	2011	2012	2013	2014	2015
Remuneração de empregados	2,61	2,65	2,39	2,33	2,37	2,48	2,42	2,40	2,68	2,59	2,46	2,37	2,41	2,46	2,67
Benefícios Sociais	8,79	9,04	9,27	9,58	9,96	10,27	10,21	9,78	10,49	10,16	10,00	10,18	10,39	10,74	11,09
Subsídios e subvenções	0,34	0,22	0,33	0,28	0,41	0,39	0,40	0,21	0,16	0,23	0,45	0,50	0,65	0,70	1,39
Uso de bens e serviços	1,59	1,58	1,24	1,19	1,22	1,16	1,16	1,07	1,11	1,11	1,07	1,09	1,08	1,17	1,27
Demais despesas	0,38	0,12	0,09	0,15	0,16	0,12	0,15	0,11	0,14	0,08	0,11	0,07	0,12	0,09	0,12
Transferências intergovernamentais	4,98	5,49	4,90	5,08	5,49	5,57	5,67	6,15	5,75	5,58	5,71	5,69	5,28	5,42	5,24
Transferências para o setor privado	0,12	0,13	0,09	0,09	0,11	0,11	0,10	0,10	0,08	0,09	0,07	0,09	0,11	0,12	0,07
Formação bruta de capital fixo	0,41	0,40	0,18	0,26	0,32	0,38	0,42	0,44	0,59	0,75	0,64	0,54	0,60	0,70	0,42
Total	19,20	19,63	18,48	18,96	20,03	20,48	20,54	20,26	21,00	20,59	20,50	20,54	20,64	21,39	22,26

Fonte: GOBETTI, Sergio W.; ALMEIDA, Vinicius A. *Uma Radiografia do Gasto Público Federal entre 2001 e 2015*. Brasília: IPEA, 2016. Texto para Discussão, n. 2191. Disponível em http://www.ipea.gov.br/portal/images/stories/PDFs/TDs/td_2191.pdf. Acesso em 09.05.2016.

Como apontado pelos autores, é notável como os investimentos em formação bruta de capital fixo e as transferências intergovernamentais, que cresciam até 2008 e 2010, respectivamente, caem a partir desses anos e, em virtude do ajuste fiscal, de forma mais acentuada em 2015.

A radiografia oferecida pelo IPEA esclarece características relevantes da evolução dos gastos primários. Os auxílios a estudantes e pessoas físicas, além do próprio Bolsa Família, cresceram de R$ 1,4 bilhão (0,10% do PIB) em 2001, para R$ 43,1 bilhões (0,75% do PIB) em 2015. O auxílio a servidores públicos, como alimentação, transporte, assistência médica e creche, cresceu de R$ 2 bilhões (0,15% do PIB) em 2001, para R$ 11,4 bilhões (0,19% do PIB) em 2015.

No caso da saúde os gastos estruturais evoluíram de R$ 16,7 bilhões em 2001, para R$ 55,5 bilhões em 2011, mas representando os mesmos 1,27% do PIB nesses dois anos e oscilando entre 1,23% e 1,27% na maior parte do período. A partir de 2012 houve uma elevação de 0,09% do PIB (de R$ 62,5 bilhões em 2012 para R$ 80,7 bilhões em 2015) nesses gastos, o que reflete tanto a expansão do programa Saúde da Família (Mais Médicos), quanto do programa Farmácia Popular.

A área de educação se beneficiou do aumento de verbas entre 2009 e 2014 (da ordem de 0,12% do PIB), mas sofre cortes relevantes em 2015. A despesa com custeio dos principais programas mantidos pelo Ministério da Educação (MEC) caiu em valores nominais de R$ 17,9 bilhões em 2014 para R$ 12,7 bilhões em 2015, atingindo universidades federais, o Pronatec e programas que oferecem suporte à atuação de estados e municípios no ensino básico e no ensino infantil.

Em suas considerações finais o estudo delata, sem premiação, a realidade do desajuste econômico ensaiado em 2015:

> Os resultados de 2015 indicaram que, mais uma vez, a principal variável de ajuste foram os gastos de investimentos, sejam os realizados diretamente pelo governo, sejam os realizados por meio de transferências a estados e municípios (...). Os dados indicam ainda que, em termos de custeio, a área de educação tem sido mais prejudicada que a área de saúde (...). A questão principal suscitada por esse diagnóstico, entretanto, é saber o sentido de se fazer um ajuste fiscal que comprima os investimentos e os gastos em educação. Mesmo havendo focos de desperdício tanto nos investimentos quanto na área de educação, não parece razoável imaginar que o saneamento estrutural das finanças públicas comece por estas áreas, principalmente no atual contexto de crise. É preciso pensar uma agenda de reforma fiscal mais estrutural e mais gradual que possa passar por cortes e algumas revisões de benefícios sociais (como pensões ou outros benefícios assistenciais pouco eficientes ou justos), mas que reconheça a importância de se consolidar o estado de bem-estar social no Brasil e de se oferecer uma saúde e uma educação pública de qualidade para a sociedade.

CAPÍTULO VI – O BRASIL E A FORÇA DO *SOFT POWER*

Ressaltadas todas as ressalvas e inconsistências metodológicas nas comparações em séries históricas da arrecadação e gastos do Governo Central, mesmo a apresentação dessas variáveis em valor corrente, sem nenhum tratamento, no sentido oposto ao trabalho do IPEA, também indica um forte componente de influência do ciclo econômico na sua determinação.

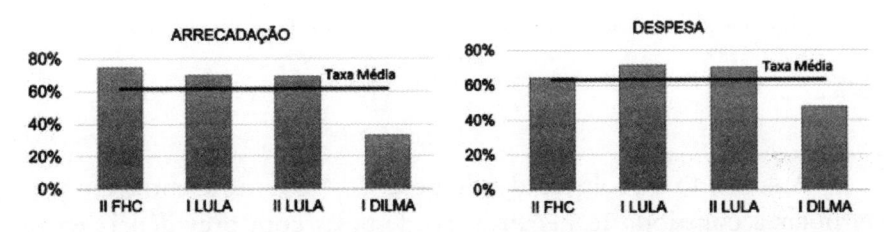

Fonte: Elaboração própria com dados da Secretaria do Tesouro Nacional/Abril 2016

Os gráficos acima registram o comportamento das receitas e despesas em cada período, indicando a acentuada queda nas receitas entre 2011-2014.

O resultado primário do setor público consolidado considera o resultado dos Estados, Municípios e Empresas Estatais, além do Governo Central, que soma os resultados do Tesouro, Banco Central e Previdência Social. Como já afirmado, o setor público consolidado apresentou resultado primário positivo de 1998 até 2013, crescendo entre 2009 e 2011.

RESULTADO PRIMÁRIO

Ano	Valor (R$ bilhões)
2008	R$ 103,58
2009	R$ 64,77
2010	R$ 101,70
2011	R$ 128,71
2012	R$ 104,95
2013	R$ 91,31
2014	-R$ 32,54
2015	-R$ 111,25

Setor Público Consolidado inclui: Governo Central (INSS, Tesouro Nacional e BC), Estados, Municípios e Estatais
Fonte: Elaboração própria com dados do Banco Central

Analisando a evolução das despesas do Governo Central é possível notar a contribuição negativa das despesas com previdência e um forte ponto de inflexão no resultado do Governo Federal em 2014.

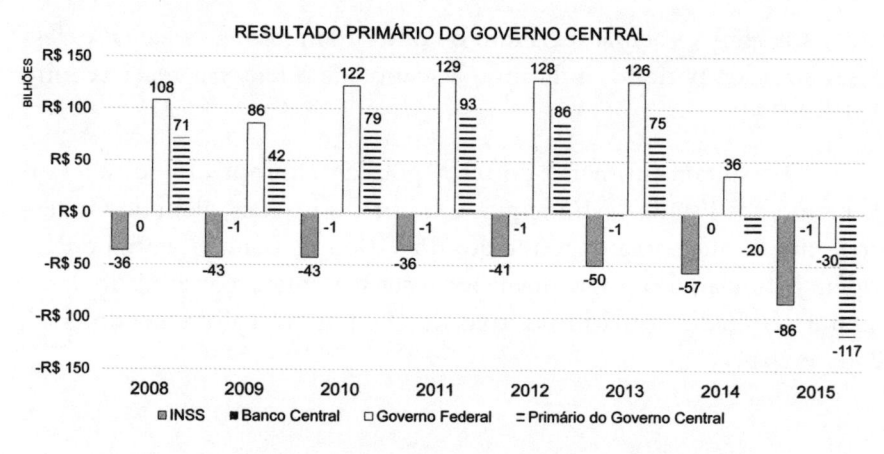

RESULTADO PRIMÁRIO DO GOVERNO CENTRAL

Ano	INSS	Banco Central	Governo Federal	Primário do Governo Central
2008	-36	0	108	71
2009	-43	-1	86	42
2010	-43	-1	122	79
2011	-36	-1	129	93
2012	-41	-1	128	86
2013	-50	-1	126	75
2014	-57	0	36	-20
2015	-86	-1	36	-117 (−30)

Fonte: Elaboração própria com dados da Secretaria do Tesouro Nacional/Abril 2016

Quanto à previdência, a abertura de suas contas revela que o setor urbano apresentou superávit curiosamente desde 2009, mais uma vez o ano da alardeada "guinada na política fiscal", que teria levado aos déficits e recessão. A forte queda em 2015 reflete a redução na atividade econômica e aumento no desemprego.

CAPÍTULO VI - O BRASIL E A FORÇA DO *SOFT POWER*

Há que se ressaltar também o desvio das receitas previstas para o financiamento da Seguridade Social, como a CSLL (Contribuição Social sobre o Lucro Líquido), o COFINS (Contribuição para o Financiamento da Seguridade Social), e o PIS/PASEP (Programa de Integração Social e o Programa de Formação do Patrimônio do Servidor Público).

A Constituição de 1988 determina a elaboração de três orçamentos: Fiscal, da Seguridade Social e o de Investimento das estatais. Na execução orçamentária, entretanto, o governo apresenta conjuntamente o Fiscal e da Seguridade Social, consolidando as receitas e despesas em um único resultado. Adicionalmente, é isolado, para efeito de análise orçamentária, o resultado previdenciário do resto do orçamento da Seguridade.

Um dos principais usos dos recursos desviados da Seguridade Social é o pagamento de juros da dívida pública.

Como aponta o estudo da economista Denise Gentil, da Universidade Federal do Rio de Janeiro, se essas receitas fossem destinadas para a Seguridade Social, como previsto, o resultado da previdência seria amplamente superavitário em R$ 56,7 bilhões em 2010, R$ 78,1 bilhões em 2012, R$ 56,4 bilhões em 2014, e R$ 20,1 bilhões em 2015, apesar das desonerações tributárias realizadas nos últimos 5 anos.

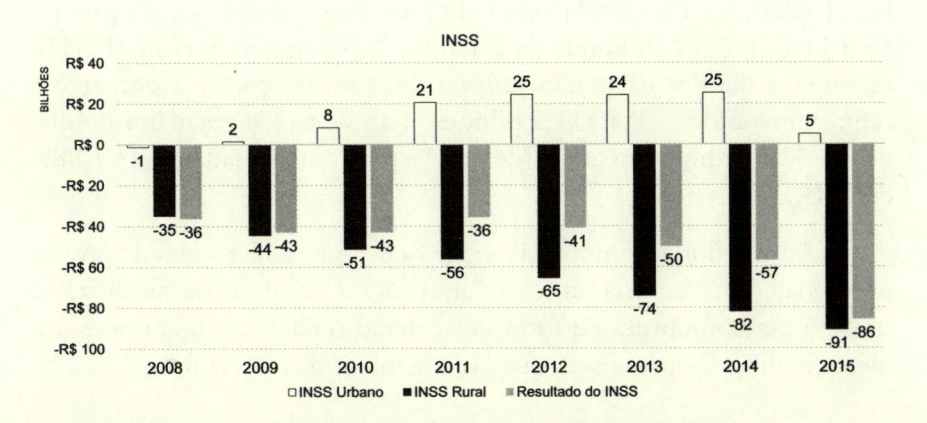

Fonte: Elaboração própria com dados da Secretaria do Tesouro Nacional/Abril 2016

RESULTADO PRIMÁRIO DO GOVERNO CENTRAL

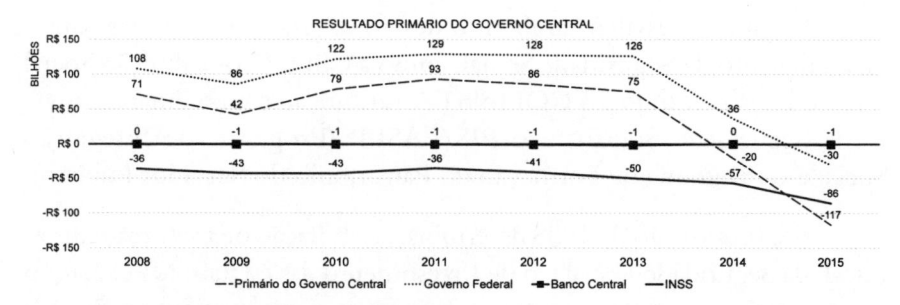

Ano	Primário do Governo Central	Governo Federal	Banco Central	INSS
2008	108	71	0	-36
2009	86	42	-1	-43
2010	122	79	-1	-43
2011	129	93	-1	-36
2012	128	86	-1	-41
2013	126	75	-1	-50
2014		36	0	-57, -20
2015			-1, -30	-86, -117

Fonte: Elaboração própria com dados do Banco Central

A evolução e composição do resultado primário do Governo Central revelam o fracasso da política econômica em conter a queda da arrecadação, afetada pelo declínio da atividade e pela malfadada distribuição de isenções fiscais.

Para juntar ofensa à injúria, no Ano da Desgraça de 2015, as tropelias do ajuste reduziram drasticamente a participação dos investimentos. Comparando o período entre janeiro e setembro de 2014 e 2015 o "ajuste" fiscal reduziu percentualmente 10 vezes mais os investimentos do PAC que as despesas correntes, proporcionou uma redução de 4% das despesas totais, 5,5% nas transferências e de 41% dos investimentos do PAC.[1] No entanto, o déficit primário acumulado em 2015, incluídos os pagamento de R$ 72,4 bilhões ao Banco do Brasil (BB), ao Banco Nacional de Desenvolvimento Econômico e Social (BNDES) e ao Fundo de Garantia do Tempo de Serviço (FGTS) relativos a débitos da União junto a estas instituições e a obrigações referentes a 2015, é R$ 111,2 bilhões, mais de três vezes maior do que os R$ 32,5 bilhões em 2014 (de 0,57% para aproximadamente 1,88% do PIB).

A "sabedoria econômica" exige que a queda da receita do governo tenha como resposta um corte equivalente nas despesas discricionárias. Numa conjuntura de forte desaceleração da economia esse é um método eficaz de promover quedas adicionais da receita fiscal.

---

[1] Comparando o ano de 2014 com 2015, as despesas do Governo cresceram 2,1%, as transferências tiveram redução de 6% e os investimentos do PAC reduziram-se em 25%.

CAPÍTULO VI – O BRASIL E A FORÇA DO *SOFT POWER*

O jornal The Guardian qualificou de "finança Micawber" a proposta do ministro das Finanças, George Osborne, de fixar em lei o superávit do Tesouro britânico. Micawber é um personagem cômico de Charles Dickens no romance David Copperfield. Cômico, porque, entre perorações grandiloquentes a respeito de temas financeiros, fracassava irremediavelmente em seus negócios. Quando a vida lhe aprontou uma sucessão de derrotas, Micawber proclamou em seu incurável otimismo: "Bem-vinda pobreza! Bem-vinda miséria! Bem-vinda fome! Bem-vindos farrapos, tumultos e mendicância! A confiança mútua vai nos sustentar até o fim".

Na outra pata, a política monetária é administrada agressivamente com o propósito de empurrar a inflação para a meta.

O "ajuste econômico" anunciado pelo governo Temer em meados de 2016 é distinto do ensaiado em 2015, quando foram empregados cortes nas despesas discricionárias, com o propósito de converter o déficit fiscal em superávit no curto prazo. A revisão da meta fiscal autorizou quase dobrar o déficit primário em 2016 (para mais de R$ 170 bilhões), sinalizando a ampliação dos gastos no ano, ao invés do esperado e alardeado corte.

A nova métrica do "equilíbrio fiscal" busca impedir o crescimento real do gasto primário de um ano para o outro, pois sua ampliação será limitada pela inflação do ano anterior. A redução de sua participação percentual no PIB não será obtida pelo corte absoluto no curto prazo, mas pela perda da participação relativa decorrente de um crescimento inferior ao da expansão do PIB ao longo dos anos.

Com o confinamento do gasto primário, nos próximos anos, todo excedente de arrecadação produzido será revertido para o pagamento dos juros e, dependendo da evolução da receita, também para o abatimento do principal da dívida. Isso, se o crescimento econômico colaborar.

A imposição de limite linear e genérico às despesas primárias, como consta na Emenda Constitucional que propõe um "novo regime fiscal", pode deteriorar ainda mais a qualidade do gasto público. Historicamente, as despesas com atividades meio e custeio apresentam tendência mais autônoma de crescimento. Por exclusão, os investimentos assumem o papel de despesas discricionárias. Os investimentos, já baixos e insuficientes, podem ser comprimidos ainda mais com a imposição de um limite genérico. Um regime fiscal que se pretende anticíclico necessariamente deve enfrentar a composição das despesas primárias.

A imposição de limites cada vez mais restritos às despesas com serviços essenciais como saúde, educação, moradia, saneamento e transporte, enquanto juros podem exorbitar livremente, sinaliza simultaneamente credibilidade ao rentismo e temor à população de moratória ao contrato social.

A dinâmica perversa da relação dívida/PIB não pode ser compreendida sem considerar os efeitos da política monetária no resultado fiscal. A Grécia detém uma dívida equivalente a 170% do seu PIB, mas despende 5% do seu PIB em juros, enquanto o Brasil paga quase 10% do PIB em juros com uma dívida inferior a 70% do PIB. A história recente da evolução da dívida pública no Brasil demonstra o avesso da sabedoria convencional. Dizem os sabichões que a taxa de juro é elevada por causa do estoque da dívida, mas o caso brasileiro parece afirmar que a dinâmica da dívida é perversa por causa da taxa de juro de agiota.

O Japão, um dos países mais endividados do mundo, sustenta uma dívida pública equivalente a 250% do seu PIB, mas suas taxas de juros são iguais ou menores que 0%. Os EUA detêm uma dívida de mais de 105% do seu PIB e o FED pratica taxa de juros inferiores a 0,75%. Os países da Zona do Euro apresentam endividamento de aproximadamente 92% do seu PIB, e o BCE também pratica taxas de juros nulas.

A Rússia deve em torno de 18% do seu PIB e sustenta taxas de juros elevadas, de 10,5%. A taxa de juros na Índia é de 6,5%, significativamente inferior à russa, apesar de sua dívida pública ser 66% do seu PIB. Na industriosa China a relação dívida/PIB está em torno de 45% e os juros de 4,3%.

Os resultados primários informados pelo FMI tampouco oferecem amparo às hipóteses que relacionam "espaço fiscal" e juros. Para evitarmos embates metodológicos acerca de defasagens temporais entre causa e efeito, utilizaremos uma singela média dos resultados primários de 2007

CAPÍTULO VI – O BRASIL E A FORÇA DO *SOFT POWER*

a 2015 para uma amostra de países. Rússia, Índia, China, México, EUA, Reino Unido e Japão apresentam média deficitária (déficit primário), enquanto Chile, Alemanha, Turquia e Brasil apresentam média superavitária (superávit primário) no mesmo período.

Mais uma vez o Japão, que figura há tempos entre as menores taxas de juros do mundo, apresenta o pior resultado fiscal entre os países, com um déficit primário médio no período em torno de 6,5%. O México exibe déficit primário médio de 0,8% do PIB e pratica juros de 4,25%, já a Turquia com quase 1,3% de superávit médio sustenta juros de 7,5%. O Brasil, com a maior média de superávit primário entre 2007 e 2015 dentre os países elencados (pasmem!), quase 2% do PIB, exibe a exuberante mais alta taxa de juros do mundo. A dinâmica perversa decorre dos efeitos da política monetária no resultado fiscal: mesmo no ano da desgraça fiscal de 2016, mais de 90% do déficit nominal que engordou a dívida bruta no primeiro trimestre foi devido ao pagamento de juros nominais, e não ao déficit primário.

Tal trapalhada nas relações de determinação entre juro e dívida decorre de outra: ignorar que no sistema monetário internacional prevalece hierarquia entre as moedas (o dólar é mais "líquido" do que o real). Assim, na era da globalização financeira, a descuidada abertura da conta de capitais aprisionou as políticas econômicas "internas" à busca de condições atraentes para os capitais em livre movimento.

Em 1994 a forte valorização cambial reduziu a inflação mensal para a casa do 1%, porém ampliou o componente que correlaciona a formação da taxa de juros com a expectativa de desvalorização do câmbio. Assim, as taxas reais não podem ser reduzidas abaixo de determinados limites exigidos pelos investidores para adquirir e manter em carteira um ativo denominado em moeda fraca. Desde então, a volatilidade dos fluxos financeiros é o fio desencapado que detona choques de juros na instância fiscal e traumas de valorização/desvalorização do câmbio, desorganizando as expectativas de longo prazo, leia-se, as decisões de investimento.

Nessa toada, com um déficit nominal dançando nas cercanias de 10% do supracitado PIB, fica cada vez maior o esforço necessário para interromper a trajetória crescente da relação dívida/PIB. São as "pedaladas" da recessão e do desemprego, consequências não só admitidas como exaltadas e celebradas pelos impávidos cruzados do tripé macroeconômico. "Bem-vinda miséria! A confiança mútua vai nos sustentar até o fim".

Em fevereiro de 2013, o Boletim Focus, que reúne as projeções dos "principais economistas do mercado", previa crescimento do PIB de quase 4% ao ano para 2014, 2015 e 2016. Após o "ajuste econômico" a economia passou de um crescimento de 0,5% em 2014, para o segundo ano consecutivo de retração de quase 4%.

O desempenho pífio de 2014 instigou o "consenso" em torno das políticas econômicas que deveriam ser adotadas tempestivamente. O mergulho depressivo iniciado entre o crepúsculo de 2014 e a aurora de 2015 pode ser apresentado como um exemplo do fenômeno que as teorias da complexidade chamam de "realimentação positiva" ou, no popular, "quanto mais cai, mais afunda".

A combinação entre choques negativos de oferta e seus efeitos sobre a renda agregada da economia suscitou um processo de "realimentação positiva" decorrente das reações de autoproteção das empresas, bancos e consumidores, estes ameaçados pelo desemprego.

As fábricas se encharcam de capacidade ociosa. Endividadas em reais e em moeda estrangeira, as empresas são constrangidas a ajustar seus balanços diante das perspectivas de queda da demanda e do salto do serviço da dívida. Para cada uma delas era racional dispensar trabalhadores e funcionários, assim como, diante da sobra de capacidade, procrastinar investimentos que geram demanda e empregos em outras empresas. Para cada banco individualmente era recomendável subir o custo do crédito e racionar a oferta de novos empréstimos.

Os consumidores, bem, os consumidores reduzem os gastos. Uns estão desempregados e outros com medo do desemprego. Assim, o comércio capota, não vende e reduz as encomendas aos fornecedores que acumulam estoques e cortam ainda mais a produção. As demissões disparam. A arrecadação míngua, sugada pelo redemoinho da atividade econômica em declínio. Isso enquanto a dívida pública cresce sob o impacto dos juros reais e engorda ainda mais os cabedais do rentismo caboclo.

CAPÍTULO VI – O BRASIL E A FORÇA DO *SOFT POWER*

As decisões "racionais" do ponto de vista microeconômico, prestam homenagem às falácias de composição que infestam os modelos macroeconômicos: o que parece bom para o 'agente individual', seja ele empresa, banco ou consumidor, é danoso para o conjunto da economia.

Confrontando o trimestre de agosto a outubro de 2016 com igual trimestre de 2015, os dados do IBGE apontam uma elevação de 3 milhões de pessoas desocupadas na força de trabalho, um acréscimo de 32,7%. A massa de rendimento real habitualmente recebida pelas pessoas ocupadas em todos os trabalhos mostrou redução de 3,2%.

De janeiro a setembro, a quantidade de pedidos de recuperação judicial cresceu 62% frente ao mesmo período de 2015, fruto do longo castigo imposto aos fluxos de caixa das empresas pela queda na demanda e restrições ao crédito. Nos primeiros nove meses do ano foram feitos 1.405 pedidos de falências no país. O número representa um aumento de 6% em relação ao mesmo período de 2015.

Pedidos de "paciência" ou "controle da ansiedade", em meio a celebrações de economistas pela queda do salário real, se chocam com a realidade da vida das pessoas de carne e osso, e denunciam a dissonância da narrativa da retomada da confiança com os movimentos da economia concreta. A retração de 0,8% do PIB no terceiro trimestre de 2016 foi a sétima de uma sequência iniciada no primeiro trimestre de 2015. A confiança do empresário é a demanda, a do trabalhador seu emprego. Ao redor do globo, governos buscam dinamizar suas economias com baixas taxas de juros; parcerias com a iniciativa privada na coordenação e promoção de investimentos em inovações, buscando protagonismo na nova revolução industrial; e programas maiores e de longa duração na melhoria da infraestrutura pública, que, nas palavras da The Economist, "dariam às empresas privadas uma maior confiança sobre a demanda futura e tornariam mais provável uma recuperação sustentada".

A mídia brasileira espargiu a convicção da rápida recuperação do crescimento econômico, pois a confiança havia sido restabelecida e o hiato do produto ampliado. A crise purgaria rapidamente os excessos decorrentes do "estímulo artificial". Apesar do "pensamento positivo" do *establishment*, a involução do cenário econômico ao longo desses últimos 24 meses de "ajuste econômico" agita a pulga que percorre a parte posterior das orelhas dos eleitores. O país fechará 2016 com quase o dobro de desempregados, após 21 meses consecutivos de desligamentos de trabalhadores com carteira assinada acima das admissões. Pela primeira vez desde 1992, quando começou a série do Cadastro Geral de Empregados e Desempregados (Caged), o mercado formal de trabalho vai encerrar o ano com perda de empregos em todos os 12 meses.

As contas do setor público consolidado registraram em novembro déficit de R$ 39,1 bilhões, recorde para meses de novembro dentro da série histórica do BC, que começou em 2001. No acumulado de janeiro a novembro de 2016, o déficit nas contas do setor público consolidado foi de R$ 85,1 bilhões, recorde também para o período dentro da série histórica do BC. Para o mesmo período de 2015 o déficit foi de R$ 39,5 bilhões.

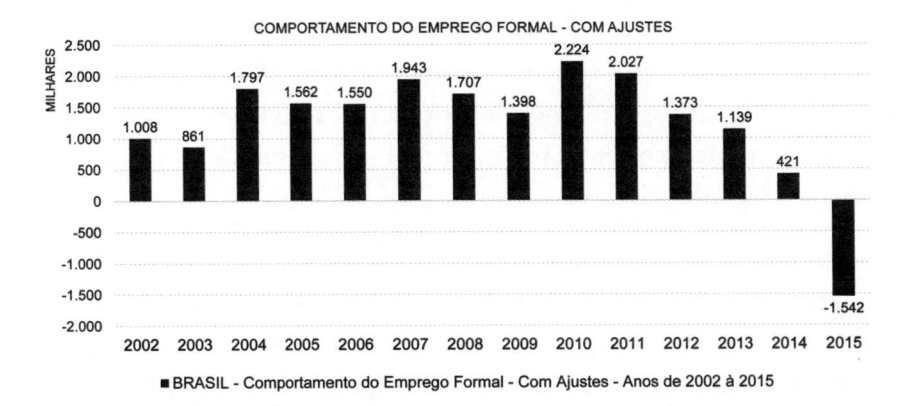

CAPÍTULO VI – O BRASIL E A FORÇA DO *SOFT POWER*

COMPORTAMENTO DO EMPRESO FORMAL - COM AJUSTES (MILHARES)

Ano	Valor
2002	1.008
2003	861
2004	1.797
2005	1.562
2006	1.550
2007	1.943
2008	1.707
2009	1.398
2010	2.224
2011	2.027
2012	1.373
2013	1.139
2014	421
2015	-1.542

■ BRASIL - Comportamento do Emprego Formal - Com Ajustes - Anos de 2002 à 2015

Fonte: CAGED. *Balanço do Nível de Emprego Formal Celetista (2015)*. Brasília: Ministério do Trabalho e Previdência Social, Janeiro de 2016.

EVOLUÇÃO DO SALÁRIO MÉDIO REAL* DE ADMISSÃO POR SEXO (R$)

Ano	Masculino	Feminino	Total
2003	922,15	839,18	895,69
2004	955,03	864,69	925,83
2005	994,72	895,51	961,73
2006	1.047,84	946,18	1.014,00
2007	1.095,05	974,55	1.054,78
2008	1.133,72	994,23	1.085,98
2009	1.151,27	1.012,65	1.103,04
2010	1.211,14	1.054,10	1.155,78
2011	1.257,07	1.078,61	1.191,84
2012	1.316,66	1.131,93	1.247,73
2013	1.352,98	1.159,78	1.280,07
2014	1.364,39	1.175,92	1.291,86
2015	1.333,26	1.171,91	1.270,74

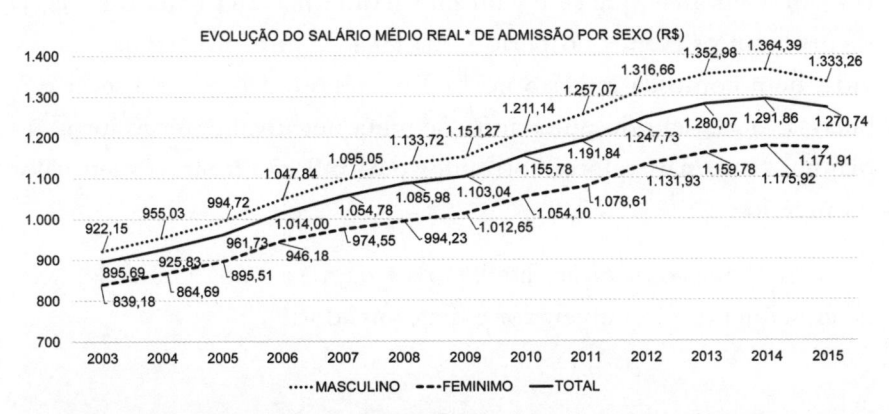

* Deflacionado pelo INPC médio do Ano de 2015
Fonte: CAGED. *Balanço do Nível de Emprego Formal Celetista (2015)*. Brasília: Ministério do Trabalho e Previdência Social, Janeiro de 2016.

DOMINAÇÃO FINANCEIRA E DÍVIDA PÚBLICA

A relação dívida/PIB e sua evolução representam um relevante indicador do ônus imposto à sociedade, geralmente durante várias gerações, para honrar as obrigações de dívida contraídas pelo setor público.

O Produto Interno Bruto de um país constitui a soma, em valores monetários, de todos os bens e serviços finais produzidos durante um determinado período. O denominador da razão dívida/PIB é expresso a preços correntes, portanto, seu valor tem relação direta com a inflação e atividade econômica.

A dívida representa um estoque de obrigações do setor público e apresenta relação direta com as despesas com juros, com perdas em operações do Banco Central no mercado de câmbio e outras despesas que superem as receitas do setor público (déficit primário). Enquanto numerador da relação dívida/PIB seu valor também é expresso em valores correntes.

A informação que ambos têm seus valores expressos em preços correntes significa que se encontram na mesma data base, ou seja, já incorporam os efeitos no período da taxa de juros no estoque da dívida, bem como da inflação no PIB, receitas e despesas do setor público. É nesse sentido que a inflação afeta negativamente os juros, ao majorar os demais valores corrigidos pela inflação frente ao seu valor monetário.

A evolução da razão dívida/PIB é expressão dos efeitos das taxas de crescimentos do numerador e denominador:

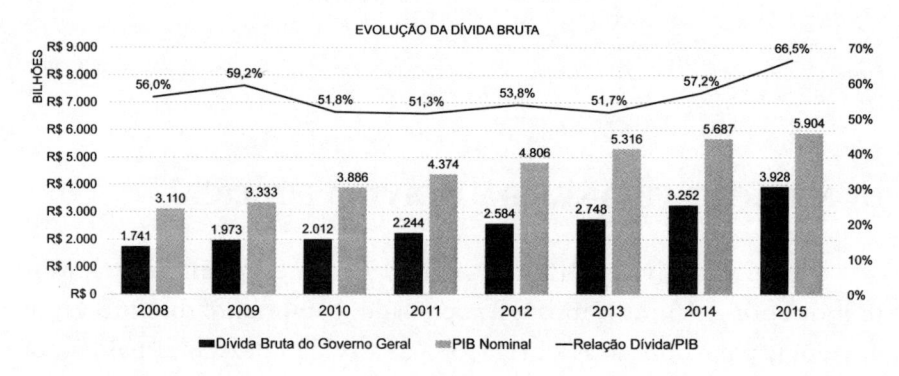

EVOLUÇÃO DA DÍVIDA BRUTA

Ano	Dívida Bruta do Governo Geral (R$ bilhões)	PIB Nominal (R$ bilhões)	Relação Dívida/PIB
2008	1.741	3.110	56,0%
2009	1.973	3.333	59,2%
2010	2.012	3.886	51,8%
2011	2.244	4.374	51,3%
2012	2.584	4.806	53,8%
2013	2.748	5.316	51,7%
2014	3.252	5.687	57,2%
2015	3.928	5.904	66,5%

Fonte: Elaboração própria com dados do Banco Central

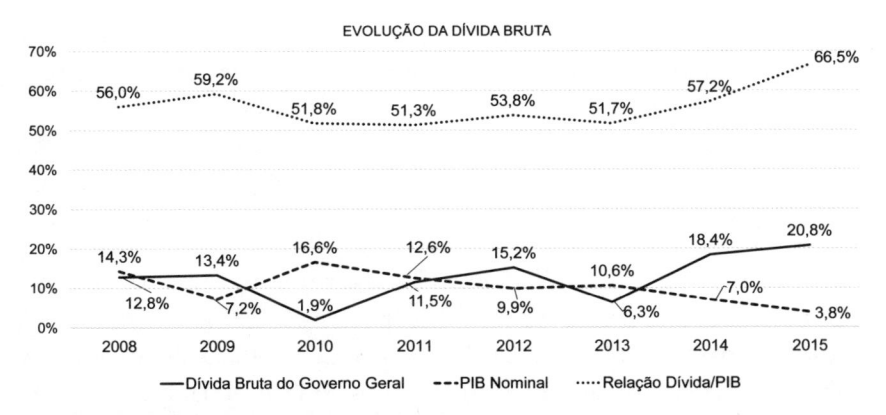

CAPÍTULO VI – O BRASIL E A FORÇA DO *SOFT POWER*

EVOLUÇÃO DA DÍVIDA BRUTA

Ano	2008	2009	2010	2011	2012	2013	2014	2015
Dívida Bruta do Governo Geral	56,0%	59,2%	51,8%	51,3%	53,8%	51,7%	57,2%	66,5%
PIB Nominal	14,3%	13,4%	16,6%	12,6%	15,2%	10,6%	18,4%	20,8%
Relação Dívida/PIB	12,8%	7,2%	1,9%	11,5%	9,9%	6,3%	7,0%	3,8%

Fonte: Elaboração própria com dados do Banco Central

Toda vez que o numerador (dívida) cresce a taxas maiores do que o denominador (PIB) a razão aumenta, sendo o inverso também verdadeiro. Pode parecer óbvio, mas a sistemática tortura dos números nas mãos de economistas truculentos, que tentam forçá-los a confissões vexaminosas, demanda a revalidação das regras aritméticas elementares.

Em 2013 as despesas com juros nominais foram de R$ 248 bilhões. Entre os principais componentes desse valor estão as despesas com juros atreladas: a taxa Selic de R$ 98 bilhões, a índices de preços de R$ 88 bilhões e pré-fixados de R$ 79 bilhões. As despesas com juros atrelados a TR e perdas com *swap* cambial representam menos de 5% das despesas com juros no período (quase R$ 12 bilhões). A rubrica TJLP, que se refere a fundos constitucionais, créditos junto ao BNDES e aplicações com recursos do FAT, colaborou para abater as despesas com juros nominais em quase R$ 28 bilhões. Os títulos e dívidas atrelados à variação do câmbio também geraram uma redução nas despesas com juros no valor de R$ 663 milhões.

Ao longo de 2013 a taxa Selic foi majorada de 7,25% para 10%. Apesar da dívida bruta ter crescido de R$ 2,584 trilhões para R$ 2,748 trilhões, a relação dívida/PIB ao longo de 2013 caiu de 53,8% para 51,7%, pois a dívida cresceu 6,3% e o PIB nominal 10,6%. O setor público consolidado apresentou um superávit primário de R$ 91 bilhões (1,7% do PIB).

Em 2014 as despesas com juros nominais foram de R$ 311 bilhões. Os juros atrelados à taxa Selic foram de R$ 118 bilhões, índices de preços de R$ 102 bilhões, pré-fixados de R$ 87 bilhões, TR de R$ 13 bilhões, Câmbio de R$ 1 bilhão e as perdas com *swap* cambial de R$ 17 bilhões. A rubrica TJLP abateu as despesas com juros nominais em R$ 28 bilhões.

A taxa Selic iniciou 2014 em 10% e terminou o ano em 11,75%. A dívida bruta cresceu de R$ 2,748 trilhões para R$ 3,252 trilhões. A relação dívida/PIB subiu de 51,7% para 57,2%, pois a dívida cresceu 18,4% e o PIB nominal 7%. O setor público consolidado apresentou um déficit primário de R$ 32,5 bilhões (0,57% do PIB).

De janeiro a dezembro de 2015 as despesas com juros nominais alcançaram os R$ 501,8 bilhões. Os juros atrelados à Selic foram de R$ 179,1 bilhões, índices de preços quase R$ 147,2 bilhões, pré-fixados de R$ 112 bilhões, TR de R$ 12,4 bilhões, câmbio de R$ 2,8 bilhões e as perdas com *swap* cambial de R$ 89,7 bilhões. A rubrica TJLP abateu as despesas com juros nominais em R$ 41,5 bilhões.

Em 2015 a taxa Selic foi elevada para 14,25% e a dívida bruta para R$ 3,928 trilhões em dezembro. A relação dívida/PIB alcançou 66,5%, elevando-se em 9,3% do PIB em relação a dezembro de 2014, com o crescimento da dívida de 21% e do PIB nominal de 3,8%.

Essa dívida foi acrescida por um déficit nominal de R$ 613 bilhões, equivalente a 10,38% do PIB, resultado de um déficit primário consolidado de R$ 111,2 bilhões, 1,88% do PIB, e as despesas com juros nominais de R$ 501,8 bilhões, 8,50% do PIB, que incluem perdas com operações no mercado de câmbio no valor de R$ 89,7 bilhões, 1,52% do PIB.

Portanto, em 2015, as despesas com juros nominais foram responsáveis por 82% do déficit nominal que aumentou a dívida bruta, enquanto o déficit primário responde por 18%.

Foi percebido no período entre 2013 e 2015 uma elevação de 7 pontos na taxa Selic (de 7,25% para 14,25%) e de 14,8% do PIB na dívida (51,7% para 66,5%).

CAPÍTULO VI – O BRASIL E A FORÇA DO *SOFT POWER*

Dizem as fórmulas que o equilíbrio da relação entre dívida e PIB exige que o PIB nominal cresça à mesma taxa que a dívida nominal. Em caso de evolução insuficiente do PIB, para evitar a majoração da razão fatal, ensina a aritmética, é preciso impedir o crescimento do numerador (dívida) a uma velocidade superior ao denominador (PIB nominal).

Como já afirmado, em 2014 a relação dívida/PIB era de 57,2%. Em 2015 a dívida bruta cresceu quase 21%, saltando para os indigitados R$ 3,927 trilhões. O crescimento nominal do PIB foi de 3,8%, alcançando o valor de R$ 5,904 trilhões. A dívida deveria estacionar em R$ 3,377 trilhões para manter a mesma proporção em relação ao PIB de R$ 5,904 trilhões em 2015, ou seja, encolher a dívida em R$ 550 bilhões, equivalente a 9,3% do PIB ao final do período.

Para ilustrarmos a inexequibilidade desse esforço, citamos novamente os valores que orçamento original destinou em 2015 aos ministérios da educação (R$ 103 bilhões), da saúde (R$ 121 bilhões) do desenvolvimento social (R$ 75 bilhões) dos transportes (R$ 20 bilhões). Somados ao déficit da previdência (R$ 86 bilhões) os gastos chegariam a R$ 405 bilhões. Fossem os recursos destinados ao pagamento de juros de R$ 502 bilhões ainda faltariam quase R$ 100 bilhões para fechar a conta.

Ainda que a inflação financie parte da majoração do PIB nominal, o irrealismo do resultado primário sugere a insuficiência do esforço da política fiscal para evitar uma trajetória exponencial da relação dívida/PIB.

Em um cenário de depressão econômica os juros assumem relevância ainda maior na dinâmica da relação dívida/PIB, pois aumenta a disparidade das taxas de crescimento do numerador (dívida) e denominador (PIB). A crise reduz também a arrecadação do Governo, fazendo com que o resultado primário majore a dívida ao invés de colaborar com sua amortização.

Ainda assim, a ciência da polarização privilegiada do mundo dos pensamentos, capaz de abstrair dados e exigências do mundo circundante, grita, a plenos pulmões, a peremptoriedade da elevação na taxa Selic para conter pressões inflacionárias.

Pedimos licença a Immanuel Kant para tomar de empréstimo, sem juros e nenhuma indexação, um excerto do celebrado *O que é o Iluminismo?*: "Dogmas e fórmulas, instrumentos mecânicos do uso racional, ou antes, do mau uso dos seus dons naturais são os grilhões de uma minoridade perpétua".

DOMINAÇÃO FINANCEIRA E INFLAÇÃO

O regime de metas, dizem os entendidos, tem o propósito de definir a regra ótima de reação do Banco Central. Trata-se da regra que, ao longo do tempo, fortalece a confiança dos mercados no manejo da taxa de juros de curto prazo entregue à responsabilidade dos BCs. Ao adequar suas decisões às expectativas (racionais) dos formadores de preços e dos detentores de riqueza, os bancos centrais tornariam mais suave o processo de manutenção da estabilidade do nível geral de preços, reduzindo a amplitude das flutuações da renda e do emprego.

No livro *Interest and Prices*, um dos luminares do regime de metas, Michael Woodford recomenda: o regime de metas deve almejar a estabilização dos preços que são reajustados com pouca frequência (*sticky prices*). Flutuações mais intensas nos preços sujeitos a ajustamentos frequentes ou choques de oferta atípicos devem ser excluídas dos modelos que adotam o regime de metas de inflação. Diz Woodford: "Um regime apropriado de metas deve descartar as flutuações nos preços dos ativos (financeiros) (...). A teoria sugere também que nem todos os bens são igualmente relevantes. Os bancos centrais deveriam adotar a meta de estabilização do núcleo da inflação (*core inflation*), o que coloca maior ênfase nos preços mais rígidos", ou seja, menos sujeitos a choques de oferta.

A subida de preços nominais pode resultar de choques temporários nos preços das matérias-primas e alimentos ou de um reajuste intempestivo de preços administrados. Choques de oferta devem ser tratados com cautela para não contaminar de forma adversa as expectativas dos agentes.

CAPÍTULO VI – O BRASIL E A FORÇA DO *SOFT POWER*

A reação do Banco Central deve considerar também os efeitos negativos sobre a dívida pública e o déficit nominal originados por um "excesso" no manejo da taxa de juros de curto prazo.

A teoria fiscal de Woodford analisa uma economia com estoques de dívida pública e privada. Sua argumentação procura mostrar que, em uma situação de dominância fiscal, a dívida pública segue numa trajetória explosiva se a taxa de juros real se eleva no esforço para atingir a meta. Nessa situação, a queda da inflação agrava a dinâmica perversa da relação dívida/PIB.

O economista-chefe do Citigroup, Willem Buiter, mostra com clareza as dificuldades de execução da política de metas numa situação de dominância fiscal. Constata o óbvio: "A elevação da taxa de juros real causa o crescimento da dívida por duas razões. Primeiro, faz saltar o custo real do serviço da dívida. Segundo, ao reduzir a demanda de bens, serviços e de trabalhadores, a elevação do juro real provoca uma queda da receita fiscal e impede a obtenção do superávit primário".

A desaceleração da economia e as desonerações encolheram sistematicamente o fluxo de receitas que acorrem aos cofres do governo. No acumulado de 2013, a arrecadação bruta das receitas federais evoluiu, em termos reais, a uma taxa de 4,1%. Em 2014 a arrecadação apresentou queda real de 1,8%. Com o ajuste fiscal brasileiro de 2015, a receita caiu mês após mês, acompanhando a queda da renda e do emprego, apresentando queda acentuada de 5,6%, representando o pior desempenho da arrecadação da série histórica, que tem início em 1995.

São especiosos os argumentos para justificar as elevadas taxas de juros praticadas no Brasil, sob a lógica que uma das principais funções do modelo de metas da inflação é exercido pelo canal das expectativas. Juros inferiores seriam uma sinalização de renúncia ao comprometimento de fazer o IPCA convergir para a meta. A deterioração das expectativas teria impacto na inflação futura.

Como já mencionado, de 2013 para 2015 a Selic praticamente dobrou, com acréscimo de 7 pontos, prometendo enfiar a inflação na meta, mas entre abril de 2013 e dezembro de 2015 o IPCA subiu 22,35%, depois de um choque de tarifas destinado a alinhar os preços relativos. O argumento de que a política monetária leva tempo para fazer efeito, e o diagnóstico de inflação de demanda sucumbem ao peso de quase três anos de escalada dos juros e a profundidade da recessão.

O atual sinistro que, sim, já se descortinava antes de 2015, parece indecifrável sem a colaboração da política monetária. O BC promoveu a elevação na taxa Selic de 7,25% para 14,25% entre abril de 2013 e julho de 2015. Comparando o quarto trimestre de 2013, período posterior ao início da escalada de 96,5% da taxa Selic, com o quarto trimestre de 2015, a Formação Bruta de Capital Fixo sofreu uma queda de 24%, o consumo das famílias de 5% e o PIB de 6,5% (IBGE).

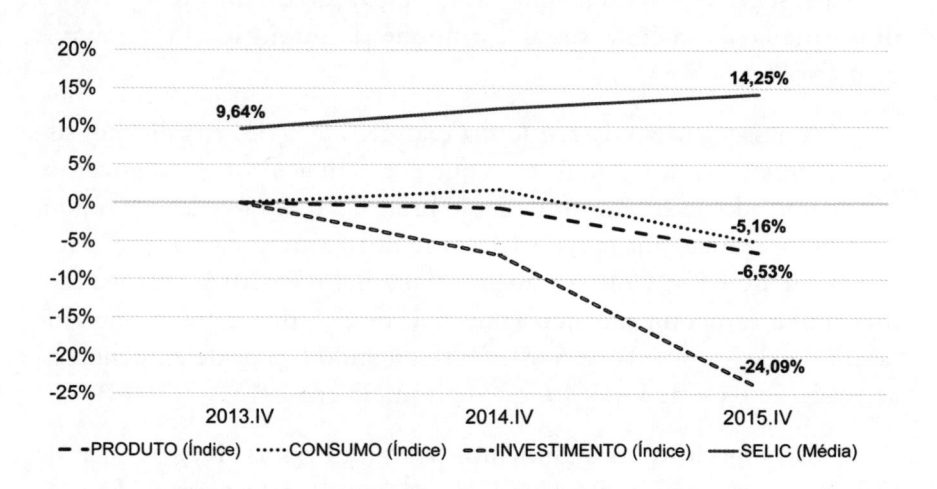

Fonte: Elaboração própria com dados do Banco Central

Ao fim de 2014, logo após as eleições, a necessária correção de preços administrados foi posta em prática carecendo de recomendável temperança. Em dezembro de 2014 a inflação dos preços administrados era de 5,32%, em março de 2015 chegou a 13,37%.

CAPÍTULO VI – O BRASIL E A FORÇA DO *SOFT POWER*

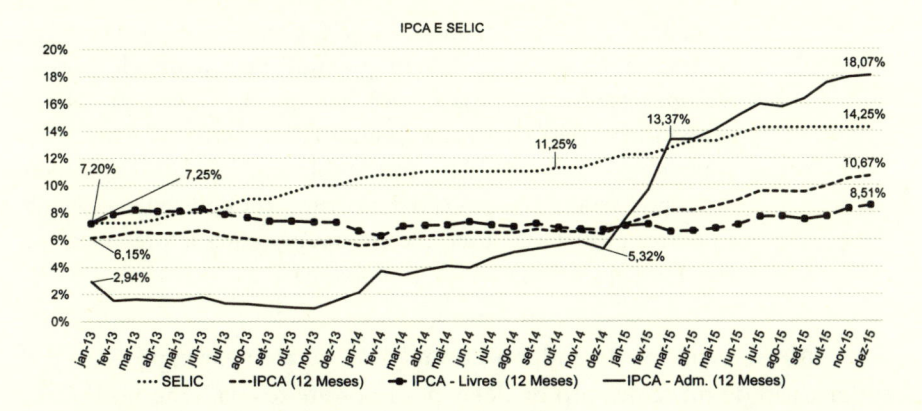

Fonte: Elaboração própria com dados do Banco Central; IBGE.

Em 2015 a elevação dos preços medida pelo IPCA foi de 10,67%, sendo que os preços administrados tiveram uma elevação de 18,07%, enquanto os preços livres subiram 8,51%.

Discutidores de *bonds* ressaltam que os preços livres também se encontram acima da meta de inflação, mas a suposição de pressões de demanda encontra objeções nas evidências do colapso do produto e da renda. Os resistentes se apegam à seita das expectativas racionais ou se contorcem para conciliar a inflação e a indemonstrável hipótese do hiato do produto potencial, uma esperteza estatística para dizer pouco, no espartilho da curva de Phillips.

Os efeitos do choque nos preços administrados e do câmbio nos preços livres foram decisivos para o salto da inflação. No ano de 2015 a energia elétrica cresceu 51%, o Etanol 29,63%, Gás de Botijão 22,55%, a Gasolina 20,10% e o câmbio sofreu desvalorização de 47%.

No dia 20 de janeiro de 2016, Joseph Stiglitz, Prêmio Nobel de Economia, em entrevista ao jornal Estado de São Paulo comentou a política e conjuntura econômica brasileira:

> Vocês têm uma das mais altas taxas de juros no mundo. Se o Brasil reagisse à queda no preço das exportações com medidas contracíclicas, o país talvez pudesse ter evitado a intensidade da atual crise (...). Esse modelo que diz que, se a inflação está alta, você sobe os juros é uma teoria que foi desacreditada. É preciso

saber qual é a fonte da inflação. Se for excesso de demanda, aí você sobe os juros, porque tem que moderar a demanda. Mas se for um impulso por custos, você tem que ser cuidadoso. Nesse caso, a forma pela qual a alta de juros reduz a inflação é matando a economia (...) vocês têm dois problemas: o colapso do preço das exportações e o escândalo de corrupção. O que eu disse é que a política monetária deveria se contrapor a esses fatores, mas, em vez disso, ela está agravando o problema.

Nesse cenário, defender a elevação na taxa de juros pressupõe a superstição de um aumento da defasagem dos efeitos da Selic no IPCA, novamente após mais de três anos do início da sua elevação, ou insuficiência de seu atual patamar para convencer o mercado do comprometimento do BC em fazê-la convergir para a meta.

Economistas mercadores desfilam sua memória seletiva, omitindo sem ruborizar que apoiaram e participaram diretamente da flexibilização da meta de inflação no passado recente, condenando como "esperteza" e incompreensão do funcionamento da meta de inflação qualquer alternativa à elevação na taxa de juros.

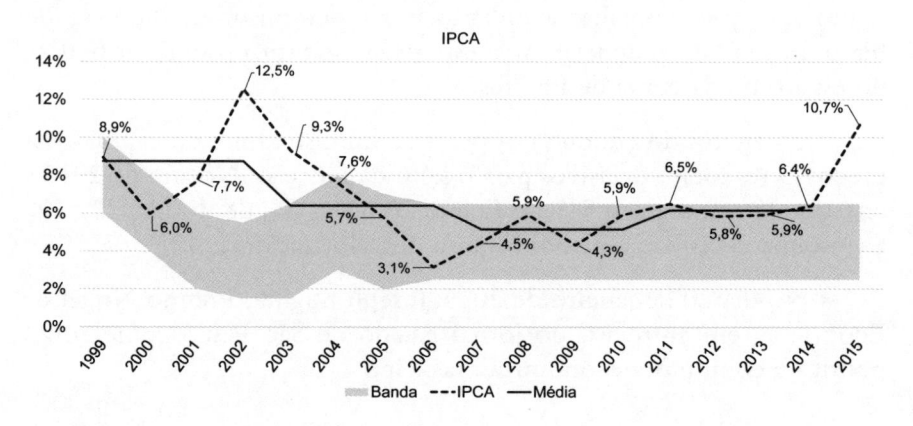

Fonte: Elaboração própria com dados do IBGE.

Um aperto monetário ainda maior atuará de forma pro-cíclica nessas variáveis e decorrentes pioras das avaliações de risco país.

CAPÍTULO VI – O BRASIL E A FORÇA DO *SOFT POWER*

No dia 28 de dezembro de 2015, em artigo publicado no jornal Valor Econômico, Joaquín A. Cottani, economista-Chefe para a América Latina da *Standard & Poor's Ratings Services*, demonstrou aos discutidores de *bonds* locais a falibilidade da máxima do Barão de Itararé[2], às vezes de onde menos se espera, vem uma jamanta e nos atropela:

> O Brasil enfrenta uma situação fiscal de emergência agravada por uma recessão ampla e profunda. Se as autoridades não encontrarem uma solução rápida e eficaz para ambos os problemas, isso resultará em um crack financeiro que incluirá uma maxidesvalorização da moeda local acompanhada de aceleração da inflação e queda no produto interno bruto (...). O Ministério da Fazenda, da mesma forma que muitos analistas do setor privado, enfatiza a melhora do resultado fiscal primário, sem, no entanto, advertir que tão importante como este para se determinar a dinâmica da dívida pública (e muito mais fácil de se reduzir) é, em realidade, o seu custo financeiro, que hoje absorve quase 9% do PIB. Ainda, ignorando-se as perdas incorridas neste ano pelo Banco Central do Brasil (BCB) na venda de swaps cambiais, os juros líquidos somam 7% do PIB. E, dado que a dívida líquida (diferentemente da bruta) não chega a 35% do PIB, o custo financeiro anual implícito é de 20% (...). É intuitivamente óbvio que um país que aspira ter uma inflação anual de 4,5% não pode e nem deve gerar um custo nominal tão alto para a sua dívida pública (...) imaginemos o que aconteceria se o BCB se afastasse temporariamente de seu mandato anti-inflacionário e implementasse um plano baseado em três pilares: (a) suspensão imediata da venda de swaps e outros instrumentos de proteção cambial; (b) redução da taxa Selic de 14,25% para 7,25% ao ano; e (c) conversão em reservas de liquidez mínimas remuneradas à taxa inferior àquela do mercado parte do estoque de 'repos' que hoje fazem os bancos com o BCB (...) quanto à inflação, esta subiria temporariamente como consequência da depreciação adicional do tipo de câmbio que haveria em razão da taxa de juros

---

[2] "De onde menos se espera é que não sai nada mesmo" era uma das máximas do Barão de Itararé.

e da decisão do BCB de não intervenção vendendo swaps. Mas, uma vez absorvido o efeito inicial da depreciação, a inflação começaria a diminuir, convergindo para a meta de 4,5%.

O título do artigo de Joaquín é *Desequilíbrios da economia pedem medidas inovadoras*. A persistência na manutenção de um receituário inócuo sobre o que se deseja combater e fértil nos incômodos de seus efeitos colaterais negativos, sugere um ceticismo quanto ao diagnóstico inicial e sua prescrição. Albert Einstein ensinou que "Insanidade é fazer a mesma coisa outra vez e mais uma vez e esperar resultados diferentes"

CAPÍTULO VII
O PREJUÍZO DOS OBEDIENTES

As questões suscitadas nas origens da vida moderna ainda não obtiveram resposta. Nos tempos de prosperidade, elas hibernam e ai dos que ousam despertá-las. Mas no fragor das crises elas voltam a assombrar o mundo dos vivos. Nesses tempos, a incômoda pergunta não quer calar: em que momento homens e mulheres – sob o manto da liberdade e de igualdade – vão desfrutar da abundância e dos confortos que o capitalismo oferece em seu desatinado desenvolvimento?

O desenvolvimento da economia capitalista promoveu importantes transformações na divisão social do trabalho, na diferenciação de funções, nas formas de convivência, nos modos de informação e de percepção dos indivíduos e nos padrões sociais de ocupação do espaço e de utilização do tempo.

A sociedade dos indivíduos que exercem sua liberdade no mercado é, a um só tempo, resultado e condição da interdependência e especialização crescentes das atividades, como já havia antecipado Adam Smith, na Riqueza das Nações, ou sublinhado Émile Durkheim com o conceito de solidariedade orgânica. O fenômeno da socialização moderna se realiza mediante a divisão do trabalho, diferenciação de funções, a individuação de comportamentos e valores, a intensificação da dependência recíproca, e, consequentemente, a crescente socialização da produção e da satisfação das necessidades, engendrando o que se convencionou chamar de sociedade de massas. Por um lado, o social se apresenta diante dos indivíduos que o compõem como algo autonomizado, como um sistema de necessidades que só podem se satisfeitas pela atividade anônima de outrem. De outra parte, a sociedade de massas transformou as atividades que cuidam da saúde, da educação e do transporte em serviços de natureza eminentemente pública, ainda que possam ser prestados por agentes privados.

Essa socialização promovida pelo avanço das relações mercantis teve consequências sociais e políticas paradoxais: a "sobrevivência" do indivíduo e do cidadão não pode ficar na dependência exclusiva de sua posição no processo de intercâmbio de mercadorias.

O capitalismo da grande indústria, da finança e da construção do espaço global, entre crises e recuperações, exercitou os poderes de transformar e dominar a natureza – até mesmo de reinventá-la – suscitando desejos, ambições e esperanças. A versão panglossiana desses prodígios nos ensina que a admirável inclinação para revolucionar as forças produtivas hão de aproximar homens e mulheres do momento em que as penas do trabalho subjugado pelo mando de outrem seriam substituídas pelas delícias e liberdades do ócio com dignidade.

Para muitos, estaria prestes a se realizar a utopia de trabalhar menos para viver mais. Os avanços da microeletrônica, da informática, da automação dos processos industriais permitiram vislumbrar, diziam os otimistas, a libertação das fadigas que padecemos em nome de uma ética do trabalho que só engorda os cabedais dos que nos dominam. Veja o caro leitor que alguns cidadãos já podem trabalhar em casa, longe dos constrangimentos da hierarquia da grande empresa e assim escolher à vontade entre o tempo livre e as fadigas do labor.

Esses enredos foram contados nos bons tempos da globalização e das bolhas financeiras e de consumo: a economia da inovação e da inteligência estaria prestes a substituir a economia da fábrica, dos ruídos atormentadores e dos gases tóxicos. As transformações tecnológicas e suas consequências sociais ensejariam a proeza de realizar o projeto da

CAPÍTULO VII – O PREJUÍZO DOS OBEDIENTES

autonomia do indivíduo, aquele inscrito nos pórticos da modernidade. A autonomia do indivíduo significa a sua auto-realização dentro das regras das liberdades republicanas e do respeito ao outro. O projeto da autonomia do sujeito é uma crítica permanente e inescapável da submissão aos poderes – públicos e privados – que o cidadão não controla. A globalização, o avanço tecnológico e transformação das formas de trabalho realizariam esta maravilhosa promessa da modernidade.

Até mesmo os críticos mais impiedosos reconhecem que a economia capitalista engendrou formas de sociabilidade que descortinaram a possibilidade de libertar a vida humana e suas necessidades das limitações impostas pela natureza e pela submissão pessoal. A indústria moderna, essa formidável máquina de eliminação da escassez, oferece aos homens e mulheres a "realidade possível" da satisfação dos carecimentos e da libertação de todas as opressões pelo outro.

Mas qual é a realidade que se esconde sob os pretextos dessa fantasia?

Na marcha de sua realidade real, o capitalismo incitou os anseios de realização pessoal, mas também fez emergir estruturas técnico-econômicas e formas de dependência que agem sobre o destino dos protagonistas da vida social como *forças naturais que frequentemente destroem a natureza,* fora do controle da ação humana.

Em *Eros e Civilização*, Marcuse falou da mútua e estranha fecundação entre liberdade e dominação na sociedade contemporânea. Para ele, a produção e o consumo reproduzem e justificam a dominação. Mas isso não altera o fato de que seus benefícios são *reais:* amplia as perspectivas da cultura material, facilita a obtenção das necessidades da vida, torna o conforto e o luxo mais baratos, atrai áreas cada vez mais vastas para a órbita da indústria. Mas, ao mesmo tempo, o indivíduo paga com o sacrifício de seu tempo, de sua consciência e de seus sonhos nunca realizados. A concorrência generalizada se impõe aos indivíduos como uma força externa, irresistível. Por isso é preciso intensificar o esforço no trabalho na busca do improvável equilíbrio entre a incessante multiplicação das necessidades e os meios necessários para satisfazê-las, buscar novas emoções, cultivar a angústia porque é impossível ganhar a paz.

O avanço tecnológico e os ganhos de produtividade não impediram a intensificação do ritmo de trabalho. Essa foi a conclusão de estudos recentes da Organização Internacional do Trabalho e de outras instituições que lidam com o assunto. Entre os que estão empregados, o trabalho se intensificou. Nos Estados Unidos, por exemplo, as horas trabalhadas cresceram em todos os setores.

No outro lado da cerca, estão os que se tornaram compulsoriamente independentes do trabalho, os desempregados. O desemprego global cresceu muito no mundo desenvolvido, ao mesmo tempo em que o trabalho se intensificou nas regiões para onde se deslocou a produção manufatureira. As estratégias de localização da corporação globalizada introduziram importantes mutações nos padrões organizacionais: constituição de empresas-rede, com *centralização* das funções de decisão e de inovação e *terceirização* das operações comerciais, industriais e de serviços em geral.

As novas formas financeiras contribuíram para aumentar o poder das corporações internacionalizadas sobre grandes massas de trabalhadores, permitindo a "arbitragem" entre as regiões e nivelando por baixo a taxa de salários. As fusões e aquisições acompanharam o deslocamento das empresas que operam em múltiplos mercados. Esse movimento não só garantiu um maior controle dos mercados, mas também ampliou o fosso entre o desempenho dos sistemas empresariais "globalizados" e as economias territoriais submetidas às regras jurídico-políticas dos Estados Nacionais. A abertura dos mercados e o acirramento da concorrência coexistem com a tendência ao monopólio e debilitam a força dos sindicatos e dos trabalhadores "autônomos", fazendo periclitar a sobrevivência dos direitos sociais e econômicos, considerados um obstáculo à operação das leis de concorrência.

Como já foi mencionado, o império do "valor do acionista" desatou surtos intensos de reengenharia administrativa, estimulando a flexibilização das relações de trabalho. O desempenho empresarial tornou-se refém do "curto-prazismo" dos mercados financeiros e da redução de custos.

O aprisionamento da política democrática pelas forças do verdadeiro poder, concentrado na mobilidade da Grande Empresa Transnacional,

CAPÍTULO VII – O PREJUÍZO DOS OBEDIENTES

é o protagonista da Grande Transformação orquestrada pelo capital financeiro. Hoje é a lógica da finança globalizada que delimita o território ocupado pelas opções da política democrática.

Nos Estados Unidos pré-Trump, tratados como o TPP e o Tratado Trans Atlântico prometiam ganhos de comércio para todos os envolvidos, mas promoveram avanços significativos no poder das grandes empresas diante dos sistemas jurídico-políticos dos Estados Nacionais, para submeter uma fração importante do espaço democrático ao "novo mercantilismo" da grande empresa transnacional dispersa geograficamente, mas extremamente concentrada sob o controle dos mega bancos americanos e de seus fundos mútuos e de pensão.

Os economistas Ian Fletcher, Joseph Stiglitz e Simon Johnson dispararam torpedos contra a assinatura do TPP. Na visão de Fletcher, o TPP é mais um acordo que promete o paraíso e vai entregar o inferno para os trabalhadores dos países envolvidos.

Fletcher atacou o NAFTA desde os primórdios. Os resultados mostraram que ele tinha razão, ao argumentar que o tratado comercial do Atlântico Norte só beneficiou as empresas transnacionais, além dos intrometidos chineses que enfiaram suas exportações nas plataformas produtivas das maquiladoras. Nas farras do NAFTA, diz Fletcher, os lesados foram os trabalhadores americanos.

Entre outras violações da soberania, o tratado estabelece uma dualidade nos sistemas legais ao atribuir às empresas novos direitos para escapar das leis e tribunais americanos, japoneses, peruanos, seja lá o que for, e processar os governos por eventuais prejuízos que possam sofrer em suas atividades. Nada de intromissões e intervenções consideradas indevidas ou abusivas. Caso isso ocorra, os governos estão sujeitos a multas pecuniárias e outras punições civis. "Demandar compensação por eventuais prejuízos causados por regulamentações financeiras, na saúde pública, na área ambiental". Quem está preocupado com restrições à sua liberdade impostas pela soberania do Estado pode se preparar para as violações de seus direitos praticadas pelos senhores dos mercados. Não chame a polícia, trate de correr do ladrão.

Isso significa que a precarização e a terceirização das relações trabalhistas vantajosas, sim, para as empresas, não podem ser obstadas ou regulamentadas pelos governos nacionais, como as cláusulas de Propriedade Intelectual que beneficiam as grandes empresas farmacêuticas em detrimento dos cidadãos. São práticas predatórias. Elas suprimem a concorrência em vez de defender a liberdade de comércio.

O nome do jogo é a apropriação das funções legislativas e jurisdicionais do Estado pela grande empresa, onde o mundo contemporâneo passou pela reconfiguração nas relações de poder entre o Estado e as empresas. Eli Hecksher no clássico *Mercantilism* resume magistralmente a conformação dessas relações no mercantilismo à inglesa. Hecksher afirma que a ingerência direta do Estado nas Companhias era quase imperceptível: "Muito mais importante era outra tendência: a de transferir às companhias as prerrogativas de poder próprias do Estado".

O Estado perdeu poder para as empresas "monopolizadas" sob o comando de um grupo restrito de acionistas de grande porte. Antes, essas empresas dependiam do apoio e da influência política de seus Estados Nacionais para penetrar em terceiros mercados (acordos de garantia de investimentos, patentes entre outros). Isso já era. São os Estados que dependem da anuência dos senhores da grana para manter suas economias funcionando.

Wolfgang Streeck em seu livro recente, *How Will Capitalism End*, define esse movimento:

> Ao passo que capital e mercados capitalistas cresceram fora das fronteiras nacionais, com o apoio de acordos comerciais internacionais, assistido pelas novas tecnologias de transporte e comunicação, o poder do trabalho, localmente baseado de forma inevitável, enfraqueceu, e o capital foi capaz de pressionar a mudança para um novo modelo de crescimento, que trabalha redistribuindo de baixo para cima. Foi então que a marcha para o neoliberalismo começou, como uma rebelião do capital contra o Keynesianismo, com o objetivo de entronar o modelo Hayekiano no lugar (...). Nos anos 1990, 'a globalização' tornou-se a fórmula de política econômica dominante para legitimar o capitalismo neoliberal,

CAPÍTULO VII – O PREJUÍZO DOS OBEDIENTES

> concebido como o que é chamado na Alemanha a Sachzwang: uma coação factual residente na natureza das coisas que não lhe deixam escolha (...). Agora estados estão localizados em mercados, ao invés de mercados em estados.

As reformas realizadas nas últimas décadas cuidaram de transferir os riscos para os indivíduos dispersos, ao mesmo tempo em que buscaram o Estado e sua força coletiva para enfrentar a concorrência desaçaimada e, nos tempos de crise, limitar as perdas provocadas pelos episódios de desvalorização da riqueza. A intensificação da concorrência entre as empresas no espaço global não só acelerou o processo de concentração da riqueza e da renda como submeteu os cidadãos às angústias da insegurança.

Os efeitos do acirramento da concorrência entre empresas e trabalhadores são inequívocos: foram revertidas as tendências à maior igualdade observadas no período que vai do final da Segunda Guerra até meados dos anos 70 – tanto no interior das classes sociais quanto entre elas. Na era do capitalismo "turbinado" e financeirizado, os frutos do crescimento se concentraram nas mãos dos detentores de carteiras de títulos que representam direitos à apropriação da renda e da riqueza.

Há quarenta anos, se alguém perdesse o emprego, poderia se mobilizar contra o patronato, ou contra o governo, acusando-o de estar executando uma política econômica equivocada. Nos últimos tempos, ainda que se possa fazer, o governo responderia que tudo ocorreu como consequência inevitável da globalização. As práticas financeiras e as inovações tecnológicas que sustentam a competitividade da grande empresa globalizada detonaram um terremoto nos mercados de trabalho. A migração das empresas para as regiões onde prevalecem uma relação mais favorável entre produtividade e salários abriu caminho para a diminuição do poder dos sindicatos e a redução no número de sindicalizados, o crescimento do trabalho em tempo parcial e a título precário e a destruição dos postos de trabalho mais qualificados na indústria de transformação, sob o impacto da concorrência chinesa.

LUIZ GONZAGA BELLUZZO; GABRIEL GALÍPOLO

PARTICIPAÇÃO DOS SALÁRIOS NO PIB: – 10 PONTOS PERCENTUAIS

EUA e UE 1975-2008

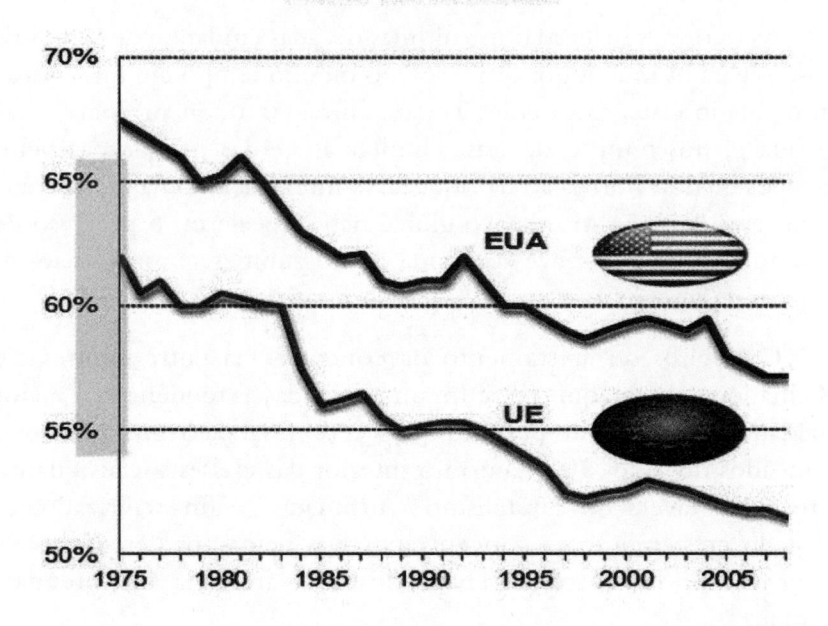

Fonte: FACAMP. *Origens e Natureza da Crise Atual*: aspectos internacionais. Disponível em http://pt.slideshare.net/feers/aula-cultura-origensenaturezadacriseatual-qualitas. Acesso em 10.01.2017.

Para os mais fracos, a "liberação" do esforço e das penas do trabalho se realiza sob a forma do desemprego, da crescente insegurança e precariedade das novas ocupações, da queda dos salários reais, da exclusão social.

O lento crescimento da renda das famílias de classe média foi acompanhado pelo aumento das horas trabalhadas, por conta da maior participação das mulheres, das casadas em particular, no mercado de trabalho. Nas famílias com filhos, as mulheres acrescentaram, entre 1979 e 2000, 500 horas de trabalho ao total despendido pelo casal.[3]

---

[3] MISHEL, Lawrence; BERNSTEIN, Jared; ALLEGRETTO, Sylvia. *The State of Working America 2006/2007*. Ithaca: Cornell University Press, 2007.

CAPÍTULO VII – O PREJUÍZO DOS OBEDIENTES

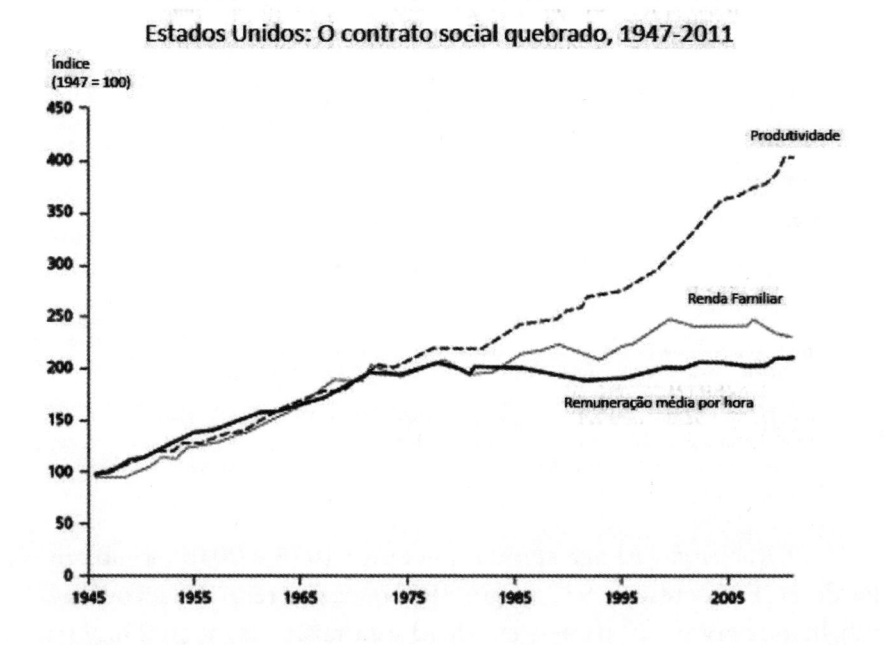

Estados Unidos: O contrato social quebrado, 1947-2011

[Gráfico: Índice (1947 = 100), de 1945 a 2011, mostrando Produtividade, Renda Familiar e Remuneração média por hora]

Fonte: STREECK, Wolfgang. *The Politics of Public Debt*. Max-Planck-Institute für Gesellschaftsforschung, Julho de 2013.

O endividamento dos Estados que engordara a riqueza rentista-parasitária e socorre as instituições financeiras grandes demais para falhar socializou prejuízos e privatizou riqueza pública, por meio do endividamento dos Estados, que atuou como catalisador das transferências de renda da base para o topo da pirâmide.

As pesquisas da Oxfam – *Oxford Committee for Famine Relief* (Comitê de Oxford para Alívio da Fome) no mundo do trabalho revelam que os salários dos diretores executivos das maiores empresas norte-americanas aumentaram em mais da metade (54,3%) desde 2009, enquanto os dos trabalhadores permaneceram praticamente inalterados. O diretor executivo da maior empresa de informática da Índia ganha 416 vezes mais que um funcionário médio da mesma empresa.

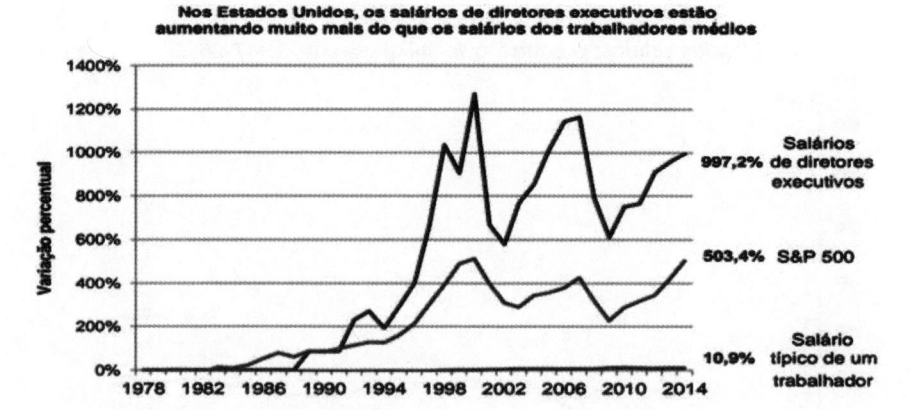

Nos Estados Unidos, os salários de diretores executivos estão aumentando muito mais do que os salários dos trabalhadores médios

- 997,2% Salários de diretores executivos
- 503,4% S&P 500
- 10,9% Salário típico de um trabalhador

Fonte: HARDOON, Deborah; AYELE, Sofia; FUENTES-NIEVA, Ricardo. *Uma economia para o 1%*. Documento Informativo da Oxfam. Disponível em https://www.oxfam.org/sites/www.oxfam.org/files/file_attachments/bp210-economy-one-percent-tax-havens-180116-summ-pt.pdf. Acesso em 01.2016.

O *Roosevelt Institute* aponta que entre 1978 e 2013 a renda média dos CEOs cresceu 937%, em 1965 a razão remuneração CEO/trabalhador era de 20 para 1, em 2013 essa razão alcançou 295,9 para 1. O estudo conclui que o crescimento das finanças conduziu à subversão de seu propósito, ao invés de levar dinheiro para empresas produtivas passou a drenar seus recursos, contribuindo para ampliar a desigualdade e a formação de uma economia mais precária para as pessoas comuns.

Os trabalhadores com mais de 50 anos suportam as agruras da posteridade do *crash* e as dores da economia anêmica. Uma pesquisa do *Public Policy Institute* revela que os veteranos não têm vida fácil na América de Obama. Estão compelidos a conviver com o aumento da taxa de desemprego, as aflições de período maior no *amaro far niente*, e, derradeira desgraça, enfrentar o encolhimento das contas de poupança, as 401K destinadas a prover sua aposentadoria.

Apenas 8,9% dos entrevistados numa amostra de 5.027 homens e mulheres afirmaram uma recuperação do valor dessas aplicações para o nível anterior à crise, 49,3% começam a se recuperar das perdas impostas pela crise financeira e 41,4% não se recuperaram dos prejuízos incorridos pela queda dos preços das ações e ativos tóxicos com classificação AAA

CAPÍTULO VII – O PREJUÍZO DOS OBEDIENTES

e, posteriormente, pela redução dos rendimentos dos títulos de dívida pública e privada.[4]

O estudo da Oxfam, publicado em janeiro de 2016, estima US$ 7,6 trilhões em paraísos fiscais – os mesmos do previamente mencionado no estudo de Gabriel Zucman, equivalentes a mais que o produto interno bruto (PIB), combinado do Reino Unido e da Alemanha.

Os indivíduos e empresas mais ricos – os que deveriam pagar mais impostos – são justamente os que têm condições de recorrer a esses serviços e a arquitetura global para evitar pagar o que devem. A Oxfam analisou 200 empresas, entre as quais as maiores do mundo e parceiras estratégicas do Fórum Econômico Mundial, e verificou que nove de cada dez delas estão presentes em pelo menos um paraíso fiscal. Em 2014, os investimentos de empresas nesses paraísos fiscais foram quase quatro vezes maiores do que em 2001. O estudo denuncia:

> quase um terço (30%) da riqueza dos africanos ricos – que totaliza US$ 500 bilhões – é mantido em paraísos fiscais offshore. Estima-se que essa prática custe US$ 14 bilhões por ano em receitas fiscais perdidas para os países africanos. Esse valor é suficiente para oferecer serviços de saúde que poderiam salvar a vida de 4 milhões de crianças e empregar professores em número suficiente para que todas as crianças africanas pudessem frequentar uma escola.

Em outubro de 2015 o *Credit Suisse* publicou o *Global Wealth Databook,* por meio de seu instituto de pesquisa, revelando que a riqueza acumulada pelo 1% mais abastado da população mundial agora equivale, pela primeira vez, à riqueza dos 99% restantes.

O estudo da Oxfam, intitulado "Economia para o 1%", calculou o seguinte:

> Em 2015, apenas 62 indivíduos detinham a mesma riqueza que 3,6 bilhões de pessoas – a metade mais afetada pela pobreza da

---

[4] RIX, Sarah E. *Recovering from the Great Recession*: long struggle ahead for older americans. AARP Public Policy Institute, 2011.

humanidade. Esse número representa uma queda em relação aos 388 indivíduos que se enquadravam nessa categoria há bem pouco tempo, em 2010.

A riqueza das 62 pessoas mais ricas do mundo aumentou em 44% nos cinco anos decorridos desde 2010 – o que representa um aumento de mais de meio trilhão de dólares (US$ 542 bilhões) nessa riqueza, que saltou para US$ 1,76 trilhão.

Ao mesmo tempo, a riqueza da metade mais pobre caiu em pouco mais de um trilhão de dólares no mesmo período – uma queda de 41%.

Desde a virada do século, a metade da população mundial mais afetada pela pobreza ficou com apenas 1% do aumento total da riqueza global, enquanto metade desse aumento beneficiou a camada mais rica de 1% da população.

O rendimento médio anual dos 10% da população mundial mais afetados pela pobreza no mundo aumentou menos de US$ 3 em quase um quarto de século. Sua renda diária aumentou menos de um centavo a cada ano.

O estudo publicado pela Oxfam em 2016 revelou que não mais 62 pessoas, mas oito homens detêm a mesma riqueza que a metade mais pobre do mundo. Ao longo dos próximos 20 anos, 500 pessoas passarão mais de US$ 2,1 trilhões para seus herdeiros – uma soma mais alta que o PIB da Índia, um país que tem 1,2 bilhão de habitantes.

A renda dos 10% mais pobres aumentou cerca de US$ 65 por ano entre 1988 e 2011, enquanto a dos 1% mais ricos aumentou 182 vezes. Nos Estados Unidos, uma pesquisa recente realizada pelo economista Thomas Piketty revela que, nos últimos 30 anos, a renda dos 50% mais pobres permaneceu inalterada, enquanto a do 1% mais rico aumentou 300%.

O estudo prevê que os ricos estão acumulando renda em uma taxa tão surpreendente que o mundo pode conhecer seu primeiro "trilionário" (a palavra sequer consta no dicionário) em apenas 25 anos. Seria preciso gastar US $ 1 milhão todos os dias durante 2738 anos para esgotar um patrimônio de US $ 1 trilhão.

CAPÍTULO VII – O PREJUÍZO DOS OBEDIENTES

A análise da Oxfam indica que um terço do patrimônio dos bilionários do mundo tem origem em riqueza herdada, enquanto 43% podem ser atribuídos ao favorecimento ou nepotismo.

Entre as causas apontadas para essa era dourada para os super-ricos são apontados o império do "valor do acionista" e o desmonte das estruturas tributárias progressivas.

O rápido crescimento do "capitalismo trimestral", com seu impacto negativo sobre nossas economias tem sido criticado por muitos, inclusive por Larry Fink, diretor executivo da BlackRock (a maior gestora de ativos do mundo) e por Andrew Haldane, economista-chefe do Banco da Inglaterra. Para empresas que atuam no Reino Unido, a parcela de lucros que está sendo transferida para acionistas na forma de dividendos, em vez de ser reinvestida na própria empresa, aumentou de 10% dos lucros em 1970 para 70% nos dias atuais. Em 2015, essa parcela era de 86% e 84% na Austrália e Nova Zelândia, respectivamente. Segundo a agência de classificação Moody's, as empresas (não financeiras) dos Estados Unidos acumulavam US$ 1,7 trilhão em seus balanços no final de 2015 e estavam recomprando suas ações para aumentar ainda mais seu valor para os acionistas. Nos Estados Unidos, as 500 maiores empresas listadas em bolsa gastaram, em média, 64% dos seus lucros na recompra de ações entre setembro de 2014 e setembro 2016.

O FMI verificou que os sistemas tributários adotados em todos os países vêm se tornando cada vez menos progressivos desde o início da década de 1980 em decorrência da redução da alíquota máxima aplicada ao imposto de renda, de 23 cortes nos impostos sobre ganhos de capital e de reduções nos impostos sobre heranças e sobre a riqueza.

Nos Estados Unidos, a alíquota mais alta do imposto de renda era de 70% até a década de 1980; atualmente, ela não passa de 40%. Nos países em desenvolvimento, a tributação aplicada aos ricos é ainda mais baixa: pesquisas realizadas pela Oxfam revelam que a alíquota máxima média é de 30% sobre a renda e que, na maioria dos casos, ela nunca é efetivamente aplicada.

Larry Summers cunhou o termo "estagnação secular" para descrever a atual fase da economia. Segundo Paul Krugman temos uma "economia diabética", comparando as baixas taxas de juros com injeções de insulina. O dinheiro barato fala da possibilidade de o mundo "estar se tornando japonês". Joseph Stiglitz afirma que as grandes corporações estão sentadas em centenas de trilhões de dólares, pois já detêm capacidade produtiva em excesso, sendo um delírio acreditar que as empresas construirão mais simplesmente porque a taxa de juros se moveu ligeiramente para baixo.

O FMI batizou a presente indolência das economias de "novo medíocre" e o BIS, em seu último relatório anual, demonstrou novamente preocupação quanto aos números do sistema financeiro internacional, a instável natureza das peculiarmente baixas taxas de juros e o perigo do crescimento impulsionado pelas dívidas.

No artigo " O capital está de volta", Thomas Piketty e Gabriel Zucman revelam a evolução da relação entre riqueza e renda desde o século XVIII. Analisando as oito maiores economias desenvolvidas do mundo, a participação da riqueza agregada sobe de aproximadamente 200% a 300% em 1970 para 400% a 600% atualmente.

A curva que expressa a evolução dessa relação apresenta o formato de "U", com queda acentuada na participação da riqueza agregada sobre a renda no período que compreende as duas grandes guerras mundiais e a Grande Depressão. A tendência se inverte de forma mais acentuada a partir dos anos 70 do século XX. Segundo os autores "as guerras mundiais e as políticas anticapital destruíram uma grande fração do estoque de capital mundial e reduziram o valor de mercado da riqueza privada, o que é improvável ocorrer novamente na era dos mercados desregulados. Em contraposição, se há redução no crescimento da renda nas décadas à frente, então as relações riqueza-renda podem se tornar altas praticamente no mundo todo".

A riqueza agregada é o estoque de direitos de propriedade e títulos de dívida gerados ao logo de vários ciclos de criação de valor. A renda nacional é o fluxo, investimento, consumo, o próprio valor em movimento. A contraposição e simbiose entre essas formas do valor existe dentro do processo de produção: a busca pela competitividade e

CAPÍTULO VII – O PREJUÍZO DOS OBEDIENTES

mercado amplia o emprego de máquinas (trabalho morto) em detrimento do número de trabalhadores (trabalho vivo), ao mesmo tempo que depende deste último para a produção e realização do valor.

> Quando se trata de seu trabalhador, todo capitalista sabe que não se confronta com ele como produtor frente ao consumidor, e deseja limitar ao máximo seu consumo, i.e., sua capacidade de troca, seu salário. Naturalmente, ele deseja que os trabalhadores dos outros capitalistas sejam os maiores consumidores possíveis de sua mercadoria. Todavia, a relação de cada capitalista com os seus trabalhadores é de fato a relação de capital e trabalho, a relação essencial. No entanto, provém precisamente daí a ilusão – verdadeira para o capitalista individual – de que, excetuando-se seus trabalhadores, todo o resto da classe trabalhadora se defronta com ele, não como trabalhadores, mas como consumidores e trocadores – gastadores de dinheiro (...). Portanto, o próprio capital considera a demanda dos trabalhadores – i.e., o pagamento do salário, no qual se baseia essa demanda – não como ganho, mas como perda (...). O capital se apresenta como uma forma peculiar da relação de dominação precisamente porque o trabalhador se defronta com ele como consumidor e detentor de valor de troca, na forma de possuidor de dinheiro (...). Portanto, de acordo com sua natureza, o capital põe um obstáculo para o trabalho e a criação de valor que está em contradição com sua tendência de expandi-los contínua e ilimitadamente. E uma vez que tanto põe um obstáculo que lhe é específico quanto, por outro lado, avança para além de todo obstáculo, o capital é a contradição viva.[5]

O Secretário do Trabalho norte-americano no Governo Obama, Thomas Perez lamentou ter encontrado em suas andanças pelo país: "pessoas trabalhando duro, mas remuneradas injustamente. Elas mal conseguem se manter e muito menos avançar. Em março os rendimentos horários cresceram 7 *cents*. Mas a tendência ao achatamento dos salários antecede por muitas décadas a Grande Recessão".

---

[5] MARX, Karl. *Grundisse*. São Paulo: Boitempo, 2011.

No dia 28 de fevereiro de 2016, Robert Reich, Secretário de Trabalho no Governo Clinton, publicou uma carta aberta endereçada aos capitães da indústria americana e titãs de Wall Street: "você se esqueceu que os seus trabalhadores são também consumidores. Ao passo que você empurrou os salários para baixo, você também espremeu seus consumidores, tão apertados que eles dificilmente podem comprar o que você vende".

Provavelmente em vão, Reich tenta explicar a gregos e troianos a descoberta de Henry Ford no início do século XX. Ford entendeu que os salários, ademais de custo para as empresas, são também fonte de demanda para seus automóveis e outros badulaques. Compreendeu que a formação da renda e da demanda agregadas dependem da disposição de gasto dos empresários com salários e outros meios de produção que também empregam assalariados. Ao decidir gastar com o pagamento de salários e colocar sua capacidade produtiva em operação ou decidir ampliá-la, o coletivo empresarial avalia a perspectiva de retorno de seu dispêndio imaginando o dispêndio dos demais.

Tais movimentos antagônicos são frequentemente associados a momentos de insuficiência de demanda ou superprodução, com deflação de ativos. A desvalorização da riqueza é constitutiva do movimento sempre revolucionário de expansão do capitalismo, descrito por Schumpeter como "destruição criadora".

Ao longo do século XX políticas econômicas foram forjadas sob o receio de reedição do desastre social e econômico ocorrido na Grande Depressão, almejando estabilizar uma economia com fortes inclinações à instabilidade.

As políticas anticíclicas da era keynesiana cumpriram o que prometiam ao sustar a recorrência de crises de "desvalorização de ativos". Mas, ao garantir o valor dos estoques de riqueza já existente, as ações de estabilização ampliaram o papel dos critérios de avaliação dos Mercados da Riqueza nas decisões de gasto de empresas, consumidores e governos.

Nos últimos quarenta anos, os Bancos Centrais, sob os auspícios dos modelos Dinâmicos Estocásticos de Equilíbrio Geral e da regra de Taylor, comemoravam a baixa inflação e as taxas de juros moderadas.

CAPÍTULO VII – O PREJUÍZO DOS OBEDIENTES

Imperceptível para as hipóteses e testes empíricos dos cientistas da sociedade, a "exuberância irracional" se esgueirou à sombra das ignorâncias para implodir as certezas em 2008. A partir de então, os riscos de ulteriores desvalorizações dos estoques da riqueza já existente transformaram-se na ocupação primordial dos Bancos Centrais.

As injeções de liquidez concebidas para evitar a deflação do valor dos ativos já acumulados incitaram colateralmente a conservação e valorização da riqueza na sua forma mais estéril, abstrata, que, em contraposição à aquisição de máquinas e equipamentos, não carrega qualquer expectativa de geração de novo valor, de emprego de trabalho vivo. O que era uma forma de evitar a destruição da riqueza abstrata provocou o necrosamento do tecido econômico.

Após o *quantitative easing*, a liquidez assegurada pelos Bancos Centrais permanece represada na posse dos controladores da riqueza velha, o rastro real e financeiro da riqueza já acumulada. Os controladores da riqueza líquida rejeitam a possibilidade de vertê-la em criação de riqueza nova, com medo de perdê-la nas armadilhas da capacidade sobrante e do desemprego disfarçado nos empregos precários com rendimentos cadentes.

Desamparados do empuxo da demanda, os Bancos Centrais rebaixam suas taxas de juros para o sub zero, tentam mobilizar a liquidez empoçada para o crédito e do crédito para a demanda de ativos reais ao longo do tempo. Ainda intoxicados pela metabolização dos ativos ingeridos em seus balanços para salvar o sistema financeiro em 2008, os governos hesitam em estimular a economia pela política fiscal.

Ao contrário do que pregam os donos da virtude, as elevadas taxas de investimento e crescimento da China não foram impulsionadas pelo perfil "poupador" de seu povo. Se esse fosse o caso, o Japão e a Europa de Mario Draghi estariam em expansão e não penalizando os "virtuosos poupadores" com juros negativos para escapar da apatia econômica.

Os danos da virtude talvez expliquem o surto de populismo da revista The Economist, que apresenta na edição de 19.02.2016 propostas subversivas para sacudir as economias letárgicas: "passar por cima dos bancos e mercados financeiros e botar dinheiro fresco diretamente no bolso das pessoas (...). Encorajando-as a gastar e não poupar" ou "ganhos salariais para gerar uma espiral salários-preços".

LUIZ GONZAGA BELLUZZO; GABRIEL GALÍPOLO

O mais recente *ILO Global Wage Report* observou que muitos países recentemente adotaram ou reforçaram salários mínimos ante o crescimento da desigualdade salarial e o declínio da participação do trabalho. Desde o início dos anos 1990, nove países da OCDE, entre eles República Tcheca, Irlanda, Israel, Polônia, Reino Unido e mais recentemente Alemanha, adotaram um salário mínimo estatutário. A China adotou um salário mínimo em 1994 e o fortaleceu em 2004; a Rússia complementou seu salário mínimo nacional com pisos regionais em 2007; a Malásia adotou um salário mínimo nacional em 2013. O documento enaltece a política brasileira de consistentemente aumentar os salários desde 1995, taxadas pela mídia local de populistas.

Escrevendo em 1933, das profundezas da Grande Depressão, Keynes confessou que, nos momentos de crise grave, a relação entre a observação crítica e as soluções pode se esgarçar. Ele dizia:

> O capitalismo internacional e individualista decadente, sob o qual vivemos desde a Primeira Guerra, não é um sucesso. Não é inteligente, não é bonito, não é justo, não é virtuoso – *and it doesn't deliver the goods*. Em suma, não gostamos dele e já começamos a menosprezá-lo. Mas, quando imaginamos o que se poderia colocar no seu lugar, ficamos extremamente perplexos.

Na crise atual, assim como nos anos 30 do século passado, os homens e mulheres do poder deliram entre as fantasias do eterno retorno do mesmo e as ilusões do decisionismo incondicionado e descolado da correlação de forças sociais.

Com a Grande Recessão se acirrou o conflito distributivo com repercussões no debate democrático. Para uns, os da margem esquerda, se houver vontade política, tudo é possível. Na outra margem, a da direita, multiplicam-se as falácias do economicismo, a capitulação diante da "objetividade" das condições existentes.

Na Europa, crescem os partidos de extrema-direita, que levaram a melhor sobre Ângela Merkel nas eleições regionais. Na opinião da revista Der Spiegel, Frauke Petry, a jovem líder do partido Alternativa

CAPÍTULO VII – O PREJUÍZO DOS OBEDIENTES

para a Alemanha não oferece alternativas. Só negativas: contra os refugiados, contra a Europa, contra o Euro, contra o Tratado Transatlântico de Livre Comércio. Contra, contra, contra. A revista Der Spiegel não apalpa: "A estratégia de apresentar uma solução única e incontestável deve ser reavaliada. Caso contrário, o mundo estará encarando uma era na qual serão cada vez mais fortes aqueles que não oferecem qualquer solução, os que só oferecem rejeição e medo".

A saída do Reino Unido da União Europeia, tornou mais estrondoso o ruir da ordem mundial erigida nos últimos 40 anos, sendo capaz de despertar mesmo os mais dogmáticos defensores da naturalidade da globalização. É mais um fenômeno que exprime o inconformismo com o estreitamento do espaço democrático e o desejo dos cidadãos de decidir sobre a própria vida no exercício da política.

Nos Estados Unidos, o grotesco Donald Trump faz vibrar a corda sensível da alma dos americanos brancos e subempregados: "A América vai ser grande outra vez" ou "Vamos devolver os empregos aos americanos". Em suas arengas, Trump promete impor uma tarifa de 35% sobre os produtos chineses, além de promover a volta das empresas americanas localizadas no México.

Para espantar a estupefação, os economistas conservadores gritam: "protecionismo!! populismo!!". Os subempregados e precários estão se lixando para o que pensam os economistas adeptos do livre comércio. Querem os empregos de volta. O cenário lembra o "fechamento" das economias nos anos da Grande Depressão. Vale revisitar a lei americana Smoot-Hawley de 1930 que elevou brutalmente as tarifas e lançou o comércio internacional na derrocada deflacionária. O livre-cambista pode degustar o texto do *Tariff Act* saboreando a releitura da biografia de Hjalmar Schacht, o banqueiro de Hitler.

As palavras de ordem de Trump são proclamadas em meio a insultos aos latinos e ameaças de violência contra os adversários.

David Brooks, colunista do New York Times e autor do livro *Bobos in Paradise*, escreveu um artigo intitulado "O que pensam os Republicanos". A visão republicana derrotada nas prévias, diz Brooks, pensa que o capitalismo americano está ameaçado pela segurança excessiva concedida aos cidadãos pelo Estado do Bem-Estar, em detrimento do espírito de iniciativa e da inovação. A fuzilaria dos ultraconservadores concentra a pontaria na proteção à velhice e aos doentes. Caso esse peso morto não seja extirpado, a sociedade americana será entregue às letargias da estagnação.

> Nos Estados Unidos, assim como na Europa, afirmam os republicanos, o Estado do Bem Estar não oferece segurança nem dinamismo. A rede de segurança é tão dispendiosa que deixará de existir para as próximas gerações. Ao mesmo tempo, o atual modelo transfere recursos dos setores inovadores para setores estatais já inchados, como saúde e educação (...). O modelo de bem-estar social privilegia a segurança em lugar da inovação. Esse modelo (...) se tornou uma máquina gigantesca que redistribui dinheiro do futuro para a população mais velha.

Essa visão da economia e da sociedade advoga abertamente a concorrência darwinista: a sobrevivência do mais forte é a palavra de ordem. Tombem os fracos pelo caminho!

Tais forças não são racionais nem irracionais, simplesmente cumprem os desígnios de sua natureza, dilacerada entre a "ganância infecciosa" e o colapso da histamina, a agenda criada pelas normas e costumes dos mercados em que circula e é avaliada a riqueza.

Os estragos causados nas últimas décadas conduziram o próprio FMI a rever a agenda neoliberal. O artigo "*Neoliberalism: oversold?*" (2016) aborda especificamente os efeitos de duas políticas da agenda neoliberal: a remoção das restrições do movimento de capitais (liberalização das contas de capital); e a consolidação fiscal ("austeridade" para reduzir déficits fiscais e o nível da dívida).

O estudo afirma que alguns influxos de capitais, como investimentos diretos estrangeiros, parecem impulsionar o crescimento no longo prazo, mas o impacto de investimentos de portfólio e especialmente influxos de aplicações especulativas de curto prazo, não estimulam

CAPÍTULO VII – O PREJUÍZO DOS OBEDIENTES

o crescimento e muito menos garantem um financiamento estável do balanço de pagamentos.

A ocorrência, desde 1980, de aproximadamente 150 convulsões com influxos de capitais, em mais de 50 mercados emergentes, credencia a reivindicação do economista de Harvard, Dani Rodrik, de que esses "dificilmente são efeitos ou defeitos secundários nos fluxos de capital internacional; eles são a história principal".

Segundo o estudo, as políticas de austeridade não só geram substanciais custos ao bem-estar pelos canais da oferta, como deprimem a demanda e o emprego. A noção de que a consolidação do orçamento pode ser expansionista (isso é, aumenta o crescimento e o emprego), por elevar a confiança do setor privado e o investimento, não se confirmou na prática. Episódios de consolidação fiscal foram seguidos por reduções mais do que expansões no crescimento. Na média, a consolidação de 1% do PIB eleva a taxa de desemprego em 0,6% no longo prazo, e o coeficiente de Gini (concentração de renda) em 1,5% dentro de cinco anos. O estudo conclui que os benefícios das políticas da agenda neoliberal aparentemente foram um pouco exagerados.

O estrondo provocado pela fratura dos nexos econômicos alcançou os ouvidos posicionados na cidade mais alta dos Alpes. O estudo *The Inclusive Growth and Development Report*, alerta para "salvar a globalização, seus benefícios devem ser mais amplamente compartilhados" e, apesar da tendência dos economistas em advogarem a globalização, trabalhos recentes demonstram que enquanto a globalização é ótima em teoria, na prática é necessária vigilância.

Foi descoberto (com oito décadas de atraso) e reconhecido pelo Fórum Econômico Mundial que a propensão a consumir nas rendas mais altas é significativamente inferior do que nas rendas mais baixas, que tendem a gastar tudo que recebem. Quando uma parcela crescente da renda nacional se dirige aos ganhos de capital, a demanda pode enfraquecer e, com ela, o investimento.

Agora, o estudo do Fórum Econômico mundial sustenta que sistemas de proteção social bem desenhados são a chave para garantir um mínimo de segurança econômica e acesso efetivo a cuidados de saúde, o que ajuda a refrear desigualdades e prevenir a pobreza, aumenta a produtividade do trabalho, empodera pessoas a se engajarem em trabalhos decentes e promove o crescimento inclusivo.

Ao apontar caminhos para frente, o documento sugere diversos passos. O primeiro é reconhecer as falhas da globalização, em especial a financeira. Entre os formuladores de política há uma aceitação crescente dos controles para restringir o fluxo de capitais vistos como indutores de crises financeiras. Reconhece que apesar de não ser a única ferramenta disponível, o controle de capitais pode ser a melhor opção.

Além disso, no curto prazo, a redistribuição deve ser elevada. O estudo recomenda a combinação de maior progressividade nos impostos, com taxações mais pesadas sobre riqueza e propriedade, e programas para ajudar aqueles que foram deixados para trás no processo de globalização. Isso pode ser alcançado proporcionando generosos benefícios de seguro desemprego e alocando mais recursos para políticas ativas em prol do mercado de trabalho.

No longo prazo a solução repousa em mecanismos de pré-distribuição. A política fiscal nacional – a formar como o governo coleta e gasta recursos públicos – desempenha um papel central na redução da pobreza e desigualdade, no acesso mais igualitário à saúde e educação para assegurar um ponto de partida mais equânime às pessoas.

> Isso não garante que todos chegarão ao mesmo ponto, mas a provisão de oportunidades na vida, independentemente da sua renda inicial, combinado à promessa de redistribuição aos que foram deixados para trás, tem mais chances de construir suporte à globalização do que ignorar os descontentes.

Como assinalou o lúcido conservador Martin Wolf em artigo publicado no Valor em 03 de fevereiro:

> Políticos bem sucedidos compreendem que as pessoas precisam sentir que suas preocupações têm de ser levadas em consideração,

CAPÍTULO VII – O PREJUÍZO DOS OBEDIENTES

de que eles e seus filhos desfrutem a perspectiva de uma vida melhor e de que vão continuar a ter uma dimensão adequada de segurança econômica.

O declínio do centro exprime de forma dramática a ruptura das relações mais "equilibradas" entre os poderes do "livre mercado" e o resguardo dos direitos econômicos e sociais dos cidadãos desfavorecidos.

Não é recente a inquietação com o movimento do capitalismo impulsionado pelas contradições entre sociedades com "espaços democráticos" nacionais e mercados globais. Ainda em 1848, o velho Marx, ao observar o desenvolvimento "de um intercâmbio universal e uma universal interdependência das nações", sentenciou: "assemelha-se ao feiticeiro que já não pode controlar os poderes infernais que invocou".

Em *Guerres et Capital*, Éric Alliez e Maurizio Lazzarato afirmam:

> o capitalismo e o liberalismo carregam as guerras dentro de si como as nuvens carregam a tempestade. Se a financeirização do fim do século XIX e início o século XX conduziu à guerra total e à Revolução Russa, à crise de 1929 e às guerras civis europeias, a financeirização contemporânea dirige a guerra civil global ordenando todas as suas polarizações (...). À era da desterritorialização sem limites de Thatcher e Reagan sucedeu à reterritorialização racista, nacionalista, sexista e xenófoba de Trump que assumiu a liderança do novo fascismo.

A política e a mídia tornam-se o palco de demagogos que capitalizam essas fontes de preocupação e raiva, manejando com desembaraço a técnica das oposições binárias, método que se esparrama nas modernas ações e interações entre os participantes das redes sociais.

A rejeição ao outro e a reputação das causas do mal aos que não são iguais excitam o ódio de classe, raça, religião e gênero pelos quatro cantos do globo, impossibilitando a articulação do movimento de grupos sociais heterogêneos em uma grande coalizão progressista, reduzindo a esperança de reedição de um ambiente econômico onde decisões sejam permeadas por instâncias democráticas.

LUIZ GONZAGA BELLUZZO; GABRIEL GALÍPOLO

O protofascismo de Trump não é um fenômeno isolado. O Brexit foi marcado pelo assassinato da deputada britânica Jo Cox. Antes do ataque o assassino gritou "Reino Unido primeiro", lema da ultradireita britânica.

Ante o nervosismo da insegurança econômica a polarização política se eleva, fomentada pelo crescimento da massa daqueles que tiveram suas condições de trabalho e vida precarizadas na senda da arbitragem geográfica de salários, impostos e juros pela finança globalizada.

São raros os meios de comunicação que conseguiram resistir à mesmice das soluções únicas e incontestáveis. Os editoriais e os articulistas se esmeram na arte de repetir banalidades abstratas que se chocam com os movimentos da economia concreta e com as realidades da vida das pessoas de carne e osso.

A política, os jornais e as televisões tornam-se o palco de demagogos que capitalizam essas fontes de preocupação e raiva, manejando com desembaraço a técnica das oposições binárias, método que se esparrama nas modernas ações e interações entre os participantes das redes sociais. Para a vida privada sobrou o narcisismo e o voyeurismo dos "realities shows" ou das mídias sociais, espaços em que sacolejam os embustes e as enganosas liberdades que se exprimem em 140 caracteres. O próximo passo, imaginamos, é o grunhido.

Estes processos visíveis e simultâneos de crescente inacessibilidade do "público" e de espetacularização do "privado" decorrem da sociabilidade imposta pelo movimento "invisível" da mão que guia a formação das mentalidades e a escolha dos valores. Em sua brutalidade anônima, os mercados da riqueza escoltados pelos estelionatos das agências de risco impõem aos países e a seus cidadãos os ucasses da ignorância soberana.

O número de livros, textos, matérias jornalísticas e filmes críticos ao mercado financeiro, produzidos após a crise de 2008, revelam o aguçamento das consciências, mais alertas para as consequências sobre nossas vidas das apostas e jogos dos homens das finanças.

A derrocada das posições políticas de "centro" dificulta, pelos quatro cantos do globo, a articulação do movimento de grupos sociais

CAPÍTULO VII – O PREJUÍZO DOS OBEDIENTES

heterogêneos em uma grande coalizão progressista, reduzindo a esperança de reedição de um ambiente econômico similar ao do pós-guerra, quando as decisões eram permeadas por instâncias democráticas, possíveis de exercerem seus poderes dentro dos espaços nacionais.

Diante da configuração atual do poder global, a esfera pública está acuada nos palácios de governantes impotentes pelos gigantescos monopólios de comunicação, submissa aos poderes da mão invisível da finança, incumbidos de manter sob estrita vigilância os governantes que porventura ousem desafiar os *diktats* facinorosos.

É duvidoso que o indivíduo projetado pelo Iluminismo tenha, de fato, triunfado. Triunfaram sim a insegurança e impotência. Para o cidadão afetado, parece inteiramente fantástica a ideia de controlar as causas dos golpes do destino. As erráticas e aparentemente inexplicáveis convulsões das bolsas de valores ou as misteriosas evoluções dos preços dos ativos e das moedas são capazes de destruir suas condições de vida. Mas o consenso dominante trata de explicar que se não for assim sua vida pode piorar ainda mais. A formação deste consenso é, em si mesmo, um método eficaz de bloquear o imaginário social, numa comprovação dolorosa de que as criaturas da história humana adquirem dinâmica própria e passam a constranger a liberdade de homens e mulheres.

A boa sociedade deve tornar livres os seus integrantes, não apenas livres de um ponto de vista negativo – no sentido de não serem coagidos a fazer o que não fariam por espontânea vontade – mas positivamente livres, no sentido de serem capazes de fazer algo da própria liberdade. Isto significa primordialmente o poder de influenciar as condições da própria existência, dar um significado para o bem comum e fazer as instituições sociais funcionarem adequadamente.

Nos países adiantados cresce o número de cidadãos e cidadãs que não concordam com a mão única que pretendem impor às suas vidas. A sensação entre as classes não proprietárias é que, de uns tempos a esta parte, aumentou a insegurança. Além do desemprego crônico e endêmico, os que continuam empregados assistem ao encolhimento das oportunidades de um emprego estável e bem remunerado. Não bastasse isso, estão sob constante ameaça de definhamento as instituições do Estado do Bem-Estar, que ao longo das últimas décadas vinham assegurando, nos países desenvolvidos, direitos sociais e econômicos aos grupos mais frágeis da sociedade.

A expansão da informalidade, a precarização das relações de trabalho, a concentração de renda – e a desagregação familiar que as acompanham – tendem a ampliar a criminalidade eventual e, depois, o crime organizado. Os subsistemas socioeconômicos que vivem da atividade criminosa ou ilegal passam a ocupar o espaço deixado pelo desaparecimento das oportunidades de vida antes oferecidas pela economia "oficial".

O século XX terminou os seus dias com um cabedal de certezas menos imponente do que a herança que teria recebido do século XIX. Mas é bom não esquecer que foi também um período dedicado à defesa republicana dos direitos sociais e econômicos, da convivência e da pertinência cívicas, da construção de instituições que buscam equilibrar a voz das urnas e o poder do mercado.

No Olimpo da finança, homens que não sabem o que fazem, ganham o que não merecem. São perdoados em nome da meritocracia e da "criatividade destruidora". Não espanta que os fâmulos da metafísica dos mercados eficientes guiados pela sabedoria da racionalidade do *homo oeconomicus*, se entreguem à farsa pseudocientífica dos modelos engalanados por matemática de segunda classe. Com tais expedientes ridículos e abstrações idiossincráticas, ocultam a natureza das transformações em curso na geo-economia e perseguem a desqualificação mesquinha e indigente dos critérios da ação política racional e democrática.

A nova finança e sua lógica notabilizaram-se por sua capacidade de impor vetos às políticas macroeconômicas. A despeito do desemprego e da desigualdade escandalosa, as ações compensatórias dos governos sofrem fortes resistências das casamatas conservadoras. A globalização ao tornar mais livre o espaço de circulação da riqueza e da renda dos grupos privilegiados, desarticulou a velha base tributária das políticas keynesianas nas quais prevaleciam os impostos diretos sobre a renda e a riqueza. Nos

CAPÍTULO VII – O PREJUÍZO DOS OBEDIENTES

capítulos finais de sua Teoria Geral, Keynes conclui que não se pode com segurança abandonar à iniciativa privada o cuidado de regular o volume correto do investimento e propõe a eutanásia do rentista e, consequentemente, a eutanásia do poder opressor cumulativo do capitalista para explorar o valor da escassez de capital.

O necrosamento do tecido econômico e o esgarçamento do social empurram os acuados, pelo discurso da inevitabilidade econômica, a abraçarem a conclusão de que "o inferno são os outros". Se os empregos foram tomados, o Estado onerado e a paz ameaçada por aqueles de nacionalidade, religião, gênero, opção sexual, raça ou ideologia diferente, a solução passa pela sua exclusão ou eliminação.

Ao explicar a banalidade do mal, Hannah Arendt aponta que as maiores maldades do mundo podem ser perpetradas por homens comuns, sem razões malignas ou intenções demoníacas, mas seres humanos que abdicaram totalmente da característica que mais define o homem como tal, a capacidade de pensar.

Para Arendt, a manifestação do ato de pensar não é o conhecimento, mas a habilidade de distinguir o bem do mal, de fazer juízos morais. Essa incapacidade de pensar permitiu que muitos homens comuns cometessem atos cruéis numa escala monumental jamais vista, como no nazismo. Sua esperança repousa no "pensar", como poder para as pessoas evitarem catástrofes nesses raros momentos de dificuldade.

O Iluminismo e a Revolução Francesa nos legaram a sociedade moderna, encharcada das pretensões da igualdade e da liberdade. Não é possível negar que entre excrescências totalitárias e as misérias do narcisismo de massas o capitalismo avançou de forma contraditória, impulsionado pela tensão permanente entre as forças e valores da concorrência e os anseios de realização da autonomia de um indivíduo integrado responsavelmente na sociedade.

Do ponto de vista ético, este conflito desenvolve-se entre a dimensão utilitarista da sociabilidade, forjada na indiferença do valor de troca e do dinheiro e os projetos de progresso social que postulam a autonomia do indivíduo. Autonomia no dicionário dos tempos modernos significa reivindicar o direito à singularidade, à diferença e, ao mesmo tempo, afirmar o que Robert Bellah chamou de pertinência cívica.

A resposta esperançosa à Pergunta ao Futuro depende crucialmente da capacidade de mobilização democrática e radical dos Deserdados, os perdedores na liça da concorrência global. Esta perspectiva projeta a democracia em exercício pleno, pela construção permanente de instâncias de participação da cidadania nas decisões cruciais para a vida e o destino de mulheres e homens.

As presentes dores e convulsões impelidas às democracias ao redor do globo, sentidas agudamente em nossa Nova República, só receberão sentido histórico se forem capazes de refundar conceitos e práticas, se puderem reestabelecer nexos entre o povo, a mídia, os políticos e as políticas públicas.

Desconfiamos que o mundo não padeça apenas sofrimentos de uma crise periódica do capitalismo, mas, sim, as dores de um desarranjo nas práticas e princípios que sustentam a vida civilizada.

BIBLIOGRAFIA

ADORNO, Theodor W.; HORKHEIMER, Max. *Dialética do Esclarecimento.* Rio de Janeiro: Zahar, 1985.

AGLIETTA, Michel; ORLÉAN, André (Coord.). *La Monnaie Souveraine.* Paris: Odile Jacob, 1998.

ANBIMA. *Reforma financeira norte-americana:* a Lei Dodd-Frank. Rio de Janeiro: ANBIMA, 2011.

ARTUS, Patrick. *The only effect of the expansionary monetary policies currently:* inflating the bond bubble even more. Paris: Natixis, 2016.

AVDJIEV, Stefan; MCCAULEY, Robert N.; SONG SHIN; Hyun. *Breaking free of the triple coincidence in international finance.* Disponível em http://www.bis.org/publ/work524.pdf. Acesso em 10.2015.

BANCO CREDIT SUISSE. *Global Wealth Databook 2015.* Disponível em http://publications.credit-suisse.com/tasks/render/file/index.cfm?fileid=C26E3824-E868-56E0-CCA04D4BB9B9ADD5. Acesso em 10.2016.

BELLAH, Robert N. *Habits of Heart.* 2ª ed. California: University of California Press, 1996.

BELLUZZO, Luiz G. "As transformações na economia global". *Seminário de Cultura e Realidade Contemporânea.* Cátedra Prebish, 2013.

BERNANKE, Ben; GERTLER, Mark; GILCHRIST, Simon. *The Financial Accelerator in a Quantitative Business Cycle Framework.* Disponível em http://www.nber.org/papers/w6455.pdf>. Acesso em 16.02.2016.

BHASKAR, Roy K. *A Realist Theory of Science*. Oxon: Routledge, 2008.

BJERGA, Allan. "Food Stamps Still Feed One in Seven Americans Despite Recovery". *Bloomberg*, 03 fev. 2016. Disponível em http://www.bloomberg.com/news/articles/2016-02-03/food-stamps-still-feed-one-in-seven-americans-despite-recovery. Acesso em 03.02.2016.

PEARLSTEIN, Steven. "The smartest economist you've never heard of". *The Washington Post*, 03 out. 2015. Disponível em https://www.washingtonpost.com/business/the-smartest-economist-youve-never-heard-of/2015/10/02/8659bcf2-6786-11e5-8325-a42b5a459b1e_story.html. Acesso em 03.10.2015.

BORIO, Claudio; DISYATA, Piti. "Capital flows and the current account: taking financing (more) seriously". *BIS Working Papers*, n. 525. Bank for International Settlements. Disponível em http://www.bis.org/publ/work525.pdf. Acesso em 16.02.2016.

BORIO, Claudio; DISYATA, Piti; JUSELIUS, Mikael. "A parsimonious approach to incorporating economic information in measures of potential output". *BIS Working Papers*, n. 442. Bank for International Settlements. Disponível em http://www.bis.org/publ/work442.pdf. Acesso em 16.02.2016.

CAGED. *Balanço do Nível de Emprego Formal Celetista (2015)*. Brasília: Ministério do Trabalho e Previdência Social, Janeiro de 2016.

BRASSETT, J.; VAUGHAN-WILLIAMS, N. "Crisis is governance: sub-prime, the traumatic event, and bare life". *Working papers*, n. 268. [Coventry]: Centre for the Study of Globalisation and Regionalisation. University of Warwick. Disponível em http://wrap.warwick.ac.uk/49064/1/WRAP_Brassett_26810.pdf. Acesso em 16.02.2016.

BRETON, André. *Manifesto do Surrealismo*. Rio de Janeiro: Nau, 2001.

BROOKS, David. *Bobos in Paradise:* the new upper class and how they got there. New York: Simon & Schuster, 2000.

BROWN, Ellen B. *Begin a Crisis Worse than ISIS*. Disponível em http://ellenbrown.com/2015/12/29/a-crisis-worse-than-isis-bail-ins-begin/. Acesso em 29.12.2015.

BUCHANAN, James M. *The Collected Works of James M. Buchanan*. Indianapolis: Liberty Fund, 1999-2002.

BIBLIOGRAFIA

BUITER, Willem; SIBERT, Anne. "The unfortunate uselessness of most 'state of the art' academic monetary economics". *Vox*, 30 out. 2008. Disponível em http://www.voxeu.org/article/iceland-s-banking-collapse-predicable-end-and-lessons-other-vulnerable-nations. Acesso em 06.03.2009.

CADE. *Superintendência do Cade investiga cartel na manipulação de taxas de câmbio*, 2015. Disponível em http://www.cade.gov.br/Default.aspx?3ef10009180de32ffb491a283e04. Acesso em 16.02.2016.

CARUANA, Jaime. *Credit, commodities and currencies*. London: Bank for International Settlements, 2016.

COLANDER, David. *Post Walrasian Macroeconomics*. New York: Cambridge University Press, 2006.

COMMITTED TO IMPROVING THE STATE OF THE WORLD. *The Future of Jobs:* employment, skills and workforce strategy for the fourth industrial revolution. Genebra: World Economic Forum, 2016.

CONSTANTINI, Orsola. "The Cyclically Adjusted Budget: history and exegesis of a fateful estimate". *Working Paper*, n. 24. Institute for New Economic Thinking. Disponível em http://ineteconomics.org/uploads/papers/WP24-Costantini.pdf. Acesso em 16.02.2016.

_____. *The Sneaky Way Austerity Got Sold to the Public Like Snake Oil*. Institute for New Economic Thinking. Disponível em http://ineteconomics.org/ideas-papers/blog/the-sneaky-way-austerity-got-sold-to-the-public-like-snake-oil. Acesso em 16.02.2016.

COTTANI, Joaquín. "Desequilíbrios da economia pedem medidas inovadoras". *Valor Econômico*, 28 dez. 2015. Disponível em http://www.valor.com.br/opiniao/4371392/desequilibrios-da-economia-pedem-medidas-inovadoras. Acesso em 16.02.2016.

CUNHA, Euclides da. *Os Sertões*. São Paulo: Editora Três, 1984.

DE LONG, Brad. "Future Economists Will Probably Call This Decade the 'Longest Depression'". *Huffington* Post, 01 ago. 2016. Disponível em http://www.huffingtonpost.com/brad-delong/global-economic-depression_b_8924596.html. Acesso em 16.02.2016.

PORTER, Ethan. "The Haves and Their Havens". *Democracy Journal*, n. 40. Disponível em http://democracyjournal.org/magazine/40/the-haves-and-their-havens/. Acesso em 09.05.2016.

DIEESE. *Dívida pública brasileira e compressão do orçamento:* o que resta aos trabalhadores?. Disponível em http://www.dieese.org.br/notatecnica/2015/notaTec148divida.pdf. Acesso em 12.2015.

DOSTALER, Gilles; MARIS, Bernard. *Capitalisme et Pulsion de Mort:* Freud and Keynes. Paris: Albin Michel, 2009.

DURKHEIM, Émilie. *Da Divisão do Trabalho do Social.* São Paulo: Martins Fontes, 2010.

EICHENGREEN, Barry. *Globalization Capital.* Pricenton: Princeton University Press, 1996.

_____. *Privilégio Exorbitante.* Rio de Janeiro: Editora Elsevier, 2011.

EPSTEIN, Gerald; CARRICK-HAGENBARTH, Jessica. "Dangerous Interconnectedness: Economists Conflicts of Interest, Ideology and Financial Crisis", *Cambridge Journal of Economics,* n. 36, January 2012.

_____. "Financial Economists, Financial Interests and Dark Corners of the Meltdown: It's Time to set Ethical Standards for the Economics Profession". *Political Economy Research Institute,* Massachusetts: Amherst, 2010.

_____. "Considerations on Conflicts of Interest in Academic Economics". *In*: MARTINO, George; MCCLOSKEY, Deirdre. *The Oxford University Press Handbook on Professional Ethics,* Março, 2015.

FANTACCI, Lucca. *La moneta:* storia di un'istituzione mancata. Venezia: Marsilio, 2005.

FERGUNSON, Thomas. *Legislators Never Bowl Alone:* big money, mass media, and the polarization of Congress. Disponível em http://havenscenter.wisc.edu/files/Ferguson%20INET%20Bretton%20Woods%20Legislators%20Final.pdf. Acesso em 16.02.2016.

FERGUSON, Charles. *Predator Nation:* corporate criminals, political corruption, and the hijacking of America. New York: Crown Business, 2012.

FIESP. *Estudos do Departamento de Pesquisas e Estudos Econômicos com dados do IBGE:* perda de participação da indústria de transformação no PIB: 1947-2014. Disponível em http://www.fiesp.com.br/indices-pesquisas-epublicacoes/participacao-da-industria-de-transformacao-no-pib-1947-2014. Acesso em 16.02.2016.

FINGLETON, Eamonn. *Economia chinesa está(ria) mesmo em dificuldades?* Disponível em http://blogdoalok.blogspot.com.br/2016/01/economia-chinesa-estaria-mesmo-em.html. Acesso em 01.2016.

FLETCHER, Iann. *Free Trade Doesn't Work:* what should replace it and why. Washington DC: U.S. Business & Industry Council, 2010.

GALLINO, Luciano. *Il colpo di stato di banche e governi:* l'attacco alla democrazia in Europa. Torino: Giulio Einaudi Editore, 2013.

GENTIL, Denise. "Manipulações e desrespeito à Constituição ocultam saldos positivos". *Revista Carta Capital*, n. 904, Jun. 2016. Entrevista concedida a Carlos Drummond na 1ª semana de junho. Disponível em: http://www.cartacapital.com.br/revista/904/o-deficit-e-miragem. Acesso em 09.05.2016.

GHOSH, Atish R.; QURESHI, Mahvash. S. "What's In a Name? That Which We Call Capital Controls". *IMF Working Paper*. Washington: International Monetary Fund, 2016.

GILENS, Martin; PAGE, Benjamin I. "Testing Theories of American Politics: Elites, Interest Groups, and Average Citizens". *Perspectives on Politics*. Disponível em https://scholar.princeton.edu/sites/default/files/mgilens/files/gilens_and_page_2014_-testing_theories_of_american_politics.doc.pdf. Acesso em 16.02.2016.

GLATTFELDER, James B. *Decoding Complexity:* uncovering patterns in economic networks. Berlin: Springer, 2012.

GOBETTI, Sergio W.; ALMEIDA, Vinicius A. *Uma Radiografia do Gasto Público Federal entre 2001 e 2015*. Brasília: IPEA, 2016. Texto para Discussão, n. 2191. Disponível em http://www.ipea.gov.br/portal/images/stories/PDFs/TDs/td_2191.pdf. Acesso em 09.05.2016.

GRAHAM-HARRISON, Emma; LUHN, Alec; WALKER; Shaun; *et al.* "China and Russia: the world's new superpower axis?". *The Guardian,* 7 jul. 2015. Disponível em http://www.theguardian.com/world/2015/jul/07/china-russia-superpower-axis. Acesso em 7.07.2015.

GRUBER, Joseph W.; KAMIN, Steven. "The Corporate Saving Glut in the Aftermath of the Global Financial Crisis International Finance". *Discussion Papers of Federal Reserve*. Disponível em http://www.federalreserve.gov/econresdata/ifdp/2015/files/ifdp1150.pdf. Acesso em 16.02.2016.

GUERRIEN, Bernard. *Une breve histoire de la macroeconomie et leslecons que l'on peut en tirer*. Disponível em http://bernardguerrien.com/BreveHistoireMacro.pdf. Acesso em 16.02.2016.

HARDOON, Deborah; AYELE, Sofia; FUENTES-NIEVA, Ricardo. *Uma economia para o 1%*. Documento Informativo da Oxfam. Disponível em https://www.oxfam.org/sites/www.oxfam.org/files/file_attachments/bp210-economy-one-percent-tax-havens-180116-summ-pt.pdf. Acesso em 01.2016.

HAYECK, Friedrich A. *Prices and Production and Other Works On Money*: the Business Cycle, and the Gold Standard. Auburn: Ludwig von Mises Institute, 2012.

HECKSCHER, Eli F. *Mercantilism*. London: George Allen and Unwin, 1955.

HOFMANN, Boris; SHIM, Ilhyock; SHIN, Hyun S. "Sovereign yields and the risk-taking channel of currency appreciation. *Working Paper*, n. 538. Institute for New Economic Thinking. Disponível em http://www.bis.org/publ/work538.pdf. Acesso em 16.02.2016.

IEDI. *Carta IEDI n. 665:* O Seleto Grupo dos que Exportaram mais em 2014. Disponível em http://www.iedi.org.br/cartas/carta_iedi_n_665.html. Acesso em 16.02.2016.

INTERNATIONAL MONETARY FUND. *Global Financial Stability Report:* vulnerabilities, legacies, and policy challenges risks rotating to emerging markets. Washington: International Monetary Fund, Outubro de 2015.

IPEA. *Nota Técnica PNAD 2014*. Disponível em http://www.ipea.gov.br/agencia/images/stories/PDFs/nota_tecnica/151230_nota_tecnica_pnad2014.pdf. Acesso em 16.02.2016.

JOHNSON, Simon. "The Quiet Coup". *The Atlantic Magazine*. Atlantic City, May 2009.

KAIZER, Robert. *So Damn Much Money*. New York: Vintage, 2010.

BIBLIOGRAFIA

KALECKI, Michal. *Crescimento e ciclo das economias capitalistas:* ensaios selecionados. São Paulo: Hucitec, 1977.

KANT, Immanuel. *Resposta à pergunta "Que é Iluminismo":* um - A paz perpétua e outros opúsculos. Lisboa: Edições 70, 1995.

KEELEY, Brian. *Income Inequality:* the gap between rich and poor. Paris: OECD Publishing, 2015.

KEYNES, John M. *A Teoria Geral do Emprego do Juro e da Moeda.* São Paulo: Nova Cultural, 1996.

_____. *Complete Works.* London: Macmillan, 1988.

_____. *The Collected Writings of John Maynard Keynes.* Cambridge: Royal Economic Society, 1978.

KISSINGER, Henry. *On China.* New York: Penguin Books, 2011.

KONCZAL, Mike; ABERNATHY, Nell. *Defining Financialization.* New York: Roosevelt Institute, 2015.

KUSNET, David; MISHEL, Lawrence; TEIXEIRA, Ruy. *Talking Past Each Other What Everyday Americans Really Think (and Elites Don't Get) About the Economy.* Washington: Economic Policy Institute, 2006.

LAPLACE, Pierre Simon M. *Philosophical Essay On Probabilities.* New York: Rough Draft Printing, 2009.

LAVINAS, Lena. "A Long Way from Tax Justice: The Brazilian Case". *Working paper* n. 22. Berlin: Global Labour University. Disponível em http://www.global-labour-university.org/fileadmin/GLU_Working_Papers/GLU_WP_No.22.pdf. Acesso em 16.02.2016.

LEEPER, Eric M. "Fiscal Analysis is Darned Hard". *Working Paper* n. 21822. Cambridge: National Bureau of Economic Research. Disponível em http://www.nber.org/papers/w21822. Acesso em 12.2015.

LUCAS, Robert. "Mortgages and Monetary Policy". *The Wall Street Journal,* 19 set. 2007. Disponível em http://www.wsj.com/articles/SB119017085710932141. Acesso em 19.09.2007.

LUCAS, Robert. "In defence of the dismal Science". *The Economist,* 06 ago. 2009. Disponível em http://www.economist.com/node/14165405. Acesso em 6.08.2009.

MACHADO DE ASSIS. *Obra Completa de Machado de Assis*. São Paulo: Nova Aguilar, 2015.

MANKIW, Nicholas G. *Introdução à Economia*. São Paulo: Cengage Learning, 2009.

MARAZZI, Christian. *Capitale e Linguaggio*: dalla New Economy all'economia di guerra. Roma: Derive Approdi, 2002.

MARCUSE, Herbert. *Eros e Civilização*. São Paulo: Nacional, 1999.

MARX, Karl. *A miséria da filosofia*. São Paulo: Ícone, 2004.

MARX, Karl. *El Capital*. México: Fondo de Cultura Económica, 1966.

MARX, Karl. *Elementos fundamentales de la crítica de la economia política*. México: Siglo Veinteuno, 1971.

MARX, Karl; ENGELS, Friedrich. "Manifesto do Partido Comunista". *In*: *Obras Escolhidas*. vol. 1. São Paulo: Ed. Alfa-Ômega.

MASON, Paul. "The End of Capitalism has begun". *The Guardian*, 17 jul. 2015. Disponível em http://www.theguardian.com/books/2015/jul/17/postcapitalism-end-of-capitalism-begun. Acesso em 17.07.2015.

MCCAULEY, Robert; MCGUIRE, Patryck; SUSHKO, Vladyslav. *Dollar credit to emerging market economies*. Disponível em http://www.bis.org/publ/qtrpdf/r_qt1512e.htm. Acesso em 16.02.2016.

MILL, John Stuart. *Principles of Political Economy*. New York: Prometheus Books, 2004.

MILLS, Charles W. *The Sociological Imagination*. Oxford: Oxford University Press, 2000.

MINISTRY OF ECONOMY, TRADE AND INDUSTRY. *White Paper on International Economy and Trade 2014*. Disponível em http://www.meti.go.jp/english/report/downloadfiles/2014WhitePaper/outline.pdf Acesso em 16.02.2016.

MINSKY, Hyman P. *Can "It" Happen Again?*: essays on Instability and Finance. London: Routledge, 1982.

_____. *Estabilizando Uma Economia Instável*. São Paulo: Novo Século, 2010.

BIBLIOGRAFIA

_____. *Money and crisis in Schumpeter and Keynes.* Disponível em http://digitalcommons.bard.edu/cgi/viewcontent.cgi?article=1333&context=hm_archive. Acesso em 16.02.2016.

MISHEL, Lawrence; BERNSTEIN, Jared; ALLEGRETTO, Sylvia. *The State of Working America 2006/2007.* Ithaca: Cornell University Press, 2007.

MORGAN, Mary S. *The Word in the Model:* how economists work and think. New York: Cambrigde University Press, 2012.

MOYERS, Bill. *The Plutocrats Are Winning:* don't let them! CADE. Moyers and Company. Disponível em http://billmoyers.com/story/the-plutocrats-are-winning-dont-let-them/>. Acesso em 16.02.2016.

MYRDAL, Gunnar. *The Essential Gunnar Myrdal.* New York: New Press, 2005.

SMITH, Yves. "Economics Joke Time". *Naked Capitalism,* 30 dez. 2015. Disponível em http://www.nakedcapitalism.com/2015/12/economics-joke-time.html. Acesso em 16.02.2016.

NOLAN, P. *China and the Global Economy*: National Champions, Industrial Policy and the Big Business Revolution. London: Palgrave Macmillan UK, 2001.

PINDYCK, Robert; RUBINFELD, Daniel. *Manual de Microeconomia.* 5ª ed. São Paulo: Prentice Hall, 2010.

POLANYI, Karl. *A grande transformação.* Rio de Janeiro: Campus, 1980.

PRIGOGINE, Ilia; STENGERS, Isabelle. *Entre le temps et l'éternité.* Paris: Flamarion, 1992.

RAJAN, Raghuram. "The Global Monetary Non-System".*Live Mint,* 31 dez. 2015. Disponível em http://www.livemint.com/Opinion/13 VQUolHqYkGdEClS3pfqJ/Raghuram-Rajan--The-global-monetary-nonsystem.html. Acesso em 16.02.2016.

RECEITA FEDERAL. *Carga Tributária no Brasil 2014*: Análise por Tributos e Bases de Incidência. Disponível em http://idg.receita.fazenda.gov.br/dados/receitadata/estudos-e-tributarios-e-aduaneiros/estudos-e-estatisticas/carga-tributaria-no-brasil/29-10-2015-carga-tributaria-2014. Acesso em 09.05.2016.

REICH, Robert. *Of Rotten Apples and Rotten Systems*. Disponível em http://robertreich.org/post/135669066320. Acesso em 16.02.2016.

RIX, Sarah E. *Recovering from the Great Recession*: long struggle ahead for older americans. AARP Public Policy Institute, 2011.

ROBBINS, Lionel. *Autobiography of an Economist*. London: Macmillan, 1971.

ROSEMBERG, Alexander. *Economics:* Mathematical Politics or Science of Diminishing Returns? Chicago: University of Chicago Press, 1994.

SCHEIBER, Noam; COHENDEC, Patricia. "For the Wealthiest, a Private Tax System That Saves Them Billions". *The New York Times*, 29 dez. 2015 Disponível em http://www.nytimes.com/2015/12/30/business/economy/for-the-wealthiest-private-tax-system-saves-them-billions.html?_r=0>. Acesso em 12.2015.

SCHUMPETER, Joseph A. *History of Economic Analysis:* with a new introduction. Oxford: Oxford University Press, 1996.

SCHUMPETER, Joseph A. *Treatise on Money*. Aalten: Wordbridge, 2008.

SHAKESPEARE, William. *Macbeth*. Porto Alegre: Movimento, 2006.

SKIDELSKY, Robert. *Interpreting the Great Depression*: Hayek versus Keynes. Disponível em http://www.skidelskyr.com/site/article/interpreting-the-great-depression-hayek-versus-keynes/. Acesso em 16.02.2016.

_____. *John Maynard Keynes, 1883-1946:* Economist, Philosopher, Stateman. New York: Macmillan, 1980.

SMITH, Adam. *A Riqueza das Nações*. Rio de Janeiro, Hemus, 1984.

SOUZA, C. R. *The Chimera Attacks Again:* the global financial market and the financial press during the brazilian 2002 presidential election. Cambridge: Harvard University, Julho 2014.

DANTAS, Fernando. "O BC no Brasil estrangula a economia". *O Estado de São Paulo,* 20 jan. 2016. Disponível em http://economia.estadao.com.br/noticias/geral,o-bc-no-brasil-estrangula-a-economia,10000009585> Acesso em 16.02.2016.

BIBLIOGRAFIA

STREECK, Wolfgang. "The Politics of Public Debt: Neoliberalism, Capitalist Development, and the Restructuring of the State". *Discussion Paper 13/7*. Köln: Max-Planck-Institut für Gesellschaftsforschung, Julho 2013.

THE ECONOMIST. "An uneasy friendship". *The Economist*, 07 mai. 2015. Disponível em http://www.economist.com/news/china/21650566-crisis-ukraine-drawing-russia-closer-china-relationship-far-equal. Acesso em 16.02.2016.

THE FINANCIAL CRISIS INQUIRY COMMISSION. *The Financial Crisis Inquiry Report:* final report of the national commission on the causes of the financial and economic crisis in the united states. Washington: U.S. Government Printing Office, Janeiro 2011.

THE GARDIAN. "The Guardian view on George Osborne's fiscal surplus law: the Micawber delusion". *The Guardian*, 10 jun. 2015. Disponível em http://www.theguardian.com/commentisfree/2015/jun/10/guardian-view-on-george-osborne-fiscal-surplus-law-micawber-delusion. Acesso em 10.07.2015.

TRAPHAGAN, John. W. "Changing America's Culture of Greed". *The Huffington Post*, 30 dez. 2015 Disponível em http://www.huffingtonpost.com/john-w-traphagan/changing-americas-culture_b_8895758.html. Acesso em 30.12.2015.

TSELICHTCHEV, Ivan. *China Versus the West The Global Power Shift of the 21st Century*. Singapore: John Wiley & Sons Singapore Pte. Ltd, 2012.

WHALEN. R. Christopher. *Inflated:* how money and debt built the american dream. John Wiley & Sons, Inc., New Jersey: Hoboken, 2011.

WOODFORD, Michael. *Interest and Prices:* foundations of a theory of monetary policy. Princeton: Princeton University Press, 2003.

WRAY, Randall. "The Origins of Money and the Development of the Modem Financial System". *Levy Economics Institute Working Paper* n. 86. Kansas City: The Levy Economics Institute, 1993.

ZIOBROWSKI, Alan J.; CHENG, Ping; BOYD, James; *et al.* "Abnormal Returns from the Common Stock Investments of the U.S. Senate". *Journal of Financial and Quantitative Analysis*, Washington, vol. 39, n. 4, December, 2004.

ZUCMAN, Gabriel. *The Hidden Wealth of Nations*. Chicago: University of Chicago Press. 2015.

NOTAS

NOTAS

NOTAS

NOTAS

NOTAS

NOTAS

A Editora Contracorrente se preocupa com todos os detalhes de suas obras! Aos curiosos, informamos que esse livro foi impresso no mês de Março de 2017, em papel Polén Soft, pela Gráfica R.R. Donelley.